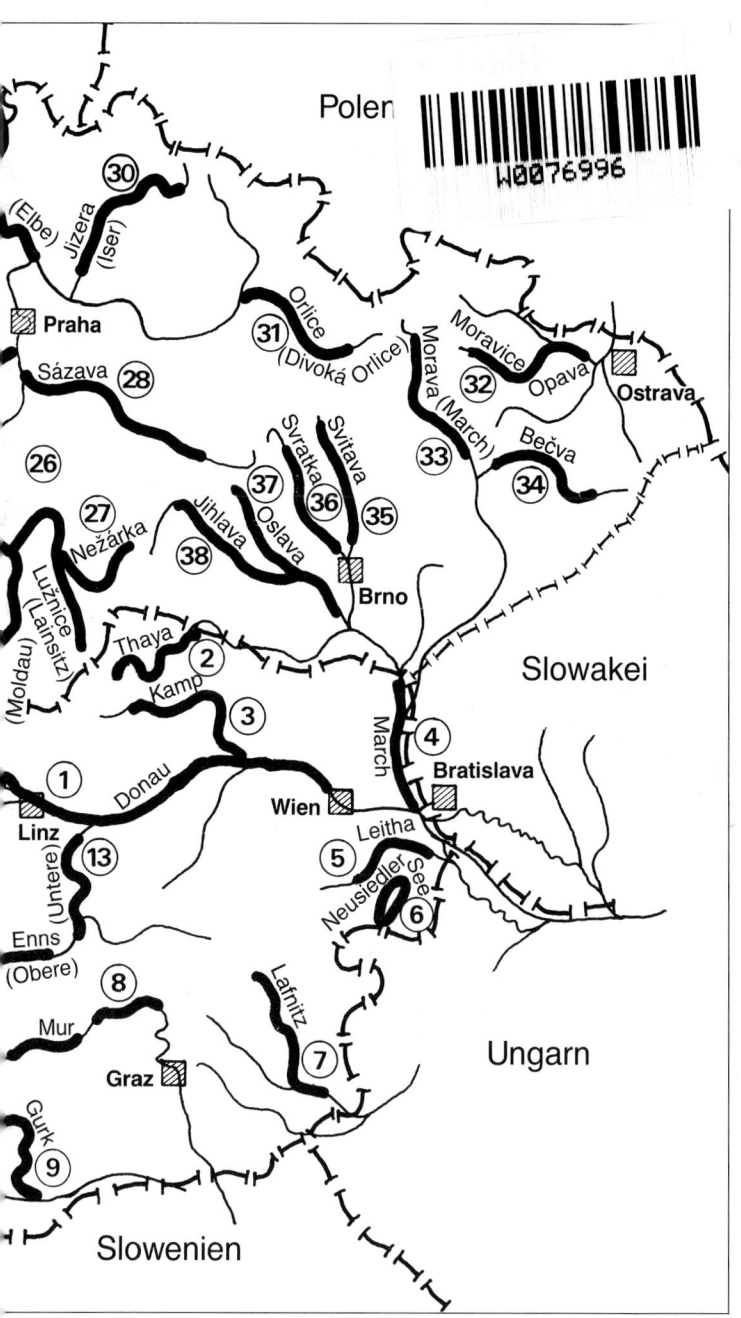

Polen

Praha
(Elbe)
Jizera
(Iser)
30
Sázava
28
26
27
Nežárka
Lužnice
(Lainsitz)
(Moldau)
Thaya
2
Kamp
3
1
Donau
Linz
13
Enns
(Untere)
(Obere)
8
Mur
Graz
Gurk
9
Slowenien

Orlice
(Divoká Orlice)
31
Svratka
37
Jihlava
38
Svitava
36
Oslava
35
Brno

Moravice
Morava (March)
32
Opava
Ostrava
33
Bečva
34

Slowakei

March
4
Bratislava
Wien
5
Leitha
Neusiedler See
6

Lafnitz
7

Ungarn

W0076996

7

Einführung

Daß Österreich von deutschen Kanusportlern schon über Jahrzehnte gerne besucht wird, ist eine bekannte Tatsache. Doch aufgrund der geographischen Verhältnisse fließt ein großer Teil der Gewässer in starkem Gefälle durch enge Alpentäler, und es sind überwiegend Wildwasserfahrer, die hier eine beachtliche Zahl an schäumenden Wildbächen und reißenden Gebirgsflüssen vorfinden und so auf ihre Kosten kommen.

Der Wanderfahrer dagegen muß seine Reviere schon suchen, durch weitgehende Flußbegradigungsmaßnahmen, Nutzung durch Wasserkraftwerke, Wasserentnahme für die Industrie und nicht zuletzt durch Gewässerverschmutzung sind sie rar geworden. Auch die vielbesungene Donau kann nur noch an wenigen Stellen ihre Ursprünglichkeit und gute Strömung vorweisen.

Doch manches Tal bietet so viel an landschaftlichen Schönheiten und städtebaulichen Sehenswürdigkeiten, daß es sich lohnt, Flußbegradigungen, schwierige Umtragestellen und das anstrengende Paddeln durch ruhige Stauseen in Kauf zu nehmen und den Fluß – beispielsweise die Enns – zu befahren.

Zwei, drei schöne Wanderflüsse finden sich noch im hügeligen Mittelgebirge nördlich der Donau, das von tief eingeschnittenen, vielgewundenen Flußtälern durchzogen ist. Manche Flüsse pendeln an der Staatsgrenze zu Böhmen und Mähren oder fließen dorthin. Und so schweift unser Blick in das riesige, von Mittelgebirgsketten umschlossene Böhmische Becken, dessen unzählige Bäche, Flüßchen und Flüsse mit ihrem Wasser die Moldau oder Elbe speisen.

Nicht nur geographisch, sondern auch durch die lange gemeinsame Geschichte sind Österreich, Böhmen und Mähren verbunden. Im Schmelztiegel der Vielvölkerstaaten – früher im Königreich der Przemysliden, später im Kaiserreich der Habsburger – vermischten sich beide Nationen, und so finden wir zwischen den Alpen und dem Riesengebirge, den natürlichen Grenzen dieser europäischen Region, Menschen ähnlichen Charakters, der von Gemütlichkeit, Witz, Musikalität und Gastfreundschaft geprägt ist.

Die politischen Veränderungen in der Tschechoslowakei und die Liberalisierung des Grenzverkehrs öffneten westdeutschen und österreichischen Kanuten neue, für sie noch unbekannte Reviere, die bis zu dieser Zeit, wenn auch nur im beschränkten Maße, ostdeutschen Sportfreunden zugänglich waren. Auch wir nutzten die neue Freiheit nach 1989 sowie den Vorteil, daß wir selbst aus den böhmischen Ländern stammen und die Landessprache beherrschen und befuhren mit unseren Kajaks die schönsten und die bei tschechischen Kanuten beliebtesten Wanderflüsse Böhmens und Mährens, um sie, zusammen mit den meistbefahrenen Wanderflüssen Österreichs, in einer Auswahl vorzustellen. Unter den 38 Tourenvorschlägen aus beiden Ländern findet sowohl der sportliche Wanderfahrer als auch der Romantiker unter den Kanuten sicher solche, die seinen Vorstellungen vom Wanderpaddeln entsprechen.

Heinrich Nejedly

Kanuwandern in Österreich, Böhmen und Mähren

SPEZIALFÜHRER

38
ausgewählte
Touren
zwischen
Riesengebirge
und Alpen

Für Mirka

Die Deutsche Bibliothek –
CIP-Einheitsaufnahme

Nejedly, Heinrich:
Kanuwandern in Österreich, Böhmen und
Mähren: 38 ausgewählte Touren zwischen
Riesengebirge und Alpen / Heinrich
Nejedly. [Fotos: Miroslava und Heinrich
Nejedly]. – München; Wien; Zürich:
BLV, 1993
    (Spezialführer)
    ISBN 3–405–14289–X

Bildnachweis
Einsam auf der Vsetínská Bečva
(Tour 34)

Fotos: Miroslava und Heinrich Nejedly

Alle Flußkarten vom Autor

Umschlaggestaltung: F & H Werbeagentur
GmbH, München

Lektorat:
Marianne Faiss-Heilmannseder, München

Layout:
Friedrich Wilhelm Bonhagen

BLV Verlagsgesellschaft mbH
München Wien Zürich

8000 München 40

Gesamtherstellung: Ludwig Auer GmbH,
Donauwörth

Printed in Germany
ISBN 3-405-14289-X

Dank
Meiner Frau Miroslava, die wieder
einmal auf allen Touren Hunderte
von Kilometern mitpaddelte,
manches gute Foto schoß und
meine Launen im engen Boot
ertragen mußte.
Allen tschechischen Kanuten –
insbesondere meinem lang-
jährigen Freund Karel Piskáček aus
Klatovy –, die mit vielen Informationen unsere Beschreibungen
ergänzten und mit ihren Liedern
am Lagerfeuer für die richtige
Stimmung sorgten.
Den aufmerksamen Gesprächs-
partnern in Österreich, allen voran
Herrn Dipl.-Ing. Walter Mück sowie
den Mitgliedern des Kanuclubs
Rosenburg am Kamp.
Ferner allen unbekannten Kanufahrern, die uns bewußt oder unbe-
wußt als Statisten für »belebte«
Fotos dienten.

Erläuterung der Kartensymbole

	Wehr, Staumauer
≈	Befahrbares Wehr
	Wehr mit Umtragestelle (auch Rampe mit Rollwagen)
	Wehr mit Bootsschleuse, mit Bootsgasse
	Wichtige Brücke
≈	Stromschnelle, Schwall
! !!!	Vorsicht, Gefahr!
	Eisenbahnstrecke
●	Ortschaft
A 1, E 1 / B 2, 2	Autobahn, Europastraße Bundesstraße, Fernstraße
	See, ruhiges Gewässer
Δ, Δ KC	Zeltplatz, Kanu-Club
Δ C	Campingplatz
→	Einsetz-/Aussetzstelle

Inhalt

Übersichtskarte

Österreich:

1 Donau
2 Thaya
3 Kamp
4 March
5 Leitha
6 Neusiedler See
7 Lafnitz
8 Mur
9 Gurk
10 Gail
11 Drau
12 Enns (Obere)
13 Enns (Untere)
14 Traun
15 Irrsee, Mondsee,
   Attersee
16 Salzach-Inn
17 Salzach
18 Kössener Ache
19 Inn
20 Lech

Böhmen und Mähren:

21 Ohře (Eger)
22 Berounka
23 Úhlava (Angel)
24 Otava
25 Vltava
   (Moldau)
26 Lužnice
   (Lainsitz)
27 Nežárka
28 Sázava
29 Labe (Elbe)
30 Jizera (Iser)
31 Orlice
   (Divoká Orlice)
32 Moravice-Opava
33 Morava (March)
34 Bečva-Vsetínska Bečva
35 Svitava
36 Svratka
37 Oslava
38 Jihlava

Deutschland

Schweiz

Innsbruck

Italien

Doch bietet jedes Gewässer ein anderes geographisches Bild, andere Eindrücke. Die Flüsse der Alpen haben einen anderen Charakter als Flüsse des Böhmerwaldes, des Riesengebirges oder die des Marchfeldes. Die Gletscherflüsse der Alpen zeichnen sich durch hohe Wasserstände in den warmen Sommermonaten, extrem niedrigen Temperaturen, hohe Fließgeschwindigkeit und oft auch großer Wasserwucht aus. Die sportlichen sowie sicherheitstechnischen Anforderungen liegen hier höher, und der Wanderfahrer sollte dies achten; eine gewisse Wildwassererfahrung ist auf jeden Fall angebracht. Gemütlicher und romantischer geht es im Sommer auf den Flüssen der Auwälder und Niederungen zu; abgesehen von den Schnaken, die uns manchen idyllischen Abend am Flußufer verleiden können.

Irgendwo in der Mitte von diesen Extremen liegen die Flüsse des Mittelgebirges mit angenehm kühlen Nächten in den bewaldeten Flußtälern, mit Niedrigwasser im Sommer, lustig spritzenden Stromschnellen und vielen Wehren, über deren Kronen man leider nicht immer gefahrlos herunterrutschen kann. Dies geht nur an Schrägwehren mit ablaufendem Wasser. An Steilwehren oder Wehren mit Tosbecken tragen wir unsere Kanus immer um; viele tödliche Unfälle warnen vor unnötigem Risiko. Eine ebensogroße Gefahr stellen vom Hochwasser angeschwollene Flüsse dar. Allein sollten wir eine Tour nicht unternehmen; ideal ist eine sich ruhig verhaltende, kleine Gruppe von Kanufreunden, die mit offenen Augen und Naturverständnis durch die empfindliche Flußlandschaft paddelt.

Leider werden viele der letzten noch freien Naturräume kommerziell genutzt; solange die Sache nicht ausufert, könnte man es in gewissen Grenzen akzeptieren. Doch wenn täglich Hunderte von »Abenteurern« in großen Raftingbooten die Imster Schlucht jauchzend und grölend herunterknüppeln, darf man sich nicht wundern, daß Naturschutzbehörden manche Flußabschnitte sperren und unsere Kanureviere somit immer kleiner werden.

Die Sperrungen und Befahrensregelungen, die dem Schutze der Fauna und Flora dienen, sollten wir selbstverständlich beachten. Doch nicht jede Flußsperrung muß sinnvoll sein, und Diskussionen darüber sind notwendig. Durch unser Verhalten am Fluß können wir helfen, das Bild des Eindringlings, des Naturschädlings im Kanu abzubauen. Mit unseren leisen Booten, die uns ohne Motorlärm durch den Naturraum Wasser gleiten lassen, werden wir zu stillen Beobachtern, die die Natur zwar sanft nutzen, ohne diese abzunutzen oder zu verbrauchen.

In Deutschland, Österreich sowie in der Tschechischen Republik gibt es gut organisierte Kanuverbände, die die Interessen der Kanusportler auch in der Öffentlichkeit vertreten und schon bei mancher kommunalen oder überregionalen Entscheidung erfolgreich ihre Stimme erhoben. Neue Mitglieder sind immer willkommen und finden in den Kanuvereinen Sportfreunde mit ähnlichen Interessen. (Adressen siehe Seite 230).

Abschließend noch kurz ein paar Anmerkungen zum Inhalt dieses Buches, das die bewährte Konzeption der Titel Kanuwandern in Süddeutschland, in Deutschland und in Nord-/Westdeutschland weiterführt. Unsere Befahrungen und Recherchen unternahmen wir in den Jahren 1990 bis 1992. Sicher wird sich in der nächsten Zeit insbesondere auf den böhmischen und mährischen Flüssen vieles ändern. Zeltplätze werden aufgelöst, neue kommen hinzu, Wehre werden umgebaut, Flüsse vielleicht weiter reguliert. Das betrifft auch zum Teil die österreichischen Touren. Für jede Ergänzung oder Hinweise zu Veränderungen sind wir dankbar und werden diese bei einer neuen Auflage berücksichtigen.

Nun wünschen wir unseren Lesern genauso schöne Erlebnisse bei den Wanderungen, wie wir sie hatten, und immer eine Handbreit Wasser unterm Kiel der schlanken Kanus!

Heinrich und
Miroslava Nejedly

In den Paddelpausen wird das Tagebuch ergänzt.

Donau

Passau – Tulln
262 km
Ferienfahrt

Fast 2900 km braucht die Donau von ihrer Quelle im Schwarzwald bis zur weitverzweigten Mündung ins Schwarze Meer und ist so nach der Wolga der zweitlängste Fluß Europas. Auf ihrem Weg in östlicher Richtung durchfließt oder berührt sie acht verschiedene Staaten und war über Jahrhunderte die wichtigste Verbindungsstraße zwischen Orient und Okzident. Handelsleute und kriegerische Heere zogen an ihren Ufern bis ins Herz Europas, große Schlachten wurden hier geschlagen, und somit sind im Donautal wichtige Kapitel der Geschichte unseres Kontinents geschrieben worden.

Für Österreich, das die Donau von Passau bis Hainburg in einer Länge von 351 km in einem landschaftlich abwechslungsreichen Tal durchzieht, ist sie der wichtigste Fluß, der, heute fast vollständig reguliert und mehrmals aufgestaut, der Energiegewinnung dient. Durch die Fertigstellung des Rhein-Main-Donau-Kanals, der die lang ersehnte Verbindung zur Nordsee ermöglicht, soll der Strom wieder zur vielbefahrenen Schiffahrtsstraße werden. Trotz dieser wassertechnischen Baumaßnahmen und nachfolgenden, leider nicht immer vorteilhaften landschaftlichen Veränderungen wird eine mehrtägige Bootswanderung auf der Donau zum unvergeßlichen Erlebnis und sollte eigentlich zum »Pflichtrepertoire« eines jeden Kanufahrers gehören.

Unsere Wanderfahrt beginnt in der bayerischen Bischofsstadt Passau,

wo wir am Zeltplatz des TV Passau freundlich aufgenommen werden. (In der Saison ist Voranmeldung zu empfehlen, da sehr viele zeltende Radfahrer unterwegs sind.) Einen Tag sollten wir der Stadtbesichtigung widmen, bevor wir unsere Boote in das dunkle, ruhige Wasser der Ilz setzen; eine Rampe und bereitstehende Bootswagen erleichtern das Einsetzen.

Nach ca. 1 km erreichen wir die Donau (bei Niedrigwasser Achtung auf Felsen in der Ilzmündung!). Wir werfen noch einen Blick auf das Stadtpanorama mit der imposanten Oberburg, dem vieltürmigen Dom und den farbigen Altstadthäusern, dann strömt uns von links der mächtige Inn zu, und es dauert eine ganze Weile, bis sich sein milchiges Wasser mit dem grünen der Donau vermischt.

Die ersten Burgruinen und kleine Ortschaften säumen die Ufer des hier schon langsam strömenden Flusses, der zwischen steil abfallenden Waldhängen des Passauer Tales in weiten Schleifen die südöstliche Richtung anpeilt. Gegenüber Obernzell, über dessen Häusern das bischöfliche Schloß dominiert, liegt die österreichische Zollstation. Wir legen an und lassen die kurze Zoll- und Paßkontrolle über uns ergehen; in unseren Faltbooten führen wir keine Waren mit, nur sorgfältig verpackte Zelte und Schlafsäcke, die uns als erhöhte Sitze dienen. Danach dürfen wir überall am Fluß beidufrig anlegen, was wir schon in Kasten zu einer Germknödeljause nutzen.

Am Stauwehr Jochenstein paddeln wir rechts zur Umsetzstelle; an der Infotafel entdecken wir den Schlüssel zu den Bootswagen. Wir holen sie, laden die schwerbepackten Faltboote darauf und rollen den etwas holprigen Weg durch das Betriebsgelände zur Einsetzrampe.

Wieder in den Booten, lassen wir die schöne Donautallandschaft an uns vorbeiziehen. Engelhartszell (möglicher Fahrtbeginn, wenn wir den Jochensteiner Stau nicht befahren wollen), Wesenufer, Ruine Wesenstein, Schloß Marsbach – und schon knickt die Donau scharf nach links in die enge Schlögener Schlinge. Eine Fähre überquert hier, beladen mit Radfahrern, den Fluß, und der starke Rückenwind, der unsere Boote vorher so kräftig vorantrieb, schlägt um und bläst uns nun ins Gesicht. Wie durch eine Düse jagt er durch das enge Tal und reißt uns mit heftigen Böen die Paddel aus den Händen.

Am Ausgang der Flußkehre liegt in der Innenkurve der kleine Ort Innzell. Hier grüßt uns ein paddlerfreundlicher Zeltplatz; vielleicht fahren wir aber auch gleich weiter. Bewaldete Berghänge fallen steil zu den Flußufern ab, und einsame

Waldwiesen locken zum beschaulichen Verweilen. Ein weißes Passagierschiff hinterläßt eine kräftige Bugwelle, die unsere Faltboote zum Schaukeln bringt. Hoch am Berg thront das Thurn- und Taxissche Schloß Neuhaus, und kurz danach setzen wir mit Hilfe des Bootswagens in das Unterwasser des Stauwehres Aschach um, das hier die Donau über 16 m hochstaut. Von rechts leuchtet über den Fluß der uralte Fischermarkt Aschach mit seinen hübschen Kaufmannshäusern herüber, die mit ihren bunten Barockfassaden die Donaupromenade säumen.

Die Ufer werden niedriger, und der breit aufgestaute Fluß tritt in das flache Eferdinger Becken. Auwaldgürtel begleiten den Strom, und wir kämpfen mit Gegenwind, der sich hier freiblasen kann. Am Kraftwerk Ottensheim wird wieder links umgetragen.

Nach der Rodl-Mündung (mittelalterliche Marktgemeinde Ottensheim) rücken die Berghänge wieder zusammen, und die Donau

Eine gute Strömung zieht uns zum Schloß Schönbühel; im Hintergrund das Servitenkloster.

13

durchbricht in einem Engtal den Kirnberger Wald. Weiße Kiesbänke laden zum Pausieren und Baden ein; hier verbringen viele Linzer ihre Freizeit.

Die Landeshauptstadt Linz nähert sich, im Tal wird es immer lauter. Hinter den großflächigen Fassaden der Monumentalbauten an der Nibelungenbrücke versteckt sich die historische Altstadt mit ihren vielen Kirchen und prachtvollen Renaissance- und Barockhäusern. Links hinter dem Deich liegt das Bootshaus des Ruder- und Kanuvereins; hier dürfen wir unsere Zelte aufbauen und bleiben.

Am nächsten Tag begleitet uns über mehrere Kilometer die Hafen- und Industrielandschaft der Voest-Werke; aus Sicherheitsgründen sollten wir hier in der linken Flußhälfte paddeln. Von rechts gesellt sich dann die Traun zu uns, deren Befahrung vom Hallstätter See zum Traunsee ein Kanu-Leckerbissen ist. An der Umsetzstelle des KW Abwinden-Asten (links) können wir unseren Wasservorrat ergänzen. Bis nach Mauthausen, in dessen Steinbrüchen viele Häftlinge des berüchtigten KZ-Lagers ihr Leben verloren, haben wir noch eine gute Strömung, doch kurz nach der Enns-Mündung wird die Donau zu einem langen See.

Am Stauwehr Wallsee versinken wir beim Einsetzen der Boote ins Unterwasser bis zu den Waden im Schlamm. Hoch über dem alten Donauknie liegt das Städtchen Wallsee mit dem gleichnamigen Schloß. Am Marktflecken Ardagger, dessen Stiftskirche bemerkenswerte gotische Glasfenster aufweist, überquert eine Autofähre den Strom.

Anschließend verengt sich das Tal, und an einem Flußknick erscheint vor uns die Perle des Strudengaus: das Städtchen Grein. Der berüchtigte Greiner Strudel, für dessen Befahrung man über Jahrhunderte Schiffslotsen aus der Stadt an Bord holte, ist nun unter dem 10 m hohen Stau des Ybbser Kraftwerks verschwunden, und so erreichen wir gefahrlos den links neben dem Hafen liegenden Campingplatz. In Grein gibt es viel zu sehen, und wir sollten einen Tag dafür einplanen.

Anschließend paddeln wir an der Insel Wört (ÖKV-Zeltplatz) vorbei, durch ein enges, bewaldetes Tal; leider hält die Donauströmung nicht lange an. Mehrere Wirtshäuser locken zum Aufenthalt, und so landen wir Stunden später rechts an der Umsetzanlage bei Ybbs. (Vorsicht: Stromzug – bei Hochwasser Gefahr!) Leider funktionierte im Sommer 1992 der Bootswagenaufzug an der Einsetzrampe nicht, und so waren wir gezwungen, die Faltboote zu entladen und zum Unterwasser hinunterzutragen.

Im Innenbogen locken Kiesbänke zum Aufenthalt, in Metzling schlagen wir unser Zelt auf. Hoch oben über dem Donautal leuchtet nachts die angestrahlte Wallfahrtskirche Maria Taferl. Morgens besichtigen wir das im Nibelungenlied vielbesungene Bechelaren = Pöchlarn. Weit vor dem Stauwehr Melk rollen wir unsere Boote von der Umsetzstelle in den Altarm, paddeln an der dunklen Burgruine Weitenegg vorbei und tragen am kleinen Wehr in Hain nochmal um. Rechts über dem alten Donauarm versteckt sich hinter einem Pappelhain der imposant auf einem Felsvorsprung thronende Barockbau des Stifts Melk, dessen Besichtigung unbedingt auf unserem Programm stehen sollte (Zeltmöglichkeit am Altarm).

Eine überraschend starke Strömung kündigt die lang erwartete Wachau an. Unter dem malerischen Schloß Schönbühel müssen

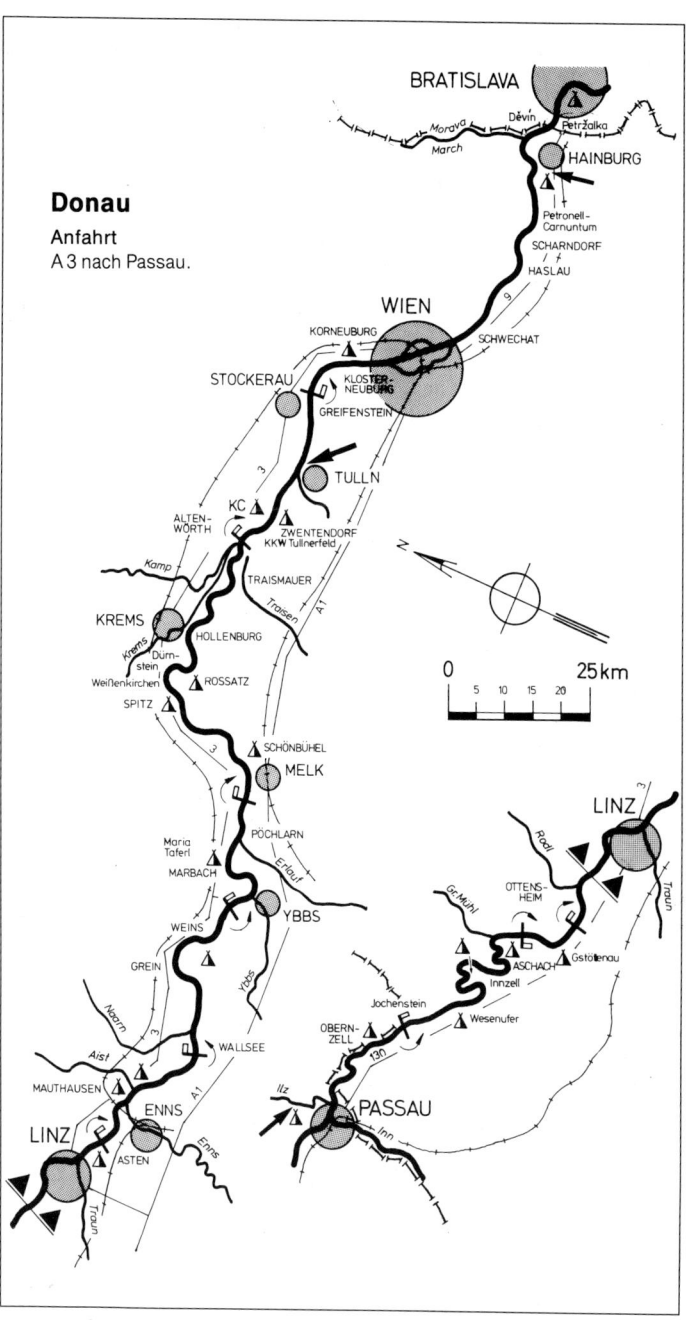

Donau

Anfahrt
A 3 nach Passau.

wir aufpassen: Bei Niedrigwasser ragen hier die Felsen »Kuh« und »Kalb« aus dem Wasser und verursachen starke Wirbel. Nach dem Servitenkloster folgen der Markt Aggsbach mit seiner Pfeilerbasilika und die hoch auf einer Felszunge erbaute Burgruine Aggstein. Den nächsten Flußbogen beherrscht die eindrucksvolle Burgruine Hinterhaus, unter ihr liegt inmitten von Weinbergen der Winzerort Spitz.

Nach Weißenkirchen, wo wir im Teisenhoferhof das Wachau-Museum besichtigen können, finden wir auf der Halbinsel Pritzenau herrliche, zum Verweilen und Baden lockende Kiesbänke. Felsengruppen behrrschen die Landschaftsszenerie, die ihren Höhepunkt im unvergeßlichen Blick auf den Ort Dürnstein, auf seine berühmte Stiftskirche mit dem blauen Barockturm, auf das Schloß und die alles beherrschende Burgruine erreicht.

Vom kanufreundlichen Zeltplatz in Rossatzbach am gegenüberliegenden Ufer gelangen wir mit einer kleinen Personenfähre in das historische Städtchen. Weiter stromabwärts macht sich der Stau der Staustufe Altenwörth bemerkbar. Es folgen die sehenswerten Städte Stein und Krems. Die Berghänge der Wachau ziehen sich zurück, rechts hinter uns sehen wir noch die Benediktinerabtei Göttweig in der Ferne verschwinden, anschließend durchfließt die Donau das Tullner Becken. Ein breiter Auwaldgürtel begleitet den aufgestauten Fluß, und der Traismauer Sportboothafen bietet uns mit dem Gasthaus an der Donau eine willkommene Unterbrechung.

Erfrischt erreichen wir die am linken Ufer liegende Umsetzstelle des Kraftwerks und karren schon routinemäßig die vollbeladenen Boote über die Rampe ins Unterwasser. An Altenwörth vorbeipaddelnd, müssen wir auch hier nochmal aus den Booten steigen und diese in die Donau umtragen. Kurz danach liegt vor uns das Zwentendorfer Kernkraftwerk, das nie ans Netz ging. Lange Steinbuhnen ragen hier ins Flußbett und verursachen unangenehme Wirbel.

Nach der Kleinschönbichler Chemiefabrik wird es am Fluß lebendiger. Motorsportboote pflügen mit großer Geschwindigkeit die Wasserfläche und zwingen uns zur Aufmerksamkeit, denn die steilen Bugwellen schwappen manchmal bedenklich hoch über das Faltbootdeck. An der Baustelle der neuen Donaubrücke vorbei erreichen wir bald unser Ziel, die alte Handels- und Messestadt Tulln. Hier, nur 20 km vor den Toren Wiens, beenden wir am Alpenvereinshaus unsere Donaufahrt. Nach Anfrage dürfen wir am AV-Gelände zelten, unsere Faltboote trocknen und abbauen.

Bei einer Weiterfahrt erwarten uns noch der Stau des Kraftwerks Greifenstein (zwei Umtragestellen), die anstrengende Fahrt durch Wien und nachher eine recht gut strömende Donau. In Hainburg können wir an der Anlegetreppe neben dem Ponton der Zollwache landen und die Fahrt beenden (starker Stromzug, Zeltmöglichkeit vor dem Stromaufsichtsgebäude).

Die vielbenutzte Fahrradfähre vor der Schlögener Schleife.

Kiesbänke, wie hier vor Linz, locken zum Pausieren.

Charakter, Tips

Ganzjährig befahrbarer, 200–300 m breiter Wanderfluß, heute nur noch in der Wachau und nach Wien gut strömend, sonst in Österreich mit neun Staustufen verbaut. Internationale Schiffahrtsstraße (Bootsbezeichnungspflicht), doch im Vergleich zum Rhein noch wenig befahren; trotzdem muß man auf die großen Lastkähne, Passagierschiffe (auch sehr schnelle Tragflügelboote) achten und das mit grünen und roten Bojen abgegrenzte Fahrwasser rechtzeitig freigeben. An Wochenenden können rücksichtslose Sportmotorboot- und Wasserskifahrer zur Plage werden. Vorsicht bei den noch zahlreichen Fähren. Alle Staustufen sind mit Umsetzanlagen versehen; hier stehen gute Bootswagen zur Verfügung. Das Aufleuchten von zwei roten

Lichtsignalen bedeutet die Sperrung der Umsetzanlage, dann muß geschleust werden (Hochwasser u. a.); die Anweisungen des freundlichen Personals bitte beachten! Viele Camping- und Zeltplätze an den Flußufern ermöglichen eine sehr individuelle Etappenaufteilung. Am Zeltplatz des TV Passau besteht leider keine Autoabstellmöglichkeit. Gute Eisenbahnverbindung zwischen Tulln (Wien) und Passau. Die Rückfahrt durch Österreich kann man auch mit den Passagierschiffen der DDSchG antreten; Kunststoffboote werden mittransportiert. Das Wasser der Donau ist mäßig verschmutzt, im Fluß wird viel gebadet. Jährlich findet die Internationale Donau-Fahrt (TID) statt – 1992 zum 37. Male –, die von Ingolstadt bis nach Silistra führt (Auskunft: DKV).

Zeltmöglichkeiten

Camping Passau (auf der Ilz TV Passau), Kasten, Kohlbachmühle, Wesenufer, Schlögen, Innzell, Öxelgut, Kaiserhof, Neuhaus a. d. D., KC Ottensheim, Linz, Mauthausen, Grein, Insel Wört (ÖKV), Freyenstein, Willersbach, KC Ybbs, Metzling, Melk, Schönbühel, Schwallenbach, Spitz, St. Lorenz (ÖKV), Weißenkirchen, Rossatzbach, Stein, Tulln (ÖAV und Camping).

Sehenswertes

Passau: Großartiges Stadtpanorama, Dreiflüssestadt, St.-Stephans-Dom (größte Kirchenorgel der Welt), St.-Pauls-Kirche (1680), Wallfahrtskirche Mariahilf (1627), Jesuitenkirche St. Michael (1665), Salvatorkirche (15.–16. Jh., Konzertraum), Severinskirche (5. Jh.), Neue Bischofliche Residenz (18. Jh.), Domschatz- und Diözesanmuseum, Residenzplatz mit Wittelsbacherbrunnen, Rathaus (1393), Feste Oberhaus (1219, Städtisches Museum), Wasserburg Niederhaus (privat), Spielzeugmuseum, Römermuseum Castel Boiotro, Museum moderner Kunst u. v. a.

Engelhartszell: Stiftskirche, Zisterzienserabtei (Rokokoumbau 18. Jh.), Burgen Krempelstein, Vichtenstein, Rannariedl, Kapelle Penzenstein.

Aschach a. d. D.: Schöne Giebelhäuser, spätgot. Kirche, Schloß Harrach (16. Jh., privat).

Linz: Imposanter Hauptplatz, Altstadt mit Renaissance- und Barock-Häusern, Festungstürme, Alter Dom (17. Jh.), Neuer Dom (Turm 134 m), Deutschordenskirche, Martinskirche (8. Jh.), Landhauskirche u. a. Sakralbauten, Landhaus mit schönem Portal, Schloß (15. Jh., Museum), Rathaus mit astronomischer Uhr (16. Jh.), Bischofshof, Dreifaltigkeitssäule am Hauptplatz, verschiedene Museen, Neue Galerie u. v. a., Stift Wilhering (12. Jh.) mit Stiftskirche (Rokoko), Schloß Ottensheim, Mauthausen (KZ-Lager-Denkmal).

Wallsee: Schloß; Sindelburg: spätgot. Pfarrkirche.

Grein: Reizvolles Stadtbild, Schloß Greinburg (Schiffahrtsmuseum), Rathaus mit Stadttheater (1790), spätgot. Pfarrkirche, Kirche St. Nikola (12. Jh.); Struden: Burg Werfenstein.

Ybs a. d. D.: Pfarrkirche Hl. Lorenz (15. Jh.); Persenbeug: Schloß; Marbach a. d. D.: Wallfahrtskirche Maria Taferl.

Pöchlarn: Reste der Stadtmauer mit Türmen, Pfarrkirche (urspr. 15. Jh.), Schloß (16. Jh., ehem. Wasserburg), Geburtshaus Oskar Kokoschkas.

Melk: Prachtvolles Benediktinerstift (urspr. 12. Jh., Bibliothek, Marmorsaal), Stiftskirche St. Peter und Paul (Kuppelhöhe 64 m), Bildergalerie; Schönbühel: Schloß, Servitenkloster, Posthaus (Museum), Kolomanibrunnen.

Spitz a. d. D.: Niederes Schloß (12. Jh., Umbau 17. Jh.), Ruine Hinterhaus, Altes Rathaus, Bürgerspital (Portal), Schloß Erlahof (Schiffahrtsmuseum).

Weißenkirchen: Mittelalterliches Stadtbild, Marktplatz, Rathaus, spätgot. Wehrkirche, Teisenhoferhof (Laubengänge, Wachaumuseum), Nepomukstatue.

Dürnstein: Stadtmauern mit Wehrtürmen, Burgruine (12. Jh.), bar. Augustinerchorherrenstift, spätgot. Rathaus, Kunigundenkirche (Ruine, 13. Jh.), Pfarrkirche mit Barockturm, Kellerschlößl.

Krems a. d. D.: Altstadt mit vielen Renaissance- und Barock-Bürgerhäusern, Gozzoburg (13. Jh., Stadtpalais), Stadttore, Mohrenapotheke, Bürgerspitalkirche, ehem. Dominikanerkirche (Museum), Pfarrkirche St. Veit (17. Jh.), spätgot. Piaristenkirche, Pfarrplatz, Hoher Markt; 10 km südl. Benediktinerstift Göttweig.

Tulln: Pfarrkirche (rom. Pfeilerbasilika), Stadtmauer mit Türmen, bar. Minoritenkirche, Dreikönigskapelle, Babenbergerhof, Dreifaltigkeitssäule, Heimatmuseum.

Karten, Kanu-Literatur

Generalkarte Österreich 1:200 000, Blatt 3, Blatt 1; Haupka-Wanderkarte 1:100 000, Nr. 1, 2, 3; Wassersportkarte 1:550 000, Teil 5. DKV-Auslandsführer, Band 1; Berichte in Kanusport.

2

Thaya

Nebenfluß der March

Waidhofen a. d. Th. –
Drosendorf
74 km
3–4-Tage-Fahrt

Auf einer sanftwelligen, wald- und teichreichen Granithochfläche zwischen Zwettl und Gmünd entspringt beim Ort Schweiggers einer der schönsten Flüsse Niederösterreichs: die Thaya. Zuerst als Deutsche Thaya in nördlicher Richtung durch eine kuppige Wiesen- und Feldlandschaft mäandernd, erreicht der kleine Fluß die von zahlreichen Kriegen und Feuerbrünsten geplagte, altwürdige Stadt Waidhofen. Viele alte Mühlen säumen die Ufer der lieblichen Thaya auf ihrem weiteren Weg durch ein breites Muldental. Bei Dobersberg drängen die harten Granit- und Gneisriegel des Gilgenberger Wal-

des den Fluß in südöstliche Richtung, und die Thaya zerfurcht die bucklige Hochfläche in einem vielgewundenen, engen Waldtal, das sich nach der Ortschaft Karlstein etwas weitet. Doch schon bald säumen wieder steil abfallende Fels- und Waldfluchten das einsame, schluchtartige Tal, das die Thaya über viele Kilometer bis zur österreichisch-mährischen Grenze bei Drosendorf durchfließt. Als Grenzfluß mehrmals von einem Staatsgebiet ins andere wechselnd, wird die Thaya (Dyje) schließlich unterhalb Znojmo (Znaim) zum regulierten und aufgestauten Aufluß, der bei Hohenau an der slowakischen

Viele befahrbare Schrägwehre verleihen der Thaya eine sportliche Note.

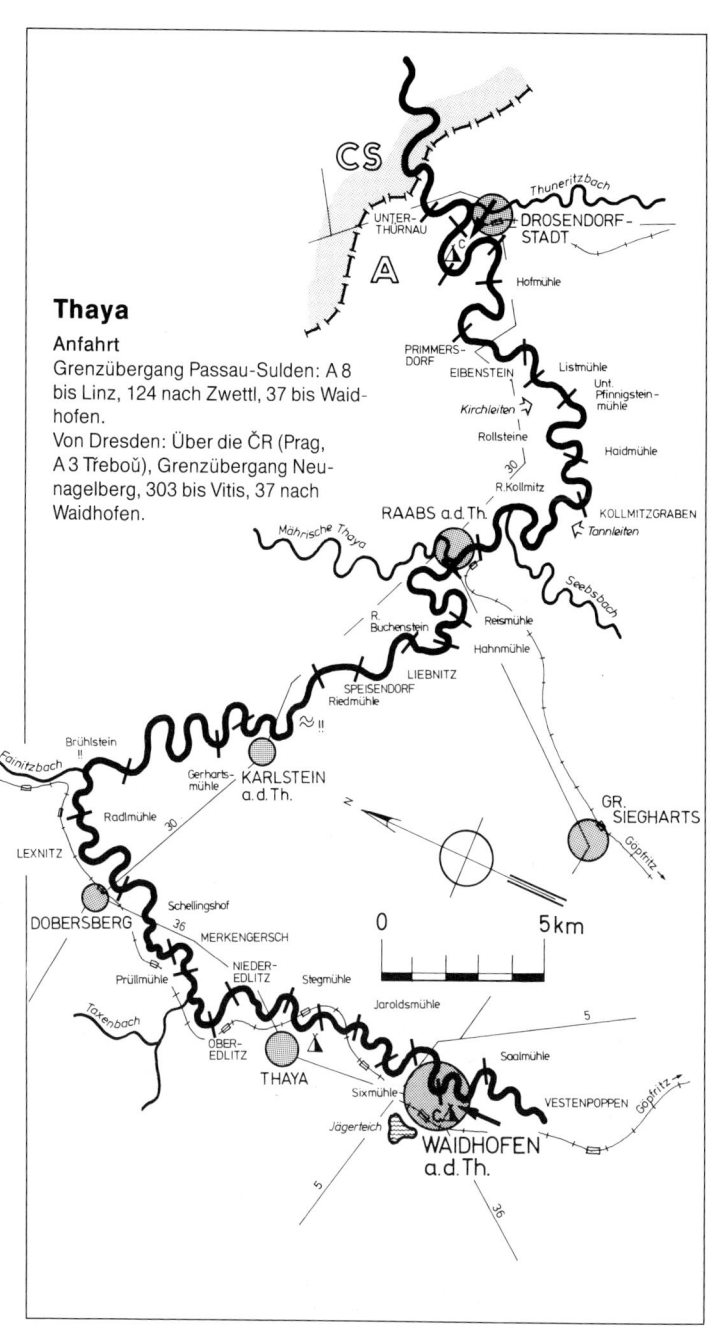

Thaya

Anfahrt

Grenzübergang Passau-Sulden: A 8 bis Linz, 124 nach Zwettl, 37 bis Waidhofen.

Von Dresden: Über die ČR (Prag, A 3 Třeboů), Grenzübergang Neunagelberg, 303 bis Vitis, 37 nach Waidhofen.

CS

UNTER-THÜRNAU

A

Thuneritzbach

DROSENDORF-STADT

Hofmühle

PRIMMERS-DORF

EIBENSTEIN

Listmühle

Unt. Pfinnigstein-mühle

Kirchleiten

Rollsteine

Haidmühle

R. Kollmitz

KOLLMITZGRABEN

RAABS a.d.Th.

Tannleiten

Mährische Thaya

Seebsbach

R. Buchenstein

Reismühle

Hahnmühle

LIEBNITZ

SPEISENDORF

Riedmühle

Brühlstein !!

Fainitzbach

Gerhartsmühle

KARLSTEIN a.d.Th.

GR. SIEGHARTS

Radlmühle

N

LEXNITZ

Göpfritz

DOBERSBERG

Schellingshof

36

MERKENGERSCH

0   5 km

Prüllmühle

NIEDER-EDLITZ

Stegmühle

Jaroldsmühle

5

Taxenbach

OBER-EDLITZ

THAYA

Sixmühle

Saalmühle

VESTENPOPPEN

Göpfritz

Jägerteich

WAIDHOFEN a.d.Th.

5

36

Grenze, weit im Osten Österreichs, nach einem 340 km langen Weg in die March mündet.

Bei gutem Wasserstand, im Frühjahr, können wir unsere Boote schon in Schwarzenau einsetzen und bis Waidhofen eine interessante Tagesfahrt durch unendlich viele kleine Mäander und Flußschlingen erleben. Am netten Campingplatz beim alten Flußbad stellen wir unser Zelt auf und bummeln abends durch die engen Gassen der Altstadt. Morgens rutschen wir über das harmlose Schrägwehr hinunter (oder schieben das Boot über die fast trockene Wehrkrone) und erblicken bald das nächste Wehr. So geht es auf der Thaya oft; ein Wehr folgt dem anderen, und fast alle sind bei gutem Wasserstand mit großem Spaß befahrbar.

Der Fluß pendelt nun in nördlicher Richtung von einem Prallufer zum anderen. Es folgen nacheinander die kleinen, lieblichen Ortschaften wie Kleineberharts, Thaya, Niederedlitz, Merkengersch und Dobersberg mit ihren schönen Kirchlein, Schlössern und Mühlen. Niedrige Brücken überspannen das Flüßchen, dessen sauberes Wasser sicher sehr fischreich ist, was die vielen Angler vermuten lassen.

Unweit von Dobersberg, an der Radlmühle, erreicht die Thaya ihren nördlichsten Punkt, knickt unter dem steilen Hang des Brühlsteins scharf in südliche Richtung (Kehrwasser!) und betritt ein völlig einsames, tief eingeschnittenes Waldtal. In weit ausholenden Schleifen umfließt der hier gut strömende Fluß runde Bergnasen, immer wieder von felsigen Prallhängen zum nächsten Richtungswechsel gezwungen. Schöne Waldwiesen locken zum Bleiben. Vielleicht bauen wir irgendwo am einsamen Ufer unser Zelt auf, beobachten abends die fleißigen Bisamratten und lauschen nachts dem »Huhuhu« des Käuzchens.

Morgens, wenn die Sonne den Nebel über der Thaya lichtet, räumen wir sorgfältig die Zeltstelle auf und paddeln dann in den wärmenden Strahlen weiter. An der Gerhartsmühle wird viel Wasser abgeleitet, und wir tragen ca. 80 m bis zur Brücke um. In Karlstein grüßt uns die gelb leuchtende Burg. Vor der Straßenbrücke legen wir an und nutzen eine Raststelle mit Bänkchen zum Vespern.

Nach der scharfen Biegung unter der Burg folgt eine spritzige und an der Kläranlage sogar etwas verblockte Strecke; hier vorsichtig manövrieren! Im langen Stau des Riedmühlwehrs verschwindet die flotte Strömung, und unter dem Wehr suchen wir den richtigen Auslaufarm (sehr eng; in der Mühle guter Gasthof). Mit viel Gerumpel befahren wir das steinige Speisendorfer Wehr, bewundern die über dem Fluß auftauchende Burgruine Buchenstein und tragen am Wehr der Liebnitzmühle kurz um.

Nach den Wehren der Hahn- und Reismühle behindern Weidenäste den Auslauf. Lustige Stromschnellen lassen nun die Boote in engen Flußschleifen über Steine schaukeln, und bald schieben wir uns an den Sportanlagen und dem schönen Schwimmbad des Städtchens Raabs vorbei. Rechts ragt auf einem schmalen Felssporn hoch über dem Fluß die mächtige Schloßburg Rakoucz, deren Name im Tschechischen »Rakousko«, Österreich, bedeutet. Unter dem schrägen Wehr mündet von links die Mährische Thaya, und am nachfolgenden hohen, konkaven Betonwehr rutschen wir in der Mitte hinunter. Der Pegel unterm Wehr zeigt 1,40 m, gerade noch genug, um überall durchzukommen.

In den einsamen Flußbögen begleiten uns die Felsengruppen Jungfernstein und Rabenstein. Der Stau des Kollmitzer Wehrs reicht weit flußaufwärts, wir paddeln zur Krone und kippen das Boot über die Wehrbretter langsam hinunter. Das Wasser ist sehr knapp, Steine kratzen am Bootskiel.

Nach der Brücke steigen wir aus den Booten und klettern hinauf zur Burgruine Kollmitz, die in herrlicher Lage hoch über der engen Thayaschleife liegt. Am Hals des Umlaufberges steht die 160 m lange »böhmische« Mauer, und vom Burgfried haben wir einen schönen Blick in das Tal.

Felsgebilde begleiten uns weiter flußabwärts, und nach der ebenmäßigen Rollsteiner Schleife warten noch etliche Wehre. Im grünen Tal leuchtet das Kirchlein von Eibenstein, und nach dem Wehr rauscht ein kräftiger Schwall an der dunklen Burgruine vorbei.

Irgendwo links im Gebüsch liegt das verwunschene Primmersdorfer Schlößchen (Wehr), und bald nach der Hofmühle sehen wir oben vor uns die lange Wehrmauer der Burgstadt Drosendorf auftauchen. Das letzte Wehr verlangt noch unsere Aufmerksamkeit, und schon landen wir am Campingplatz unter der sehenswerten Stadt. Eine wunderbare Flußwanderung ist damit beendet.

Charakter, Tips

Landschaftlich sehr schöner, abwechslungsreicher Wald- und Wiesenfluß, der größtenteils durch enge, vielgewundene Waldtäler fließt. Sauberes Wasser. Sehr viele Schrägwehre, die fast alle bei gutem Wasserstand problemlos befahrbar sind. Mit robusten Einerkajaks (PE-Material) sind wir hier am besten beraten, doch auch im wendigen Canadier mit nur wenig Gepäck können wir die Thaya gut befahren. Minimaler Pegelstand: Pegel Raabs a. d. Th. 1,40 m, Pegel Brücke Merkengersch 1,60 m. Zugverbindung zwischen Schwarzenau, Waidhofen, Dobersberg und Radlmühle, weiter Busstrecken. Wanderung für etwas erfahrene Kanufahrer geeignet; Vorsicht bei Wehren: anschauen! Schöne Zeltwiesen. Bitte Rücksicht auf Angler!

Zeltmöglichkeiten

Waidhofen a. d. Th., Thaya (Sportplatz, Anfrage), Primmersdorf, Drosendorf, schöne Plätze auf Uferwiesen (nach Absprache).

Sehenswertes

Waidhofen a. d. Th.: Wehrmauerreste mit Wehrtürmen, Rathaus (got./renaiss.), Schloß (1770), Dreifaltigkeitssäule (1709), Bürgerspitalkirche (urspr. 14. Jh.), bar. Pfarrkirche (1723, Orgel, Ratsherrengestühl), mehrere Museen; Alt Waidhofen: Alte Hammerschmiede.

Thaya: Marktplatz, Prangerhansl (17. Jh.), Renaissance-Brunnen, Pfarrkirche St. Peter u. Paul; Dobersberg: Schloß (16. Jh.).

Raabs a. d. Th.: Burgschloß mit Rittersaal (12. Jh., Märchenmuseum), Stadtbefestigung mit Türmen, Marktplatz; Oberndorf: got. Staffelkirche, Spitalskirche (16. Jh.), bar. Häuserfassaden, Mariensäule (Hauptplatz), Grenzlandmuseum; Karlstein: mächtiges Burgschloß; Burgruine Kollmitz (»böhmische Mauer«); Burgruine Eibenstein.

Drosendorf a. d. Th.: Schloß (Umbau 17. Jh.), Stadtmauern mit Türmen (12. Jh.), Raabser Tor (15. Jh.), Renaissance-Rathaus, Bürgerspital (Heimatmuseum), Pestsäule (1714), Rolandsäule (spätgot.), Marktkirche St. Martin (1515, Sakramenthaus).

Karten, Kanu-Literatur

Generalkarte Österreich 1 : 200 000, Blatt 1; Haupka-Wanderkarte 1 : 100 000, Nr. 2; Österreich-Karte 1 : 50 000, Blatt 6, 7, 8.
DKV-Auslandsführer, Band 1.

Kamp

Nebenfluß der Donau

1. Etappe:
Zwettl – Lichtenfels
20 km, Tagesfahrt

2. Etappe:
Wegscheid – Rosenburg
20 km, Tagesfahrt

3. Etappe:
Plank – Altenwörth
39 km, 2-Tage-Fahrt

Aus zwei quirligen Quellflüssen – dem längeren Großen Kamp und dem wasserreicheren Kleinen Kamp – entsteht bei Rappottenstein im Waldviertel der Kamp, der auf seinem 125 km langen Weg zur Donau zuerst in östlicher, dann in südlicher Richtung ein tiefes, vielgewundenes Fels- und Waldtal in die harten Granit- und Gneisschichten der Ausläufer des Böhmischen Massivs hineinsägt. Erst wenige Kilometer vor der Mündung betritt der Kamp die fruchtbare Niederung des Tullner Feldes und mäandert hier durch die Reste der Auwaldbestände bis nach Altenwörth, wo er die Donau erreicht. Der keltische Ursprung seines Namens – Kambos, der Krumme – zeugt vom uralten Siedlungsgebiet, und auch so später bauten Mönche, Adelige und Raubritter ihre Klöster und Stifte bzw. Schlösser und Burgen an seine felsigen Ufer. Wegen seiner historischen Vergangenheit und seiner Naturschönheiten ist heute das Kamptal eines der romantischsten und bezauberndsten Flußtäler Österreichs. Das saubere, fischreiche Wasser lockt gleichermaßen Badefreunde, Angler und nicht zuletzt Kajakfahrer an. Leider ist ein großer Teil des mittleren Kamptals der Energiegewinnung geopfert worden, und es entstanden hier drei große Stauseen. Der größte von ihnen, der Ottensteiner See, fügt

sich besonders schön in die kuppige, bewaldete Landschaft ein und ist ein beliebtes Ziel erholungssuchender Wassersportler geworden. Unsere Kamp-Wanderung beginnt mit der Befahrung dieses 12 km langen Sees, dessen tief eingeschnittenen Wald- und Felsbuchten uns einen Hauch des weiten Nordens vermitteln.

Am Ortseingang von Zwettl, am alten Bad, finden wir die richtige Einsetzstelle; am großen Parkplatz können wir unsere Autos abstellen. Doch bevor wir die schlanken Boote besteigen, sollten wir uns noch Zeit für einen Spaziergang durch die im 12. Jahrhundert gegründete Stadt nehmen oder das nur 2 km nordöstlich davon liegende Stift Zwettl besuchen, um hier die feinen Säulenköpfe des alten Kreuzgangs oder den prachtvollen, 90 m hohen Barockturm der Stiftskirche zu bewundern.

Endlich dann in den Bootsluken sitzend, befahren wir kurz nacheinander zwei Wehre (Vorsicht bei Hochwasser!). Von rechts fließt die Zwettl zu, und wir paddeln durch das regulierte Flußbett, das bald nach dem Stadtgebiet in engen S-Schleifen durch ein wunderschönes Waldtal pendelt. Das Neumühlen- und das Stiftwehr rutschen wir noch hinunter, bevor unsere Bootsspitzen ins ruhige Wasser des Ottensteiner Sees eintauchen. Anfangs begleitet uns das weit-

Stolz ragt Schloß Rosenburg über dem Flußtal auf.

Kamp

Anfahrt

Grenzübergang Passau–Sulden: Autobahn A 8; A 1, Ausfahrt Ybbs, 25 bis Persenburg, 36 nach Zwettl.
Von Dresden: Über die ČR (Prag, 3 nach Třeboň, Grenzübergang Neunagelberg, 303 bis Vitis, 37 nach Zwettl.

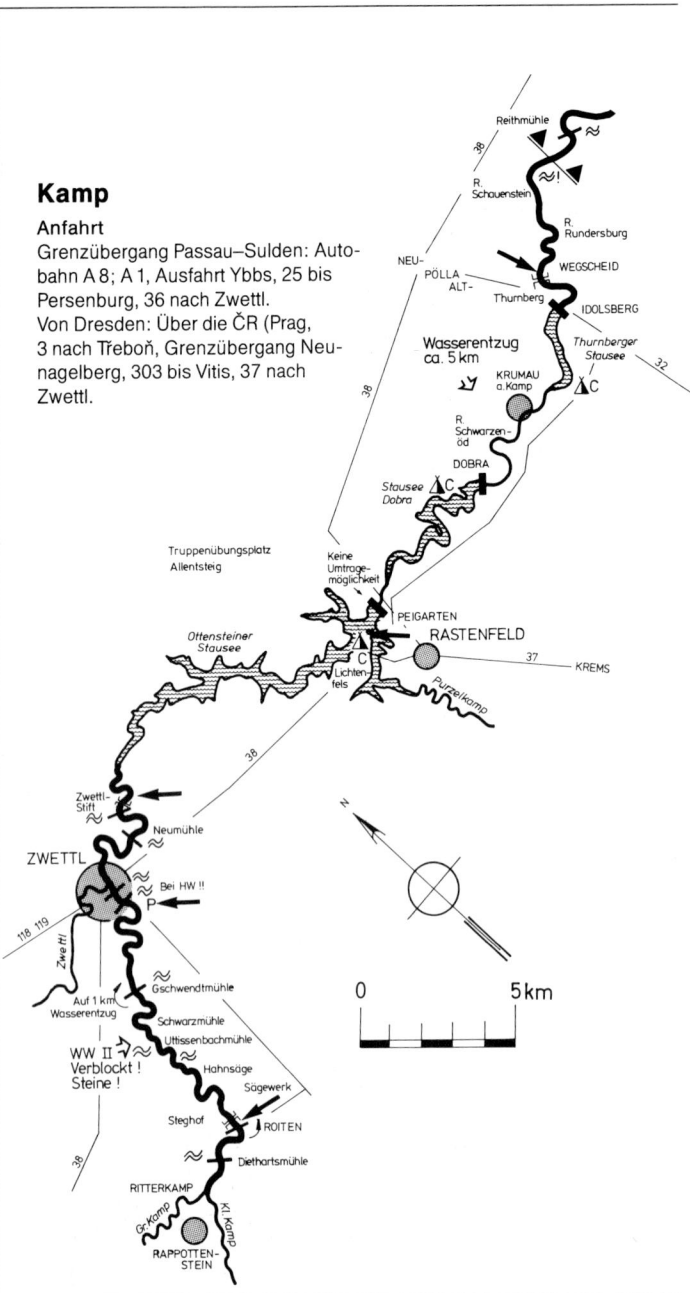

Reithmühle

R. Schauenstein

R. Rundersburg

NEU- PÖLLA ALT- Thurnberg WEGSCHEID

IDOLSBERG

Wasserentzug ca. 5 km

Thurnberger Stausee

KRUMAU a. Kamp

C

32

R. Schwarzen- öd

DOBRA

Stausee Dobra C

Truppenübungsplatz Allentsteig

Keine Umtrage- möglichkeit

PEIGARTEN RASTENFELD

Ottensteiner Stausee

C Lichten- fels

37 KREMS

Purzelkamp

38

Zwettl- Stift

Neumühle

ZWETTL

Bei HW !!

P

118 119 Zwettl

Auf 1 km Wasserentzug

Gschwendtmühle

Schwarzmühle Ultissenbachmühle

WW II Verblockt! Steine!

Hahnsäge Sägewerk

Steghof ROITEN

Diethartsmühle

RITTERKAMP Gr. Kamp Kl. Kamp

RAPPOTTEN- STEIN

N

0 5 km

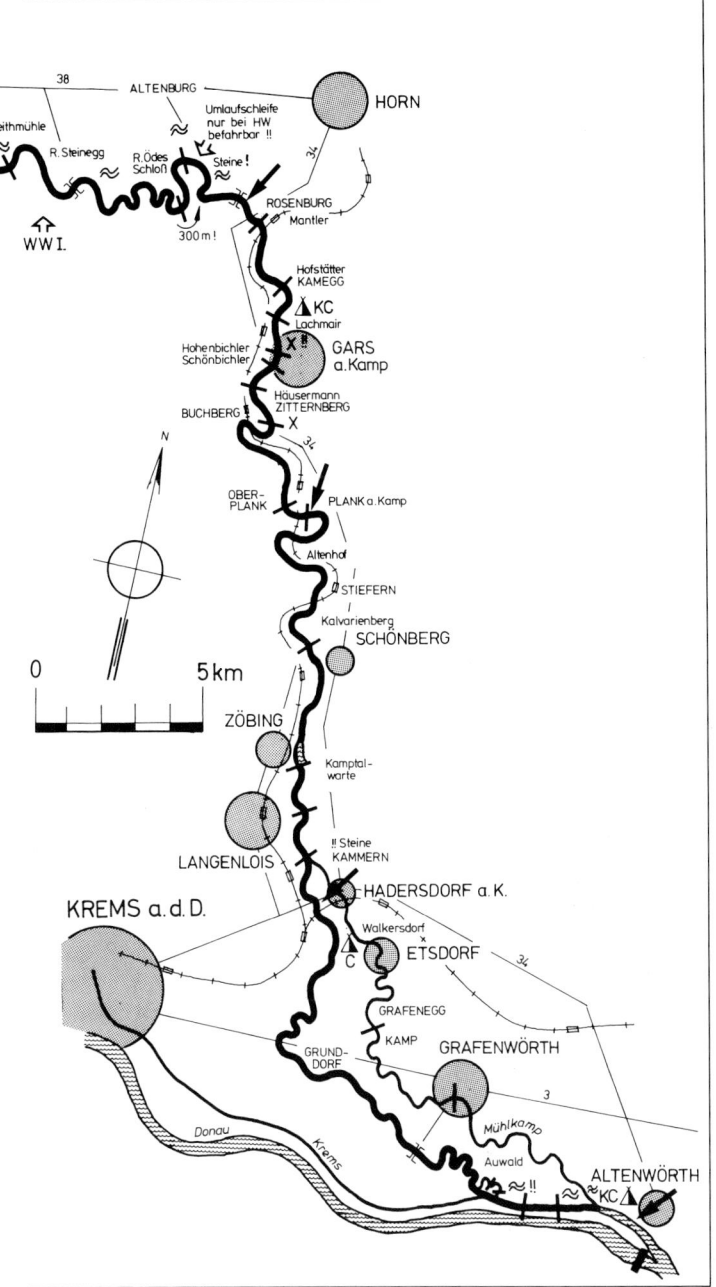

läufige Truppenübungsgelände Allentsteig; hier dürfen wir aus Sicherheitsgründen die Ufer nicht betreten. Leise tauchen die Paddel in das ruhige, dunkle Moorwasser ein, und die bewaldeten Steilufer schieben sich nach jeder Biegung wie Kulissen auseinander, immer wieder den Weg freigebend. Keine Ortschaft berührt die einsamen, sich im Wasser spiegelnden Ufer, und wir begegnen nur wenigen Gleichgesinnten. Manche von den vorbeiziehenden, tief eingeschnittenen Buchten locken uns zum Hineinpaddeln; am schönsten sind der fjordartige Einschnitt des Wöltenbaches und der mehrere Kilometer lange, schmale Nebenarm des Purzelkamp. Auf einer Halbinsel erwarten uns dort die Burgruine Lichtenfels, ein schöner Campingplatz sowie ein verlockendes Seerestaurant.

Wir beenden die erste Etappe unserer Flußwanderung. Mit dem Auto fahren wir am Kamp entlang, wundern uns über die langen Trockenabschnitte unter dem Stausee Dobra und sehnen uns nach Zeiten, als das Wasser des Flusses noch durch das felsige Bett strömte. Nur bei Hochwasser erleben wir diesen Flußabschnitt im ursprünglichen Zustand. Auf enger Straße erreichen wir den kleinen Ort Wegscheid. Hier beginnt die nächste Etappe. Unterhalb der Kapelle, an der Brücke, finden wir die richtige Einsetzstelle.

Bei gutem Wasserstand (Ablaß KW Wegscheid 6–8 m³) nimmt uns eine flotte Strömung schnell mit, und wir erleben eine herrliche, 20 km lange, sehr abwechslungsreiche, leichte Wildwasserfahrt (WW I–II). Scharfe Biegungen, mit geraden Abschnitten wechselnd, Prallwände, Reste eines Wehres, verstreute Felsblöcke, ruhige Strecken, ein fahrbares, 4 m hohes, konkaves Wehr (nicht bei Hochwasser!), vollkommene Umlaufschleifen, wunderbare Ausblicke auf steil abfallende Waldhänge, hoch am Felsen thronende Burgruinen, kleine Waldwiesen, blühende Ufer... das alles bietet uns der Kamp in diesem so ursprünglichen Abschnitt.

Mittags können wir in Steinegg eine Pause einlegen und im paddlerfreundlichen Gasthof Dunkler einkehren, damit uns die Etappe nicht zu lange vorkommt. Bei niedrigem Wasserstand würzt kurz vor Rosenburg die Umtragestelle nach dem konkaven Wehr die Fahrt; wir tragen die Boote 300 m über den Sattel des Umlaufberges zum Kraftwerk. Spätnachmittags ziehen wir die Kajaks am Bootshaus des Rosenberger Kanuclubs aus dem Wasser, hoch über uns erhebt sich die mächtige Schloßanlage Rosenburg, eine der schönsten im Lande. Vielleicht übernachten wir im nicht weit entfernten Gasthaus Hudecek und wandern am nächsten Morgen zum Schloß hinauf, um einem mittelalterlichen Turnier oder einer Falknervorführung beizuwohnen.

In Rosenburg knickt der Kamp scharf nach Süden und ist auf 14 km mit neun Wehren verbaut. Wir umfahren diesen nur bei sehr gutem Wasserstand lohnenden Abschnitt (Pegel Rosenburg 170 cm) mit dem Auto und setzen zur dritten Etappe unter dem Planker Wehr ein. Es ist eine landschaftlich sehr reizvolle, fast ganzjährig befahrbare Flußstrecke, die erst nach 8 km mit dem Wehr in Schönberg unterbrochen wird.

Bei Zöbing öffnet sich das enge Flußtal, und nach dem Langenloiser Wehr beginnt sich der Kamp in einen Abfluß umzuwandeln. Am Wehr in Kammern wird der Mühlkamp abgeleitet, der im unteren Abschnitt eine lohnende Kajaktour

Vorsichtig befahren wir die Steinwurfstufe vor der Kamp-Mündung.

bietet. Wer in Schönberg die Befahrung unterbrochen hat, findet unter der Straßenbrücke Hadersdorf–Gobelsburg eine sehr gute Stelle zum Wiedereinsetzen.

Unter mehreren Brücken hindurch, zwischen Feldern und Wiesen pendelnd, überdacht von hohen Baumkronen der mächtigen Weiden, trägt uns der noch immer gut strömende Fluß in südöstliche Richtung. Die einzigen Hindernisse sind umgestürzte Bäume, die manchmal überraschend in einer scharfen Biegung auftauchen und uns manches gewagte Manöver abverlangen. Mit voller Geschwindigkeit probieren wir, die Boote über die bemoosten, halb im Wasser eingetauchten Stämme hinübergleiten zu lassen; mit etwas Erfahrung meistern wir auch diese kleinen Biestereien. Nur wenige kurze regulierte Abschnitte unterbrechen den urwaldähnlichen Charakter des Flusses; mehrere kleine Stufen sorgen für weitere Abwechslung.

Nach der Grafenwörther Brücke zur alten Donaufähre teilt sich der Fluß. Es wird empfohlen, den linken, ursprünglicheren Arm zu befahren, auch wenn uns zwei Furten aus den Booten zwingen. Kurz vor der Mündung fließt uns die regulierte Krems zu. Einem Kanal ähnelnd, fließt der Kamp die letzten Kilometer (hier Vorsicht an den ersten zwei Steinwurfstufen – ohne Kratzer am Boot kommen wir nicht durch: WW II!). Mit heftigen Wellen des Mündungsschwalles begrüßt der Kamp die Alte Donau, in deren ruhigem Wasser wir bis zum Strandcafe in Altenwörth paddeln. Bei Kuchen und Kaffee mit »Schlagobers« erinnern wir uns an die schöne Flußfahrt, bevor wir mit unseren hier abgestellten Fahrrädern das Auto abholen.

29

Charakter, Tips

Sehr abwechslungsreicher, sportlicher Wanderfluß, der in mehreren Etappen ganz unterschiedliche Landschaftsbilder und Charakteristika bietet: Vom quirligen, spritzigen und schäumenden Mittelgebirgsfluß über eine beschauliche Auwaldflußwanderung bis hin zur herrlichen Seetour ist alles geboten.

Die erste Etappe ist am schönsten im Spätherbst zu befahren; für die zweite sollte der Flußpegel in Rosenburg mindestens 145 cm anzeigen. Einerkajaks und wendige Zweier-Canadier sind hier die idealen Boote. Zeltmöglichkeiten auf gemähten Wiesen nach Absprache. Im Tal viele Sehenswürdigkeiten, am Fluß entlang führen Wanderwege. Bei ruhigem Verhalten und etwas Glück können wir den Eisvogel, viele Reiher und sogar den seltenen Schwarzstorch erblicken. Flußführungen: KC Rosenburg (Telefon 0 29 82/3 73 52, auch Bootsverleih), KC Gars.

Zeltmöglichkeiten

Camping Lichtenfels (Ottensteiner See), Dobra (Franzen), Krumau, Zeltwiese Steinegg (Dunkler), Gars (KC, nach Absprache), Hadersdorf, Langenlois.

Sehenswertes

Rapottenstein: Burganlage (12.–16. Jh.), Pfarrkirche St. Peter und Paul (urspr. roman., 14. Jh.), Pranger (1613).
Zwettl: Stadtmauern mit mächtigen Türmen (13. Jh.), Bürgerhäuser mit Renaissance- und Barockfassaden, Propsteinkirche (urspr. 12. Jh.), spätgot. Bürgerspitalskirche (15. Jh.), got. Rathaus (Herrenhaus, 14. Jh.), Dreifaltigkeitssäule (1727), Nepomukkapelle (1783, Reliquien), Stift Zwettl (urspr. 12. Jh.), Quaderbrücke (12. Jh.), Stiftskirche (Turmhöhe 90 m); Dürnhof: Meierhof (Museum für Medizin-Meteorologie).
Rastenfeld: Marktplatz, Bürgerhäuser (bar. bis Biedermeier), Pranger, St.-Florian-Statue, Getreidemaß, Pfarrkirche Mariä Himmelfahrt (urspr. rom.

Pfeilerbasilika), Burg Rastenfeld (12. Jh., privat), Burg Ottenstein (Restaurant), Burgruine Lichtenfels.
Krumau a. K.: Burgruine Dobra.
Rosenburg: Renaissanceschloß (urspr. Burg, 12. Jh., mit Turnierhof, Bibliothek, got. Stube).
Gars a. K.: Burgruine Thunau (11. Jh.), Pfarrkirche St. Gertrud (13. Jh., got. Farbfenster), Kreuzweg (1686), Marktkirche, Renaissance-Rathaus, Pestkapelle, Heimatmuseum; Buchberg: Schloß; Kamegg: Wallfahrtskirche (um 1700); Plank a. K.: Pfarrkirche St. Nikolaus (Tabernakel); Oberplank: Kirche St. Magdalena.
Schönberg: Pfarrkirche St. Agnes (got. Turm), Kalvarienberg.
Zöbing: »Grinzing des Kamptales«, Martinskirche (15. Jh.), Mariensäule (1700), Nepomuksäule, Pranger (17. Jh.); im September Urbani-Fest (Weinfest).
Langenlois: Weinstadt, Kornplatz mit Renaissance- und Barock-Bürgerhäusern, Bürgerspital, Elisabethkirche (15. Jh.), Holzplatz mit Florianisäule, Rathaus (Barockfassade), Franziskanerkloster (15. Jh.), mit spätgot. Pfeilerbasilika (Internat), St.-Nikolaus-Kirche, St. Laurentius-Pfarrkirche (urspr. 13. Jh.), mit bar. Turm, Heimatmuseum (Urgeschichte, Volkskunde).
Hadersdorf a. K.: Marktplatz; Pfarrkirche St. Peter und Paul (18. Jh.), Renaissance-Rathaus, Karner (roman. Rundbau), Nepomukkapelle.
Grafenegg: Großartige Schloßanlagen (romant. Historismus), Wasserschloß (urspr. 16. Jh.), Schloßpark mit seltenen Baumarten.

Karten, Kanu-Literatur

Generalkarte Österreich 1 : 200 000, Blatt 1; Haupka-Wanderkarte 1 : 100 000, Nr. 2; Österreich-Karte 1 : 50 000, Blatt 19–21, 35, 38, 39. DKV-Auslandsführer, Band 1; Der Kamp (Flußführer W. Mück, 1992).

4

March (Morava)

Nebenfluß der Donau

***Bernhardstal a. d. Th. –
Markthof
82 km
3–4-Tage-Fahrt***

In den Südhängen des 1428 m hohen Bergmassivs Kralický Sněžník (Spieglitzer Schneeberg) entspringend, durcheilt die Morava (March) zuerst als rauschender Wildbach und Gebirgsfluß die engen Wald-täler des Gesenkes, um danach in ein breites Tal, später in die fruchtbare Niederung Haná einzutreten. Teils reguliert, teils sich noch selbst überlassen, durchquert der Fluß ganz Mähren, dabei die alte

An der Mündung des Hametbaches setzen wir das Kanu in die Thaya, um nach 12 km die March zu erreichen.

erzbischöfliche Stadt Olmütz (Olomouc), das historische Kremsier (Kroměříž) und die Weinstadt Hodonín berührend. Bei Hohenau im Marchfeld erreicht die March Österreich und pendelt hier kräftig durch einen Gürtel naturnaher Auwälder als Grenzfluß zur Slowakei auf einer Länge von ca. 70 km bis zu ihrer Mündung in die Donau bei Hainburg.

Zu unserer mehrtägigen Flußwanderung mit Boot und Zelt starten wir am besten bei Bernhardstal, wo an der Einmündung des begradigten Hametbaches in die ruhig fließende Thaya die Einsetzstelle liegt. Geschützt vor dem starken Wind, bepacken wir unter dem Hochwasserdamm unsere Bootstonnen mit Schlafsäcken, Kochzeug, Reservekleidung, Essen. Das Zelt wird in einem wasserdichten Beutel verstaut und ein Kanister mit Trinkwasser gefüllt. Alles rollen wir dann mit dem Bootswagen über den Feldweg zur Thaya, die hier schon die Staatsgrenze bildet. Wir legen vom sandigen Ufer ab, und der Fluß nimmt uns auf.

Unreguliert windet sich die Thaya in vielen kleinen Bögen und Schleifen über die letzten 12 km ihres Weges zur Mündung in die March. Kurz nach dem Start überraschen uns die vom rechten Ufer über dem Wasser schwebenden viereckigen Fischernetze, die auf einer kranartigen Holzkonstruktion aufgehängt sind. Von einem freundlichen Angler erfahren wir, daß man die Netze »Dauben« nennt und daß sie typisch für diese Flußlandschaft sind. Der Pegel bei km 9 zeigt 0,90 m an; es ist schon Ende Juni, und der ideale Wasserstand dürfte um ein paar Zentimeter höher liegen. Ein dichter Eichen- und Erlengürtel wechselt mit hohen Wiesenufern, und nur selten verengt ein ins Wasser gestürzter Baum das Flußbett.

Bald schließen wir uns der von links kommenden March an, und von einer Tafel können wir ablesen, daß es noch 69 herrlich einsame Kilometer bis zur Mündung in die Donau sind.

Die March hat zum Zeitpunkt unserer Befahrung einen guten Wasserstand, und ihr braunes Wasser vermischt sich schnell mit dem sauberen, dunklen Moorwasser der Thaya. Wir treffen auf das Räumungsschiff March, und dies bleibt die einzige Begegnung für die nächsten drei Tage. Keine einzige Brücke überspannt den Fluß, keine Straße berührt auf längerer Strecke seine Ufer, und so können wir die hinter dem Auwaldgürtel liegenden Orte wie Hohenau, Drösing oder Dürnkrut nur ahnen.

Öfter begegnen wir Graureihern, mehrmals fliegen Störche über den von den Uferbäumen begrenzten Horizont. Beidseitig zweigen vom etwas begradigten Flußbett Altarme ab; wir können nicht widerstehen und paddeln leise in solch eine Oase hinein. Im ruhigen Wasser des Altarms spiegeln sich die Baumbestände, kaum können wir erkennen, wo die Uferlinie liegt. Das Vogelstimmenkonzert, das uns am Fluß schon vorher begleitete, wird hier lauter, und wir lassen das Boot auslaufen und greifen zum Fernglas. Vorne stehen regungslos, wie helle Statuen, Reiher; im Wasser tummeln sich verschiedene Entenarten, Haubentaucher, und am Ufer läuft geschäftig ein grünfüßiges Teichhuhn herum. Irgendwo oben, in den mächtigen Eichenkronen, trommelt der Specht und da, rechts, schwirrt von Ast zu Ast als schillernd blauer »Edelstein« der Eisvogel. Er ist nicht der letzte, den wir auf unserer March-Wanderung sehen.

Wir paddeln weiter den Fluß hinunter. Am slowakischen Ufer sitzen

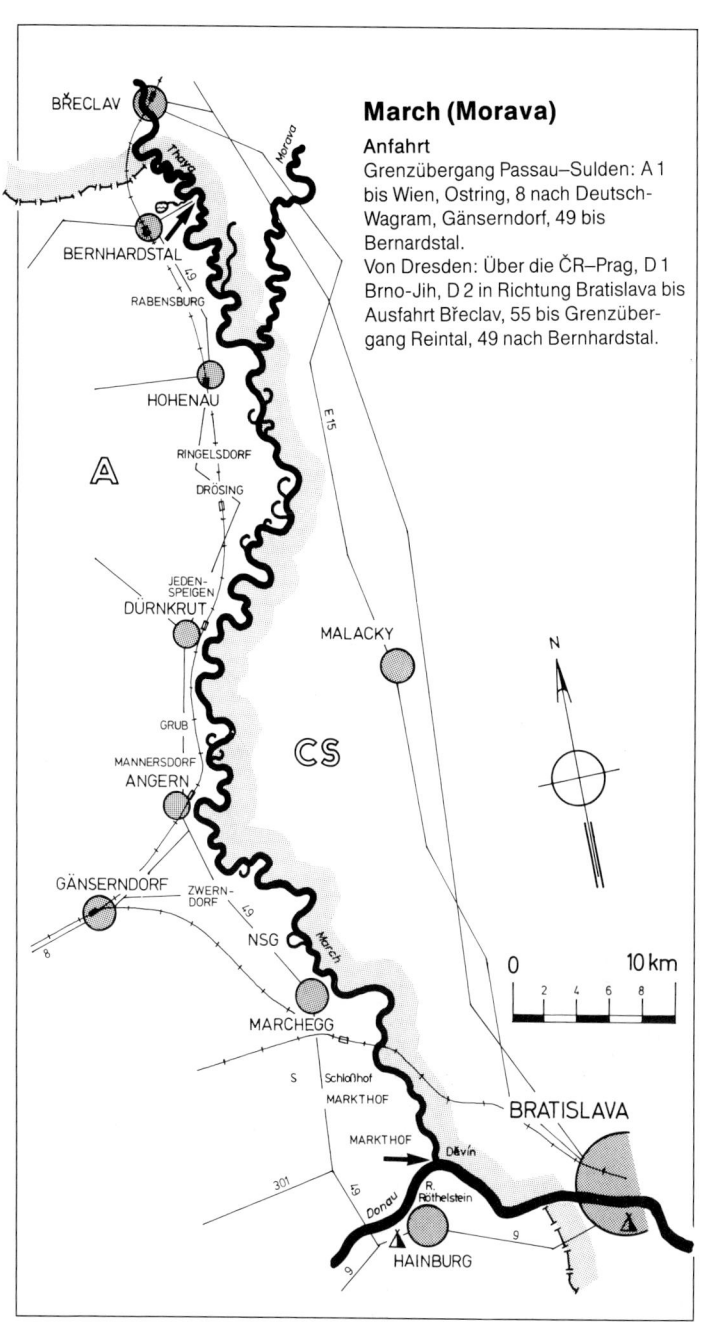

March (Morava)

Anfahrt

Grenzübergang Passau–Sulden: A 1
bis Wien, Ostring, 8 nach Deutsch-
Wagram, Gänserndorf, 49 bis
Bernardstal.
Von Dresden: Über die ČR–Prag, D 1
Brno-Jih, D 2 in Richtung Bratislava bis
Ausfahrt Břeclav, 55 bis Grenzüber-
gang Reintal, 49 nach Bernhardstal.

BŘECLAV

BERNHARDSTAL

RABENSBURG

HOHENAU

RINGELSDORF

DRÖSING

A

JEDEN-
SPEIGEN

DÜRNKRUT

MALACKY

GRUB

MANNERSDORF

ANGERN

CS

GÄNSERNDORF

ZWERN-
DORF

NSG

MARCHEGG

N

0   10 km

2   4   6   8

Schloßhof

MARKTHOF

MARKTHOF

Dévin

BRATISLAVA

R.
Röthelstein

HAINBURG

Donau

wieder Angler, und etwa bei km 50 hängen vom Kiesschrapper zwei Stahlseile niedrig über dem Wasserspiegel. Es fängt an zu regnen, und wir finden bald eine geeignete Zeltstelle. Nachts wachen wir mehrmals durch Windböen und Regenschauer auf. In der Frühe packen wir das Zelt naß ein, doch die Morgensonne sorgt für gute Stimmung.

Ein Angler teilt uns mit, daß sich Dürnkrut in der Nähe befindet. Wir legen an und wollen das historische Marchfeld sehen, wo vor fast 700 Jahren das mächtige Heer des böhmischen Königs Přemysl Otakar II. in der größten Ritterschlacht der Geschichte vom Habsburger Rudolf I. geschlagen wurde. Der König selbst verlor dabei sein Leben, und die Habsburger wurden österreichische Kaiser und später auch böhmische Könige. Heute erinnert ein Denkmal an die Tausende von Toten, die damals, wie auch später in Kriegen und Schlachten, den Interessen ihrer Herrscher geopfert worden sind.

Wir besichtigen noch das schöne Renaissanceschloß, stärken uns im netten Gasthof und sitzen bald

wieder im schmalen Kanu. In großen Schleifen ziehen wir an den slowakischen Orten Suchohrad und Záhorská Ves vorbei und hören, daß man wieder Besuche vom österreichischen Nachbarort Angern empfängt; es gibt zwar keine Brücke, doch Holzkähne liegen auf beiden Ufern bereit. Bei Zwerndorf beginnt rechtsufrig das über 1200 ha große NSG Marchauen. Ein 12 km langer, teils 500 m breiter Auwaldgürtel, von feuchten Waldwiesen und Altarmen unterbrochen, bietet über 100 Vogelarten, davon dem seltenen Schwarzstorch, Nachtreihern, Silberreihern, Kormoranen und dem Weißstorch, der hier eine Baumhorstkolonie hat, beste Brutbedingungen. Auf markierten Wegen kann man in bestimmten Zeiten das Vogelparadies durchwandern, um so einen Einblick in die ornithologische Vielfalt dieser einzigartigen Waldsteppenflußlandschaft zu bekommen, die noch vor nicht langer Zeit von Atom- und Wasserkraftwerksplänen bedroht war.

Marchegg begrüßt uns mit dem »Adlerdenkmal« an der Anlegestelle; der Pegel an der Treppe

Am Hochwasserdamm in Bernhardstal haben wir Boot und Gepäck vorbereitet.

zeigt gute 1,30 m. Es lohnt sich, einen Tag zu bleiben. Das Städtchen ist noch teilweise mit einer Wehrmauer und Türmen umgeben, und am Stadtrand befindet sich außer dem bereits erwähnten NSG das NSG Breitensee, wo sogar regelmäßig der Seeadler überwintert. Wenn wir nicht unterhalb der Anlegestelle unser Zelt aufstellen wollen, können wir sehr preisgünstig in einem der gemütlichen Landgasthöfe oder privat übernachten. Die letzte Etappe unserer March-Wanderung führt uns dann am schönsten Schwarzerlenurwald Mitteleuropas vorbei (Nanni-Au). Die einzige Brücke überspannt kurz danach den Fluß (Eisenbahnstrecke), links erblicken wir die Kirchtürme von Devínska Nová Ves. Hier teilt sich der Fluß, wir umpaddeln die große Bauminsel im rechten, naturnahen Arm. 2 km flußabwärts türmt sich am linken Ufer die Ruine der Burgfeste Devín über dem Fluß auf und kündigt die Mündung an.

Rechts, an der Landspitze zwischen der Donau und der March, breitet sich eine große Kies- und Sandbank aus; hier landen wir und holen anschließend unsere Autos, die wir vor vier Tagen im nahen Ort Markthof (Parkplatz an der St.-Florians-Kapelle) abgestellt haben.

Charakter, Tips

Der westlichste Waldsteppenfluß Europas bietet eine sehr einsame Kanuwanderung in herrlicher Auwaldlandschaft. Ganzjährig befahrbar, beste Jahreszeit Spätsommer/Herbst. Auch für Anfänger geeignet. Boote mit Steuerung sind von Vorteil (Faltboote), wenn man sich treiben lassen und durch das Fernglas die reichhaltige Vogelwelt beobachten will. Zwischen Zwerndorf und Marchegg Befahrungsverbot der Altarme – strenges WWF Naturreservat! Grenzfluß: wenn möglich in rechter Flußhälfte paddeln, linkes Ufer (Slowakei) nicht betreten; Personalausweis ins Boot mitnehmen! Im Frühsommer viele Mücken. Nur in kleinen Gruppen befahren; wenig Zeltmöglichkeiten. Gute Eisenbahnverbindung zwischen Marchegg und Bernhardstal (Umsteigen in Gänserndorf), sonst Kombination Auto–Fahrrad oder Busverbindungen benutzen. In Hainburg (3 km donauaufwärts) am Zollhaus Zeltplatz für Kanuwanderer.

Zeltmöglichkeiten

Hainburg (an der Donau), sonst nach Absprache auf Waldwiesen, Zelten an der Mündung zur Donau (Kiesbank).

Sehenswertes

Dürnkrut: Bar. Pfarrkirche, Renaissanceschloß; Jedenspeigen: Kellergassen, alte Bauernhäuser, Schlachtfeld, Marchfeld-Denkmal.
Gänserndorf: Heimat- und Erdölmuseum, Rathaus (16. Jh.), Gedenkbrunnen.
Marchegg: Stadtmauer, Ungarn- und Wiener-Tor, bar. Jagdschloß (17. Jh.), Jagdmuseum (ehem. Wasserburg, 13. Jh.), Pfarrkirche (13. Jh.), NSG Marchauen, Heimatmuseum.
Engelhartstetten: Barockschloß, Schloßhof, Schloß Niederweiden, NSG Stopfenreuther Au (Donau).
Hainburg: Burg Devín (SR), Befestigungsanlagen (13. Jh.) mit zwölf Türmen, got./renaiss./bar. Bürgerhäuser, Wiener Tor, Ungarntor, Stadtpfarrkirche Hl. Philipp und Jakob, Haydnbrunnen, Mariensäule (rokoko), Tabakmuseum, Festungsruine Haimoburg am Schloßberg; Ruine der Römerstadt Petronell-Carnuntum.

Karten, Kanu-Literatur

Generalkarte Österreich 1 : 200 000, Blatt 1; Haupka-Wanderkarte 1 : 100 000, Nr. 3; Österreich-Karte 1 : 50 000, Blatt 26, 43, 61; Wassersportkarte 1 : 550 000, Teil 5. DKV-Auslandsführer, Band 1.

5

Leitha

Nebenfluß der Donau

Die Leitha, ein südlicher Zufluß der Donau, entsteht aus zwei Quellflüssen, der Schwarza und der Pitten. Während die Schwarza von ihrem Ursprung zuerst in südlicher Richtung fließt, eilt die Pitten durch ein enges Tal von der Buckligen Welt in entgegengesetzter Richtung nach Erlach, wo sich beide Flüßchen vereinigen. Die neuentstandene Leitha umfließt, nach Norden hin abgedrängt vom Rosaliengebirge, die Wiener Neustadt und zeichnet einen großen Bogen um den Neusiedler See, von dem sie das leicht wellige Leitha-Gebirge trennt. Nach dem Flußabschnitt zwischen Götzendorf und Bruck,

wo man ihr mit einer strengen Uferregulierung kräftig zum Leibe gerückt ist, pendelt die Leitha recht ursprünglich zwischen niedrigen Hügeln bis nach Zurndorf. Danach wird sie zum charakteristischen Fluß der pannonischen Ebene und erreicht bei Nickelsdorf die ungarische Grenze, um bald danach bei Mosonmagyarovar als Lajta in einen Nebenarm der Donau, die Mosoni Duna, zu münden.
Zu unserer Wanderfahrt setzen wir in Bruckneudorf am Wehrkanal ein. Zuerst zwischen hohen Ufern, strömt das Flüßchen unter schattigen Baumkronen zügig durch ein Parkgelände, und ein paar umge-

Das Schloß der Fürsten von Harrach.

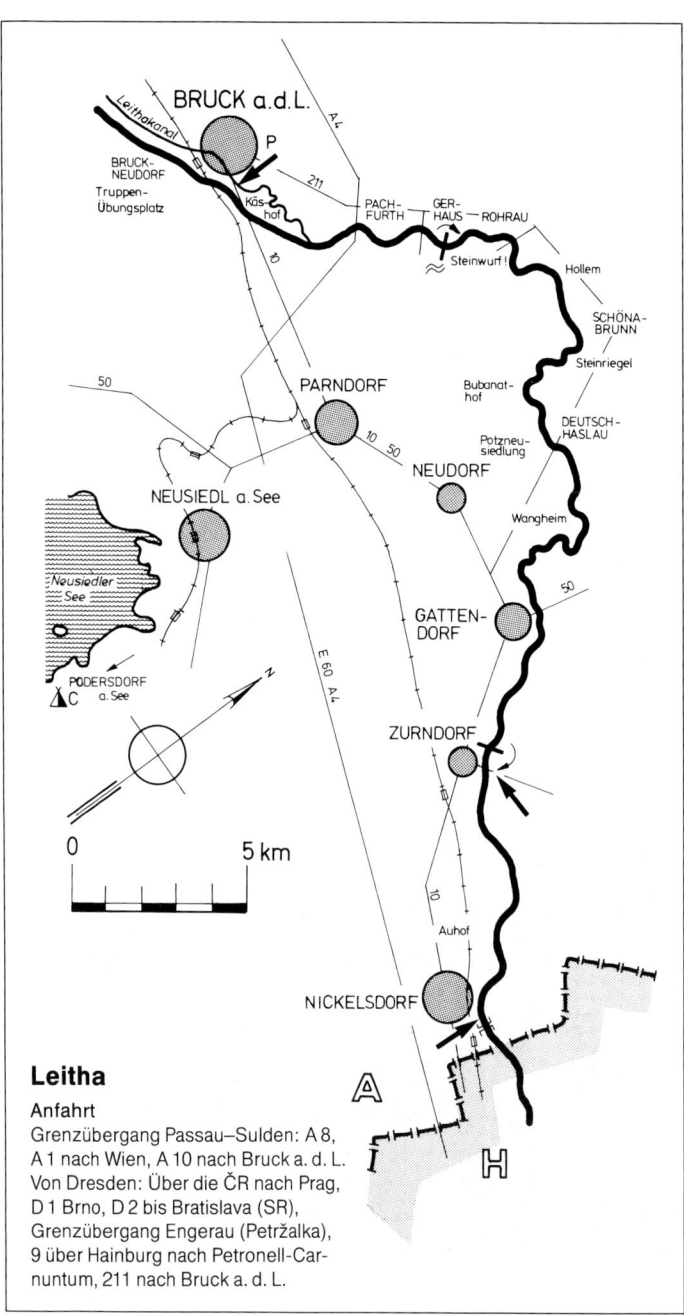

Leitha

Anfahrt

Grenzübergang Passau–Sulden: A 8,
A 1 nach Wien, A 10 nach Bruck a. d. L.
Von Dresden: Über die ČR nach Prag,
D 1 Brno, D 2 bis Bratislava (SR),
Grenzübergang Engerau (Petržalka),
9 über Hainburg nach Petronell-Car-
nuntum, 211 nach Bruck a. d. L.

stürzte Bäume wecken den Eindruck, durch einen Auwaldgürtel zu paddeln. Nach der zweiten Brücke sollten wir etwas aufpassen, alte Brückenpfähle lauern hier tückisch unter dem Wasserspiegel. Mit einer angenehmen Strömung erreichen wir die neue Autobahnbrücke, die uns die Ortschaft Pachfurth ansagt. Vielleicht haben wir Glück und paddeln sonntags beim Feuerwehrfest vorbei, das mit einem Kahn-Slalom-Wettkampf beginnt und mit einem Weinfest endet. Am Brückchen bei Gerhaus winkt die nächste Anlandemöglichkeit; von hier aus können wir das Harrachsche Schloß mit seiner bekannten Bildergalerie besuchen. Kurz danach erscheint nach einer leichten Linkskurve eine Steinwurfstufe, mit Einern bei gutem Wasserstand spritzig befahrbar, doch wir treideln lieber um. Nach der nächsten Brücke (Rohrau, Geburtshaus Haydns) gräbt sich das Flüßchen etwas tiefer in die Landschaft ein und bildet ein recht einsames, kleines Tal. Erlen ragen bis in das Wasser, und wir begegnen emsig schwimmenden Bisamratten, wartenden Graureihern und mit etwas Glück auch einem Storch.

In Potzneusiedlung schauen wir nach dem Pegel an der Brücke; bei 70 cm haben wir einen guten Wasserstand. Vielleicht sollten wir noch kurz aussteigen, die alte Prangersäule und das Schloß anschauen, um nachher bald an der Wehranlage in Gattendorf zu landen, wo wir links zum Umtragen der Boote aussetzen.

Kurz danach zweigt dann die Kleine Leitha als Mühlenkanal zur Pamamühle ab, doch wir bleiben im Hauptlauf des Flusses. Zuerst mäandert die Leitha noch kräftig, doch nach Zurndorf, einer ehemaligen Petschenegensiedlung (altes, türkischstämmiges Reitervolk), peilt sie, zwischen regulierende Uferbefestigungen eingezwängt, endgültig die Richtung zur ungarischen Grenze an. Wenn wir nicht schon am E-Werk unsere Fahrt beendeten, müssen wir spätestens an der Brücke beim Bahnhof Nikkelsdorf aus den Booten steigen.

Charakter, Tips

Ab Bruck a. d. L. mit allen Kanutypen fast ganzjährig befahrbares, mäßig strömendes, ruhiges Wald- und Wiesenflüßchen. Teils reguliert, auch für weniger erfahrene Paddler geeignet. Nur beschränkte Zeltmöglichkeiten (nach Anfrage). Zwischen Nickelsdorf und Bruck a. d. L. gute Eisenbahnverbindung.

Zeltmöglichkeiten

Mehrere Campingplätze am Neusiedler See, sonst auf Uferwiesen (nach Anfrage).

Sehenswertes

Bruck a. d. L.: Teil der Stadtmauern (13. Jh.), got./renaiss. Bürgerhäuser, Hauptplatz mit Toren, Schloß Prugg (ehem. Wasserburg), Pfarrkirche (1702), Augustiner-Eremitenkloster, Kapuzinerkloster mit Kirche (1629), Heimatmuseum.
Gerhaus: Schloß Harrach (Bildergalerie: van Dyck, Rubens u. a.); *Rohrau:* Haydn Geburtshaus.
Potzneusiedlung: Schloß, Prangersäule, Flohmärkte.
Gattendorf: Neues Schloß (18. Jh.), kath. Pfarrkirche, Annakapelle.
Zurndorf: Pfarrkirche (urspr. roman.).

Karten, Kanu-Literatur

Generalkarte Österreich 1:200 000, Blatt 2; Haupka-Wanderkarte 1:100 000, Nr. 7; Österreich-Karte 1:50 000, Blatt 60, 61, 70.
DKV-Auslandsführer, Band 1; Broschüre Österreich-Paddelsport.

6

Neusiedler See

Steppensee

Seeumrundung
ca. 75 km
4–5-Tage-Fahrt

Umrahmt von grünen Rebhängen, Wiesen und einem breiten Schilfgürtel ähnelt der Neusiedler See an heißen Sommertagen einem riesigen, milchig-silbrigen Spiegel. Von den Aussichtspunkten des Ruster Höhenzuges streift dann unser Blick über den vor Hitze vibrierenden, dunstigen Seehorizont, der uns die dahinter liegende, weite Pannonische Tiefebene ahnen läßt. Die Wasserfläche des einzigen europäischen Steppensees wird zwar mit 320 km^2 angegeben, doch es gab schon Jahre (1866–1869), in denen der See vollkommen austrocknete und man erwägte, das Gebiet landwirtschaftlich zu nutzen. Mit seiner geringen Tiefe von ca. 1,5 m verleitet der See Badefreunde, Segler und Bootsfahrer zur Sorglosigkeit, doch der feine Schlamm, der stark gegliederte, 150 km^2 große und fast 5 km breite Schilfgürtel sowie plötzlich auftretende Nebelbänke und steile Wellen können bei starkem Wind gefährlich werden. Doch mit etwas Vorsicht und gutem Wetter wird eine Umrundung des fast 35 km

Gemütliche Ferienhäuser im Segelhafen von Rust.

langen und bis zu 15 km breiten Sees zum unvergeßlichen Erlebnis. Der Badestrand des Campingplatzes der Freistadt Rust bietet uns eine ideale Einsetzstelle; hier können wir auch das Auto für ein paar Tage abstellen, um mit dem Faltboot, Kanu oder Kajak in den See zu stechen. Doch vorher sollten wir noch das kleine, liebliche Städtchen mit seiner berühmten Fischerkirche, dem Rathaus, Pulverturm, den pittoresken, engen Sträßchen und Resten der Stadtmauer durchwandern. Es lohnt sich, den mächtigen Turm der katholischen Pfarrkirche zu besteigen, um einen Blick über die Dachlandschaft mit ihren Storchennestern zu werfen und die geplante Wanderroute auf der Seefläche abzuschätzen. Abends kehren wir in einer der vielen zünftigen Buschenschenken ein und lassen uns den hervorragenden Ruster Wein munden.

Am nächsten Morgen starten wir im ruhigen, dunklen Moorwasser des engen Kanals, der vom Campingplatz zwischen den grünen, bis zu 5 m hohen Schilfwänden einerseits zur Stadt (lohnender Abstecher), andererseits zum Yachthafen und von dort zum offenen See führt. Die breite Schilfzone links liegen lassend, durchschneiden unsere schlanken Boote den noch ruhigen Wasserspiegel des erwachenden Sees zuerst in nördlicher Richtung. Scharen von Bläßhühnern, Möwen und verschiedenen Entenarten begleiten uns; in jedem Fall sollten wir ein Fernglas dabei haben, um die Spiele und Revierkämpfe der Haubentaucher und andere seltene Wasservögel beobachten zu können. Auch bei der Orientierung und Ortsbestimmung sind das Fernglas sowie eine gute Topo-Karte unerläßlich; ein Kompaß kann ebenfalls gute Dienste leisten.

Die Kirchtürme der Ortschaften leuchten, von der Morgensonne bestrahlt, weiß über dem grünen Schilfgürtel, und den Westhorizont bildet der leicht wellige Kamm des Leitha-Gebirges, dessen höchste Kuppen sich über 350 m über dem Wasserspiegel des Sees erheben. Ein fast undurchdringlicher Rohrwald, hinter dem sich die Feuchtwiesen der Oggauer Heide verstecken, begleitet uns über mehrere Kilometer. Doch fast jede Ortschaft hat sich durch im Schilf freigehaltene Kanäle einen Zutritt zum See ermöglicht. Wir können diese nutzen, um mit dem Boot nach Oggau, Donnerskirchen oder Purbach zu gelangen.

In Purbach lohnt es sich, einen Tag zu bleiben, und ein Campingplatz ermöglicht es, die erste Etappe unserer Seeumrundung hier zu beenden. Malerisch sich am Fuße des Leitha-Gebirges ausbreitend, bietet Purbach mit den vielen sehenswerten Bauten aus dem 17. Jahrhundert und der gut erhaltenen Wehrmauer mit Toren ein Ortsbild seltener Schönheit. Vielleicht nutzen wir den Rest des Tages noch für eine Wanderung durch die Laubwälder des Gebirges zur Kaisereiche, wo uns von der Franzosenwarte ein herrlicher Ausblick über die Ortschaften, den Schilfgürtel und den See für die Mühe des Aufstiegs belohnt. Und daß der Purbacher Wein zu den vorzüglichsten im Neusiedler-See-Gebiet gehört, wußten schon die böhmischen Könige im 13. Jahrhundert; am besten schmeckt er vor den Weinkellern im Freien sitzend genossen.

Die nächste Etappe können wir kurz halten. Wieder auf freier Seefläche angelangt, erblicken wir nach ca. 4 km das Zeltgelände und Strandbad von Breitenbrunn. Ein Kanal sowie eine Straße führen

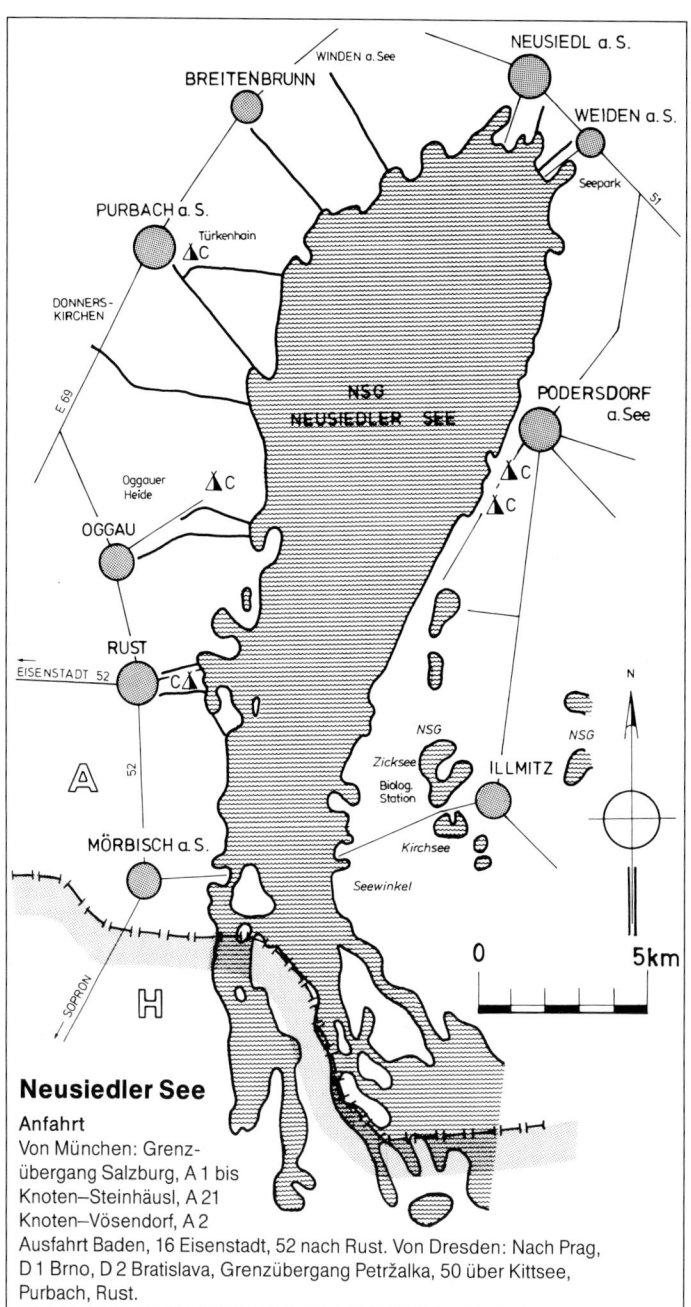

Neusiedler See

Anfahrt

Von München: Grenz-
übergang Salzburg, A 1 bis
Knoten–Steinhäusl, A 21
Knoten–Vösendorf, A 2
Ausfahrt Baden, 16 Eisenstadt, 52 nach Rust. Von Dresden: Nach Prag,
D 1 Brno, D 2 Bratislava, Grenzübergang Petržalka, 50 über Kittsee,
Purbach, Rust.

zum beliebten Ferienort, dessen Wahrzeichen der 32 m hohe »Türkenturm« ist und der ein besuchenswertes Heimatmuseum beherbergt. Auch das Ortsbild mit seinen alten Häusern, niedrigen Weinkellern und den typischen »Bogengassen« wird uns gefallen. Im Nachbarort Winden steht die barocke Florianskirche mit einem prunkvollen Hochaltar.

Am nächsten Tag sollten wir dann rechtzeitig aufbrechen; es erwartet uns eine über 20 km lange Etappe zu den Campingplätzen in Podersdorf am Ostufer des Neusiedler Sees. Diesmal paddeln wir der aufgehenden Sonne entgegen und erreichen nach ca. 6 km den Segelhafen von Neusiedl am See. Über die Dammstraße ist es nur ein kurzer Spaziergang ins Städtchen, von dessen mächtigem Wehrturm der Ruine Tabor man den besten Blick über den See haben soll. Das moderne Seemuseum bietet uns viele Informationen über die hiesigen Pflanzen und Tiere, wobei die Vogelwelt im Mittelpunkt der umfangreichen Sammlungen steht.

Vielleicht legen wir noch im Seepark von Weiden an, bevor unsere Bootsspitzen, immer mehr nach Süden zeigend, am Sandstrand eines der Podersdorfer Campingplätze knirschend auflaufen. Die Attraktion des Ortes ist die schindelgedeckte Windmühle; und nur

7 km weit entfernt liegt in Frauenkirchen, die bedeutendste Wallfahrtskirche des Burgenlandes, deren Innenausstattung vom Reichtum und pompösen Glanz der Barockzeit zeugt.

Für die letzte Etappe unserer Rundfahrt sollte der See ruhig sein, Seitenwind wäre das Schlimmste! Immer den Süden anpeilend, paddeln wir entlang des wieder breiter werdenden Schilfgürtels, an mehreren Naturschutzgebieten und an der Biologischen Station vorbei, und erreichen nach einer 15 km langen Fahrt, bei der wir nirgendwo anlegen können, die Seestraße zu Illmitz im Seewinkel: ein kleiner Hafen, die Anlegestelle der Fähre, Strandbad und Restaurant. Leider kein Zeltplatz, und so paddeln wir nach einer ausgiebigen Bade- und Vesperpause weiter.

In ½ Stunde haben wir die Überquerung des hier nur ca. 3–4 km breiten Sees geschafft. Hinter der großen Schilfinsel zeigt sich die Theater-Seebühne von Mörbisch, rechts davon breitet sich der Yachthafen aus. Vom See in den Ort sind es knapp 2 km, bei genügend Zeit ein lohnender Ausflug, um einen der reizvollsten Weinbauorte der Gegend zu ‚besichtigen. Auf die Fahrgastschiffe achtend, drehen wir die Bootsnasen unserer Kanus nach Norden und paddeln die letzten Kilometer nach Rust.

Charakter, Tips

Größter See Österreichs. Ursprünglich abflußloser Steppensee, höchstens 1,8 m tief, Wasser schwach sodahaltig, milchig trüb durch mikroskopische Schwebeteilchen von Dolomit, Feldspat und Quarz. Ausgesprochen kontinentales Klima, im Sommer kurze, heftige Gewitter. Vorsicht bei starken Westwinden, die am Ostufer sehr steile, kurze Wellen verursachen. Für die Befahrung sind Faltboote von Vorteil, ebenso schmale, lange Kajaks, doch auch im Canadier kann man die Umrundung gut meistern. In den Ferienmonaten sind die Campingplätze recht voll. Einzigartige Vogelwelt (über 300 Arten); beste Zeit für Beobachtungen April bis Juni oder September/Oktober (Vogelzug). Vom 1. April bis 31. Juli darf der Schilfgürtel des Sees nicht betreten werden, nur die Hauptkanäle sind für die Befahrung zugelassen. Mehrere Naturschutzgebiete am Ostufer des Sees im Seewinkel.

Zeltmöglichkeiten

Vom See erreichbar: Rust, Purbach a. See, Breitenbrunn, Podersdorf a. S. In Seenähe: Donnerskirchen, Frauenkirchen, Zicksee (St. Andrä)

Sehenswertes

Rust: In der Altstadt Renaissance- und Barock-Bürgerhäuser, Fischerkirche, (teils roman., Fresken), ev. Pfarrkirche (klassizist.), Rathausplatz mit Adlerbrunnen (1720), Altes Stadttor (Seetor), kath. Pfarrkirche (17. Jh.), Seehof, Pulverturm, Hafen, Seebad.
Purbach a. S.: Stadtmauer, Tore (17. Jh.), Nikolauszeche (16. Jh.), Türkenkeller (Hofarkaden, Türkenbüste), bar. Bürgerhäuser, bar. Pfarrkirche, Kellergassen, Pestsäule (1713), Tabernakelsäule (16. Jh.)
Breitenbrunn: Wehrturm (Türkenturm 17. Jh., Museum), Bogengassen, Pfarrkirche St. Kunigunde.

Winden a. S.: Fundstellen aus der Römerzeit (Weinpresse, Gutshof u. a.), Bärenhöhle (Ludlloch), Kellergassen, Pfarrkirche St. Florian.
Neusiedl a. S.: Ruine Tabor, Paulinerkloster (17. Jh.), Seemuseum, Pfarrkirche (Fischerkanzel), viele Bildstöcke (Christussäule, Floriansäule, Mautsäule u. a.), Strandbad.
Weiden a. S.: Sesselmarkt, Seepark, Pfarrkirche Hl. Dreifaltigkeit.
Podersdorf a. S.: Windmühle, Giebelhäuser (Seestraße), spätbar. Pfarrkirche (1791), zahlreiche Bildstöcke.
Seewinkel: Illmitz: bar. Bauernhäuser, Kreuzscheune, Florianihaus; Apetlon: schilfgedeckte bar. Giebelhäuser, Rohrscheunen, zahlreiche Salzlacken (Seen: NSG Fuchslochlacke, Wörtenlacken, Lange Lacke, Zicksee, Stinkersee), Biologische Station.
Mörbisch: Seebühne (Festspiele), alte Laubenhäuser (Hofgassen), kath. und ev. Pfarrkirche, Heimathaus (1826), Hauergasse, Sebastianssäule (1713); im Juli Fußmärsche über den See.
Frauenkirchen: Wallfahrtsort, prachtvolle bar. Basilika (1702), Kalvarienberg, Franziskanerkloster, Altes Brauhaus, Esterhazyschlößl, Jüdischer Friedhof.
Eisenstadt: Hauptstadt des Burgenlandes, ausgedehnte Altstadt, Rathaus (1650), Dreifaltigkeitssäule (1713), Haydn-Museum, Schloß Esterhazy, Domkirche (15. Jh.), Franziskanerkirche (Gruft der Esterhazy), Landesmuseum, Jüdisches Museum, Kalvarienberg, Bergkirche u. a.

Karten, Kanu-Literatur

Generalkarte Österreich 1 : 200 000, Blatt 2; Haupka-Wanderkarte 1 : 100 000, Nr. 7, Österreich-Karte 1 : 50 000, Nr. 78, 79, 108; Wassersportkarte 1 : 550 000, Teil 5 – Österreich.
DKV-Auslandsführer, Band 1.

Rast an der Kiesbank im Seewinkel vor Illmitz.

7

Lafnitz

Nebenfluß der Raab (Raba)

***Rohrbach a. d. L. –
Dobersdorf
ca. 60 km
2–3-Tage-Fahrt***

Die Lafnitz, einer der wenigen noch fast unverbauten Flüsse Österreichs, bietet ab Rohrbach a. d. L. eine abenteuerliche Wanderfahrt (enge Durchfahrten, umgestürzte Bäume, Büsche) durch ein sehr ruhiges, ursprüngliches Tal. In den Waldhängen des Filzmoosberges im Joglland in der Steiermark entspringend, ändert sie bald, abgedrängt vom 1700 m hohen Bergmassiv des Hochwechsels, ihre ursprünglich nördliche Richtung und peilt, im großen Bogen durch ein enges Bergtal über Steine hüpfend, den Süden an. Bei Rohrbach läßt die Lafnitz die Berghänge hinter sich und fließt in ein breites und liebliches, von flachen Bergrücken umrahmtes Tal. Hier mäandert sie einsam und naturbelassen in unzähligen kleinen und größeren Schleifen, nur selten von einem Mühlenwehr oder einer Steinstufe aufgestaut. Nur wenige Ortschaften berühren die steilen Ufer der Lafnitz, in deren Wänden der Eisvogel und die Uferschwalbe ideale Nistbedingungen finden. (In kleinen Gruppen und bei ruhigem Ver-

Eine der befahrbaren Steinwurfstufen – hier an der Rudersdorfer Brücke.

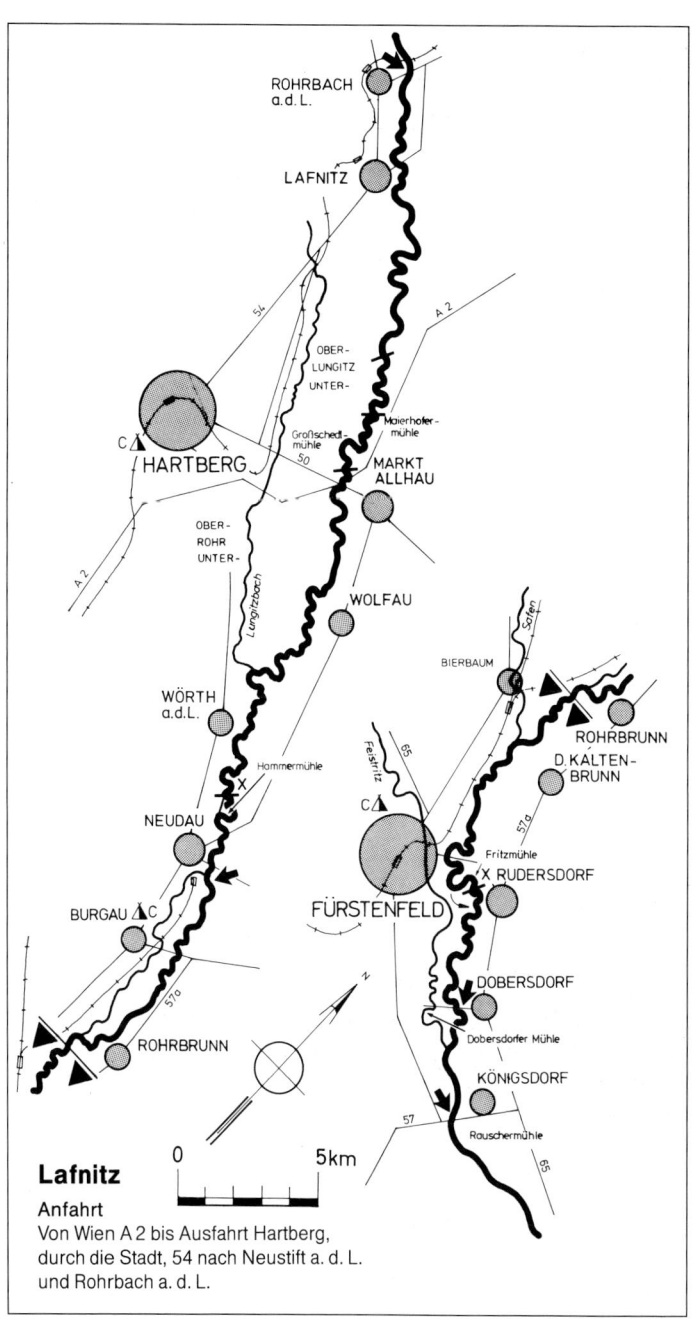

ROHRBACH
a.d.L.

LAFNITZ

OBER-
LUNGITZ
UNTER-

Großschedl-
mühle

Maierhofer-
mühle

HARTBERG

MARKT
ALLHAU

OBER-
ROHR
UNTER-

WOLFAU

BIERBAUM

WÖRTH
a.d.L.

ROHRBRUNN

D. KALTEN-
BRUNN

Hammermühle

Fritzmühle

NEUDAU

RUDERSDORF

FÜRSTENFELD

BURGAU

DOBERSDORF

ROHRBRUNN

Dobersdorfer Mühle

KÖNIGSDORF

Rauschermühle

Lafnitz

Anfahrt

Von Wien A2 bis Ausfahrt Hartberg,
durch die Stadt, 54 nach Neustift a. d. L.
und Rohrbach a. d. L.

Der Pegelstand in Dobersdorf zeigt gute 1,46 m an.

halten kann die Wanderfahrt so zu einem seltenen Naturerlebnis werden!)

Südlich von Fürstenfeld fließt die Lafnitz dann, gestärkt durch die quirlige Feistritz, der Pannonischen Ebene zu und erreicht bei Deutsch-Minihof die ungarische Grenze, wo sie als Lapina in der Raab (Raba) aufgeht.

In Rohrbach, das sein mildes Klima dem schützenden Bergkamm des Wechsels im Norden verdankt, setzen wir die Kanus am Pegelhäuschen, ca. 50 m oberhalb der Straßenbrücke, ins Wasser (Parkplatz). Eine überraschend flotte Strömung reißt unsere Boote mit, und schon schaukeln wir in harmlosen Stromschnellen durch das regulierte Flußbett in südlicher Richtung. Weiden und Erlen säumen die überwiegend steilen Ufer und werden uns auf der ganzen Strecke begleiten.

Nach 2 km erreichen wir den lieblichen Ort Lafnitz, wo die Brücke der Schnellstraße über unsere Köpfe huscht. Von hier bis nach Rudersdorf bildet der Fluß die Grenze zwischen der Steiermark und dem Burgenland. Ein Ausläufer des Hammerwaldes läßt die Lafnitz zum schattigen Waldfluß werden, der in Hunderten von Schlingen und Spitzkehren frei durch das einsame, flache Tal mäandert.

Die Wehre der Maierhofer- sowie Großschedlmühle sind leicht umgehbar, und nur selten überquert ein Steg oder eine niedrige Brücke das Flußbett. Die nacheinander folgenden Autobahnbrücken der A 2 sind die Ausnahme.

46

Nachher wird es wieder ruhig. Auf den Feuchtwiesen sehen wir Kiebitze und langsam schreitende Störche. Auf kurzer Strecke reguliert, beschleunigt die Lafnitz ihren Lauf, und am späten Nachmittag erreichen wir die Brücke bei Wörth a. d. L. (Wirtshaus, ca. 30 Paddelkilometer; Möglichkeit, die Tagesetappe hier zu beenden).

Am Wehr des renovierten Kraftwerks der alten Hammermühle wird das ganze Wasser in den Werkskanal eingeleitet, das Flußbett bleibt trocken (Sommer 1992). Die Umtragestelle ist sehr lang (ca. 400 m) und führt durch privates Gelände mit Zutrittsverboten. Auch das Einsetzen unter der Mühle ist beschwerlich. Wir empfehlen, den Abschnitt Wörth–Neudau (ca. 5 km) mit dem Auto zu umfahren (oder mit dem Bootswagen zu umkarren) und erst in Neudau beim Parkplatz des Schwimbades einzusetzen.

Weiter südlich pendelt der Fluß in vielen Kehren am Burgauer Schloß, einer ehemaligen Wasserburg, vorbei (in der Nähe Campingplatz) und berührt die langgezogenen Ortschaften Rohrbrunn und Deutsch-Kaltenbrunn. Nach vielen Kilometern wird die Lafnitz wieder einmal mit einem Wehr aufgestaut. Hier, an der Fritzmühle in Rudersdorf (sehr kanufreundlicher Besitzer), tragen wir die Boote kurz links um und setzen im großen Gumpen (bei hohem Wasserstand starkes Kehrwasser!) unter der Mühle wieder ein.

Nach der Straßenbrücke rutschen wir über zwei harmlose Steinwurfstufen (WW I–II) und erreichen, von guter Strömung getragen, bald die Brücke in Dobersdorf (links Schreibpegel), wo wir unsere Wanderfahrt beenden können. Bis zur nächsten Ausstiegsstelle vor der B 57 erwarten uns noch drei befahrbare Steinstufen.

Charakter, Tips

Noch wenig verbauter, sehr ursprünglicher Aulandfluß mit sauberem Wasser, teils überraschend flott, teils gemütlich fließend. Viele enge Windungen, überhängende Bäume und schmale Durchfahrten verlangen einiges sportliches Können, deshalb ist diese Fahrt insbesondere fortgeschrittenen Wanderfahrern zu empfehlen. Einerkajaks und wendige Canadier sind hier die richtigen Boote. Weit in den Vorsommer befahrbar, nach Regenperioden auch später. Pegel: Brücke Dobersdorf mindestens 1,25 m, Pegel Rohrbach 0,25 m. Günstige Eisenbahnverbindung zwischen Fürstenfeld und Rohrbach (umsteigen in Hartberg), Busverbindung nach Neudau. Bei Tagesfahrten ist günstiger Ausgangspunkt der Campingplatz in Burgau.

Zeltmöglichkeiten

Hartberg (nicht am Fluß), Burgau (am Lobenbach), Fürstenfeld a. d. F., sonst nach Anfrage auf Wiesen.

Sehenswertes

Neudau: Burgruine (Vorberg, Turm). *Burgau:* Schloß Burgau (1588), Pfarrkirche Maria Gnadenbrunn (1624) mit Kapelle (15. Jh.). *Fürstenfeld a. d. F.:* Teil der Befestigungsanlagen mit Basteien, Grazer Tor, Swartzturm, Hauptplatz mit Rathaus, Mariensäule (1664), Augustinerkloster mit Eremitenkirche (14. Jh.), Stadtpfarrkirche (Umbau 1779, ehem. Landfürstliche Burg, Tabakfabrik).

Karten, Kanu-Literatur

Generalkarte Österreich 1 : 200 000, Blatt 5; Haupka-Wanderkarte 1 : 100 000, Nr. 12; Österreich-Karte 1 : 50 000, Blatt 136, 167; Wassersport-Wanderkarte 1 : 550 000, Teil 5. DKV-Auslandsführer, Band 1.

8

Mur

Nebenfluß der Drau

1. Etappe:
Murau – Judenburg
50 km, Tagesfahrt

2. Etappe:
Zeltweg – Leoben
47 km, Tagesfahrt

Am Murtörl, östlich von Badgastein im Salzburgischen entspringend, fließt die Mur zuerst durch den Lungau und durchzieht ab Predlitz in östlicher Richtung das steirische Land in einem großen Bogen bis nach Bruck a. d. M., wo ihr die vom Semmering kommende Mürz zufließt. Hier knickt die Mur scharf nach Süden, um diese Richtung über Graz und Leibnitz bis zur slowenischen Grenze beizubehalten. Da wird sie zum Aufluß, peilt den Osten an und bildet auf einer längeren Strecke die Grenze zwischen Österreich und Slowenien. Südöstlich von Bad Radkersburg verläßt die Mur das Land und mündet nach weiteren 90 km als Mura in die Drau (Drava).

In Murau, einer alten Handelsstadt, wo über den Dächern der verschachtelten Altstadthäuser stolz das wuchtige, weiß leuchtende Schloß der Fürsten von Schwarzenberg thront, beginnen wir den ersten Abschnitt unserer Wanderfahrt. Als mäßig schweres Wildwasser wird die Mur ab Tamsweg oft befahren, doch der Brückenkatarakt unter der alten Murauer Bogenbrücke verlangt schon sportliches Können. Unsere Einsetzstelle liegt unterhalb der östlichen Straßenbrücke, linksufrig nach dem Kraftwerk; ein am Zaun entlang ausgetretener Pfad führt dorthin. Bei mittlerem Wasserstand erleichtert uns eine Kiesbank das Einsetzen der Boote.

Mit den ersten Paddelschlägen gewöhnen wir uns an die schnelle Strömung, die unsere Kajaks in langgezogenen Wellen schaukeln läßt. Bei Triebendorf verengt sich das Tal, und die Straße mit der Eisenbahn kommt dem eilenden Fluß näher. Aber schon nach Saurau, wo links der Katschbach zufließt, erweitert sich das Tal kesselartig, und die Mur pendelt in sanften Bögen reguliert von einer Talseite zur anderen. Bei Scheifling gesellt sich der Wölzenbach dazu, an dessen Ufern das sehenswerte Festungsstädtchen Oberwölz liegt.

Kurz danach treten die Ausläufer der Wölzer und Seetaler Alpen an die Flußufer und schaffen ein enges Tal. Hier baute man vor einigen Jahren das Kraftwerk Unzmarkt; wir spüren es an der nachlassenden Strömung. Ca. 100 m vor der Wehranlage legen wir rechts an und tragen unsere Boote durch die neue Mur-Freizeitanlage ins Unterwasser der Flußbucht. Es lohnt sich, eine Pause einzulegen und das kleine Städtchen zu besichtigen.

Anschließend fließt die Mur in großen rhythmischen Schleifen durch das allmählich breiter werdende Tal, und dort, wo die Gebirgshänge zurücktreten, steht rechtsufrig auf einer felsigen Anhöhe die Stadt Judenburg. Vor dem ersten Wehr legen wir rechts an. Es empfiehlt sich, den ersten Abschnitt der Wanderfahrt hier (oder schon in Unzmarkt) zu beenden, um den

Am Brückenkatarakt in Murau.

schwierigen Umtragemanövern an drei Judenburger Wehren zu entkommen, und erst wieder in Pfaffendorf (Paddlerstation, nachfolgend Wehr) oder in Zeltweg (rechts vor der Brücke) zur zweiten Etappe einzusetzen.

Leider ist die Mur ab Mündung der Pöls durch Industrieabwässer stark verschmutzt (soll sich aber bald

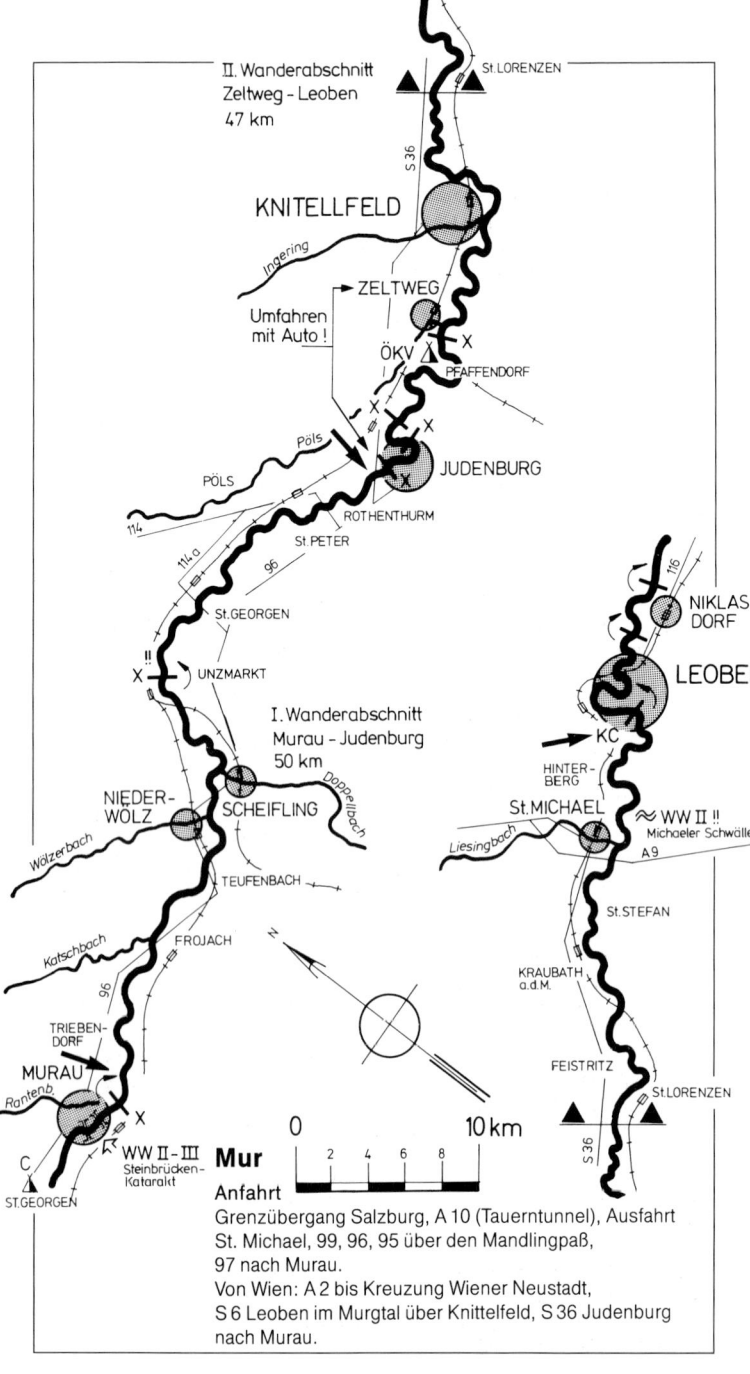

II. Wanderabschnitt
Zeltweg – Leoben
47 km

KNITELLFELD

Ingering

S 36

St.LORENZEN

ZELTWEG

Umfahren
mit Auto !

ÖKV

X

PFAFFENDORF

Pöls

X

PÖLS

JUDENBURG

X

114

114 a

ROTHENTHURM

St.PETER

96

St.GEORGEN

X !!

UNZMARKT

I. Wanderabschnitt
Murau – Judenburg
50 km

NIEDER-
WOLZ

SCHEIFLING

Doppelbach

NIKLAS-
DORF

116

LEOBEN

KC

HINTER-
BERG

St.MICHAEL

≈ WW II !!
Michaeler Schwälle

A 9

Wölzbach

TEUFENBACH

Liesingbach

St.STEFAN

Katschbach

FROJACH

N

96

KRAUBATH
a.d.M.

TRIEBEN-
DORF

MURAU

Rantenb.

X

C

St.GEORGEN

WW II–III
Steinbrücken-
Katarakt

FEISTRITZ

St.LORENZEN

S 36

0   10 km

2   4   6   8

Mur

Anfahrt

Grenzübergang Salzburg, A 10 (Tauerntunnel), Ausfahrt
St. Michael, 99, 96, 95 über den Mandlingpaß,
97 nach Murau.
Von Wien: A 2 bis Kreuzung Wiener Neustadt,
S 6 Leoben im Murgtal über Knittelfeld, S 36 Judenburg
nach Murau.

bessern), und der Name »grüne Mur« stimmt derzeit nicht mehr. Jedoch sowohl landschaftlich als auch sportlich ist der folgende Flußabschnitt lohnend, und so steigen wir nochmals in die Boote und lassen uns von vielen Stromschnellen, die ihren Höhepunkt in den Michaeler Schwällen finden, verwöhnen.

Wir paddeln an der Industriestadt Knittelfeld vorbei, die sich über die ganze Talaue ausdehnt. Bei Feistritz beherrschen dann wieder grüne Berghänge das hier enge Tal. Immer öfter sehen wir große Landschaftsnarben und Gesteinshalden, die vom über Jahrhunderte intensiv betriebenen Erzabbau stammen.

Eine Autobahnbrücke überspannt das Flußtal, und rechts begleitet uns eine lärmende Schnellstraße bis nach Leoben, einer alten Bergbau- und Handelsstadt. Am Wehr müssen wir umtragen, und bald landen wir links bei den Sportfreunden des Kanuclubs Leoben. Die Stadt bietet viel Sehenswertes, und es lohnt sich, am Campingplatz Hinterberg die Zelte aufzuschlagen und ein oder zwei Tage dem historischen Stadtkern, den Parkanlagen und der näheren Umgebung widmen.

Charakter, Tips

Größtenteils regulierter, in herrlicher Gebirgskulisse sehr gut strömender Wanderfluß mit unterschiedlicher, sich schnell ändernder Wasserführung. Oberhalb der Pöls-Mündung sauber, nachher verschmutzt (Zellulosefabrik). Für alle Kanutypen, auch Faltboote, geeignet. Anfänger sollten sich erfahrenen Wanderpaddlern anschließen; eine Schwimmweste ist bei dem kalten Wasser selbstverständlich (Michaeler Schwälle WW II!). Die beschriebene Strecke läßt sich in zwei sportlichen Tagesetappen gut bewältigen. Günstiger Ausgangspunkt: Zeltplatz des ÖKV in Pfaffendorf. Eine sehr gute Eisenbahnverbindung (teils Murgtalbahn) erleichtert das Rückholen der abgestellten Autos.

Zeltmöglichkeiten

Camping St. Georgen ob Murau, Pfaffendorf ÖKV, Camping Leoben (Stadtteil Hinterberg).

Sehenswertes

Murau: Stadtbild mit mittelalterlichen Bürgerhäusern, Lichtsäule, Armesünder- und Martersäule (15. Jh.), Pfarrkirche St. Matthäus (13. Jh.), Friedhofskirche St. Anna, spätgot. St.-Leonhard-Kirche (15. Jh.), roman.

Kirche St. Ägydius, Schwarzenberger Schloß Obermurau (urspr. 13. Jh.), Burgruine Grünfels (14. Jh.), Spitalskirche, Kapuzinerkloster mit Kirche u. a.

Teufenbach: Burg, Steinschloß.
Unzmarkt: Frauenburg.
Judenburg: Neue Burg (16. Jh., Prunktreppe), Magdalenenkirche (14. Jh., got. Glasfenster, bar. Einrichtung), Stadtpfarrkirche St. Nikolaus (16. Jh.), Stadtturm, Bürgerhäuser am Martinsplatz, Schlößchen Thorhof (17. Jh.), Ruine Liechtenstein (12. Jh.), Schloß Liechtenstein, Schloß Weyer (16. Jh.) u. a.

Leoben: Reste der Stadtmauer mit Wehrtürmen (13. Jh.), Mautturm (Stadttor von 1615), Hacklhaus, ehem. Pfarrkirche St. Jakob, Pfarrkirche Franz-Xaver (17. Jh.), Kirche Maria am Waasen (15. Jh.), Museum (Alte Burg); Göß: Benediktinerstift (11. Jh.) mit Kirche (Gößer Ornat) u. a.

Karten, Kanu-Literatur

Generalkarte Österreich 1 : 200 000, Blatt 5; Haupka-Wanderkarte 1 : 100 000, Nr. 11, 12; Wassersport-Wanderkarte, Teil 5.
DKV-Auslandsführer, Band 1; Broschüre Österreich-Paddelsport.

9

Gurk

Nebenfluß der Drau

***Passering – Mündung
(Dullach)
50 km
2-Tage-Fahrt***

Aus vielen kleinen Waldbächen und mehreren Seen sammelt die Gurk in den Südhängen der Turracher Höhe ihr Quellwasser, bevor sie in südlicher Richtung über Stock und Stein durch ein steiles und menschenleeres Waldtal herunterspringt. Auch im weiteren Talverlauf, wo sie nach Nordosten abgedrängt wird, berühren nur wenige kleine Ortschaften die einsamen Ufer der quirligen Gurk, die im Abschnitt zwischen Severgraben und Klein-Glödnitz in der Engen

Gurk eine tief eingeschnittene Felsenklamm durcheilt. Vor Weitensfeld wird das Tal flacher, und der Fluß nähert sich, sichtlich beruhigt in vielen kleinen Windungen zwischen Wiesen und Feldern pendelnd und beidseitig von bewaldeten Hügelketten begleitet, dem Ort Gurk.
Hier, mitten im einsamen Tal, finden wir eine der bedeutendsten Kirchenbauten Österreichs: den aus dem 12. Jahrhundert stammenden, romanischen Dom von

An der Eisenbahnbrücke mündet die Gurk in die hier aufgestaute Drau.

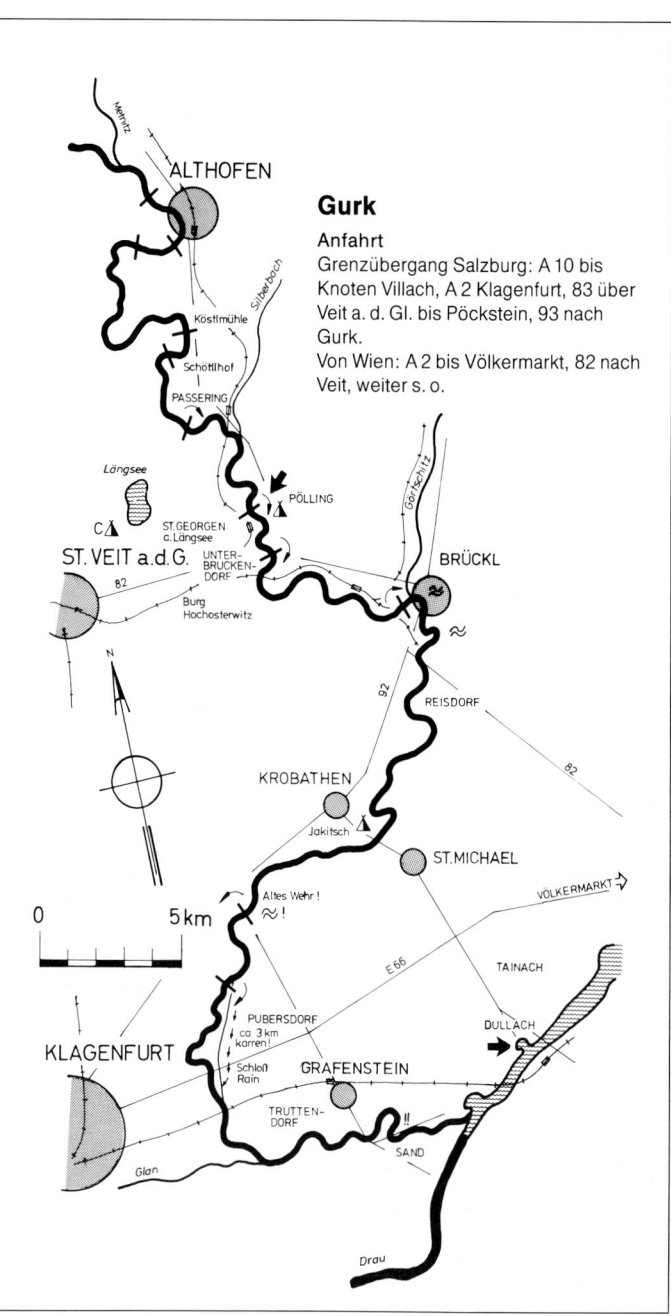

Gurk

Anfahrt

Grenzübergang Salzburg: A 10 bis Knoten Villach, A 2 Klagenfurt, 83 über Veit a. d. Gl. bis Pöckstein, 93 nach Gurk.
Von Wien: A 2 bis Völkermarkt, 82 nach Veit, weiter s. o.

Gurk. Auch eine der schönsten Burgen des Landes, die ehemalige bischöfliche Residenz Strassburg spiegelt ihre zum Teil restaurierten Gemäuer im Wasser der Gurk. Genauso wie das heute noch bewohnte klassizistische Schloß Pöckstein, das am Zusammenfluß mit der Metnitz steht.

Die Gurk steuert nunmehr den Süden an und fließt an der von einem Berghügel ins Tal herunterschauenden und mit einer Ringmauer befestigten Stadt Althofen vorbei, um rhythmisch in großen Bögen schwingend das weite Krappfeld zu durchqueren. Unweit der mächtigen Burg Hochosterwitz durchbricht der Fluß im engen Tal einen bewaldeten Höhenzug und vereinnahmt bei Brückl die Görtschitz. Anschließend fließt die Gurk in vielen Schleifen als flott strömender Wald- und Wiesenfluß, mehrmals die Richtung wechselnd, an Klagenfurt vorbei, nimmt schließlich die Glan auf und erreicht bei Admont die aufgestaute Drau.

Im Frühjahr oder nach Regenperioden können wir unsere Boote schon in Althofen oder sogar in Gurk ins Wasser setzen; doch später im Vorsommer wird das kühle Naß rar, und so beginnen wir unsere zweitägige Kanufahrt auf der Gurk nach dem Wehr in Passering oder an der idealen Einsetzstelle am alten Holzplatz in Pölling. Der hier flott dahineilende Fluß nimmt unsere leichten Kajaks schnell mit, und in mehreren spritzigen Stromschnellen finden wir den richtigen Paddelrhythmus.

Bald sehen wir im ruhigen Flußabschnitt vor dem Unterbruckendorfer Wehr über dem Ufer die mächtige, niemals eingenommene Burg Hochosterwitz. Am hohen Segmentwehr tragen wir links kurz um, die Boote etwas mühsam durch das dichte Gestrüpp schleppend.

Mit dem kleinen Bootswagen transportieren wir die Kajaks 3 km weiter nach Niederdorf.

Auf den nächsten 500 bis 600 m gibt es manchmal wenig Wasser; scharfe Steine kratzen an den Bootskielen. Doch anschließend folgt eine wunderbare, sportliche Waldstrecke mit vielen Kurven, deutlichem Gefällewechsel, kleinen Kiesbänken und lustigen Schwällen. Der Pegel am Liemitschenhof zeigt 120 cm an; ein idealer Wasserstand.

Bei Brückl beruhigt sich das Flüßchen, und wir landen links vor der niedrigen Eisenbahnbrücke und tragen die Boote ca. 100 m weit um. Es fließt uns die Görtschitz zu, doch viel Wasser wird ihr zu einer Chemie-Fabrik abgeleitet. Der Abschnitt durch das Städtchen ist reguliert, und unter der Straßenbrücke springen wir über eine spritzige Steinstufe. Nach der scharfen S-Kurve kehrt das abgeleitete Wasser in den Fluß zurück, und die Luft riecht etwas nach Chlor.

Die Gurk beruhigt sich, doch die Strömung bleibt zügig. Zwischen Wald und Wiesen paddeln wir in

Schlangenlinien weiter südwärts bis zu unserem Etappenziel, der Straßenbrücke zwischen Krobathen und St. Michael. Nach Absprache mit dem jungen Landwirt dürfen wir auf der gemähten Wiese am Fluß zelten; zum Abendessen kaufen wir auf dem Öko-Bauernhof hervorragendes »Gselchtes« und Brot.

Morgens erleben wir ein flott strömendes Flüßchen mit mancher schönen Stromschnelle. Hinter Pischeldorf überrascht uns nach einer scharfen Rechtsbiegung eine rauschende Steinblockstufe, die aus einem geschleiften Wehr entstand. Mit guter Wildwassertechnik können wir die Stufe links befahren (WW II), sonst tragen wir rechts um.

Einsam windet sich die Gurk bis nach Weigott, wo uns ein unbefahrbares Wehr erwartet. Hier heißt es links aus den Booten heraus, den Bootswagen aufbauen und am Wehrwärterhäuschen vorbeirollen. Fast 3 km weit müssen wir die Boote schieben, immer am Werkkanal entlang.

An den Steilhängen des Rinnwaldes.

In der Ortschaft Rain können wir pausieren und uns das wohlverdiente Bier schmecken lassen. Vorsichtig überqueren wir die vielbefahrene Bundesstraße 70 und setzen in der kleinen Siedlung unterhalb der Straße in den Kanal ein (sehr flotte Strömung!). Kurz danach wieder im Flußbett paddelnd, bewundern wir das schöne Panorama des Moosberges und des Radsberges. Rechts mündet die Glan, und in weit ausholenden Schleifen trägt uns die Gurk durch einen dichten Auwaldgürtel.

An der niedrigen Straßenbrücke bei Sand Vorsicht: Der große Kehr-wasserwirbel überraschte schon manchen unerfahrenen Paddler! Zur Mündung ist es nun nicht mehr weit, und an der Eisenbahnbrücke schließen wir uns der Drau an. Im ruhigen Wasser des weit aufgestauten Flusses paddeln wir bis in den Hafen Dullach II, legen an der flachen Rampe an und besteigen unsere Fahrräder, die wir hier schon vor zwei Tagen abgestellt haben. An Tainach und St. Michael vorbei erreichen wir wieder das Gurktal und erleben es nochmal aus der Radler-Perspektive. Zwei Stunden später sitzen wir im Campingbus und holen die Boote ab.

Charakter, Tips

Im beschriebenen Abschnitt sehr schöner, gut strömender, sportlicher Wanderfluß, der ein abwechslungsreiches, einsames Wald- und Wiesental durchfließt. Wasser sehr sauber und fischreich. Die wenigen Wehre bereiten keine großen Schwierigkeiten; die Wasserableitung in Weigott ist mit einem guten Bootswagen problemlos zu umgehen (knapp 3 km). Für eine Befahrung sollte der Pegel an der Grafensteiner Brücke mindestens 0,95 m, am Liemitschenhof (Rain) 1 m anzeigen. Ideale Boote sind Einerkajaks und wendige Canadier. Zwischen Brückl und Althofen gute Eisenbahnverbindung.

Zeltmöglichkeiten

St. Georgen a. Längsee (Camping Längsee), nach Absprache auf gemähten Wiesen.

Sehenswertes

Gurk: Roman. Dom mit Krypta, Stadtwehrmauern, Torbau und Türmen, Dreifaltigkeitskapelle (Fastentuch, 1458)
Straßburg: Bischofsburg (12. Jh., Arkadenhof, 17. Jh.), Museum (Jagd, Heimatkunde), Pfarrkirche St. Nikolaus (barockisiert), Spitalkirche (14. Jh.), Priesterhaus (14. Jh., herrliche Fassade), Altes Rathaus (16. Jh.), Stadtmauern; Lieding: St.-Margareta-Kirche (11. Jh., roman./bar. Hochaltar).
Althofen: Bergstädtchen mit Wehrmauern (urspr. 10. Jh.), Riederhaus, Pestsäule, Kalvarienbergkapelle (17. Jh.), Bürgerspitalkirche Hl. Cecilia, got. Pfarrkirche St. Thomas v. Canterbury, Oberer Markt, Schloß Pöckstein (18. Jh.), Schloß Töscheldorf (16. Jh., Musisches Gymnasium).
Hochosterwitz: Imposanter Burgkomplex (14 Tore, urspr. 10. Jh., Umbau 16. Jh.), Burgmuseum, Rüstungskammer u. a.
Brückl: Spätgot. Kirche St. Johann Baptist.
Völkermarkt: (Drau), Hauptplatz mit Biedermeierfassaden, Neues Rathaus (ehem. Herzogenburg), Altes Rathaus mit Laubengängen (1499), Rundturm (16. Jh.), Pestsäule, Pestkapelle, roman. St.-Ruprecht-Kirche, St.-Magdalena-Kirche (13. Jh.), Bezirks-Heimatmuseum (Abwehrkampf 1920).

Karten, Kanu-Literatur

Generalkarte Österreich 1:200 000, Blatt 5; Haupka-Wanderkarte 1:100 000, Nr. 11; KOMPASS-Wanderkarte 1:50 000, K 134, K 65. DKV-Auslandsführer, Band 1; Broschüre Österreich-Paddelsport.

10

Gail

Nebenfluß der Drau

**St. Daniel – Arnoldstein
55 km
2-Tage-Fahrt**

Im Osttiroler Tilliacher Tal entspringend, durcheilt die Gail zuerst als famoser Wildbach, dann als klarer Gebirgsfluß ein fast 120 km langes, nach Osten offenes Tal, das dreimal seinen Namen wechselt, bevor die Gail bei Villach die Drau erreicht.

Zuerst gräbt sie tiefe Wald- und Felsenschluchten durch das im Norden von den bizarren Gipfeln der Lienzer Dolomiten, im Süden vom Felskamm der Karnischen Alpen umrahmte, romantische Lesachtal und springt hier spritzend und schäumend über Stufen und Abfälle bis zur Mautsiedlung Kötschach-Mauthen, die an der Kreuzung uralter Handelswege entstand.

In diesem Abschnitt wird die Gail als mittelschweres bis schweres Wildwasser bis in den Hochsommer sehr gerne befahren. Im Stadtbereich mit mehreren Steinblockstufen und Wehren verbaut, wird sie erst wieder ab dem Fußgängersteg beim Dorf St. Daniel für Kanufahrer attraktiv. Diesmal sind es jedoch die Wanderfahrer, denen die Gail eine leichte, sportliche und ungestörte Flußfahrt bis ins 55 km entfernte Arnoldstein bietet.

Neben dem Steg laden wir unsere Boote ab und lassen das Auto am kleinen Parkplatz vor der Bahnstation stehen. Hier können wir es nach der Wanderung wieder abholen; mehrmals täglich bummelt der Zug durch das Tal.

Das Gailtal wird von steilen Felshängen umsäumt, wie hier vor Görtschach.

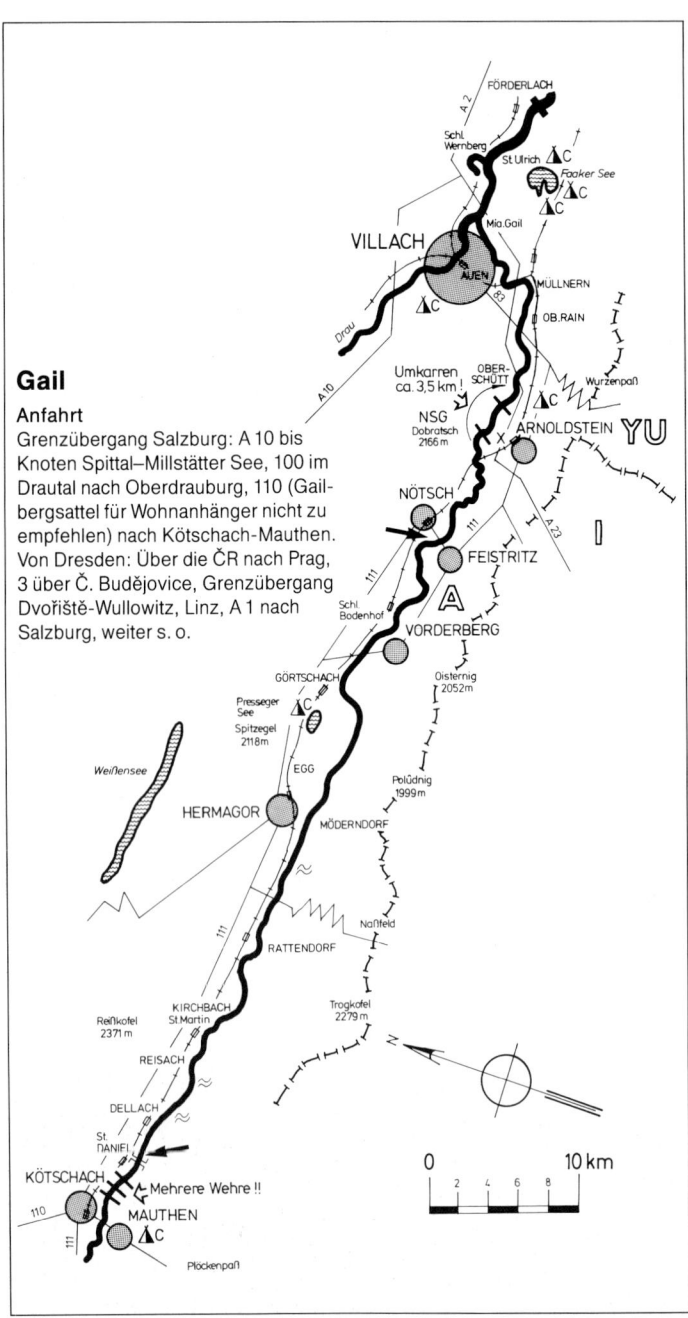

Gail

Anfahrt

Grenzübergang Salzburg: A 10 bis
Knoten Spittal–Millstätter See, 100 im
Drautal nach Oberdrauburg, 110 (Gail-
bergsattel für Wohnanhänger nicht zu
empfehlen) nach Kötschach-Mauthen.
Von Dresden: Über die ČR nach Prag,
3 über Č. Budějovice, Grenzübergang
Dvořiště-Wullowitz, Linz, A 1 nach
Salzburg, weiter s. o.

Auf den ersten Kilometern erwartet uns eine spritzige Strecke, je nach Wasserstand mit vielen Steinbuhnen und Kiesbänken gespickt. Kleine Holzbrücken huschen über unseren Köpfen hinweg, und wir genießen die Fahrt. Die flachen Vorderschiffe der Kajaks platschen durch die schaukelnden Wellen, und im Gegenlicht der Vormittagssonne funkelt der eilende Fluß wie geschmolzenes Silber. Der blendende Wasserspiegel tarnt aber auch Steine, die tückisch und knapp vom Wasser überronnen auf ihre Opfer in Gestalt unvorsichtiger Kajakfahrer warten.

Doch nach Kirchbach ist es mit dem lustigen Slalom zwischen den Kiesbänken und Buhnen vorbei. Der Fluß erreicht einen flachen Talabschnitt, und sein Lauf wird etwas ruhiger. Der Pegel bei Rattendorf zeigt uns ideale 145 cm, und zwischen der Straßenbrücke zum Naßfeldpaß und dem Dörfchen Watschig überrascht uns eine herrliche, langgezogene Stromschnelle. Die Flußregulierung wurde in den letzten Jahren etwas aufgelockert, und man versucht sich mit Renaturalisierungsmaßnahmen: Durch Stichkanäle werden übriggebliebene Altarme wieder dem Flußsystem angeschlossen, künstliche Kiesinseln aufgeschüttet, kleine Teiche geschaffen, Bootsanlegestellen mit Bänkchen und Holztischen gebaut, und am Fluß entlang führt streckenweise sogar ein Wanderweg.

Von der Stadt Hermagor sehen wir vom Kanu aus nur wenig, und den kleinen, romantisch gelegenen Presseger See ahnen wir rechts hinter der steilen Bergbarriere. Hier beginnt das Untere Gailtal, das im Süden von den östlichen Ausläufern der Karnischen Alpen und im Norden von den Zweitausendern der Gailer Alpen begleitet wird. Im Flußbogen bei Görtschach schließt sich uns der Abfluß des Presseger Sees an, und vor uns sehen wir zum ersten Mal das wilde Bergmassiv des Dobratsch auftauchen. Auch die Eisenbahnstrecke, die bei Hermagor in nördlicher Richtung abzweigte, bleibt wieder in Flußnähe.

Eine große Kiesbank, vom Vorderberger Wildbach angeschwemmt, lockt zum Bleiben. Auch für ein Zelt finden wir ein Plätzchen. Abends, am rauschenden Fluß sitzend, beobachten wir die Lichter der an den Berghängen verstreuten Bauernhäuser und Hütten und bewundern den klaren Sternenhimmel. Am nächsten Tag trocknen wir lange in der Morgensonne das taunasse Zelt und sitzen erst kurz vor Mittag in den schmalen Booten.

Die noch zu paddelnde Strecke ist kurz. Begleitet von den steilen Flanken des Dobratsch erreichen

Auf der beruhigten Gail vor Rattendorf.

wir bald den lieblichen Ferienort Nötsch, über dessen Dächern das Schloß Wasserleonburg (Lewenbruch) thront. Hier verbrachte 1937 Eduard VIII. von England mit seiner bürgerlichen Liebe die Flitterwochen, nachdem er auf den Thron verzichtet hatte. Eine schöne Anlegestelle nach der neuen Straßenbrücke verleitet zum Aussteigen; eine Wanderung zum Schloß (privat) belohnt mit einem wunderbaren Ausblick über das Tal.

Knapp 2 Paddelstunden brauchen wir dann nur noch zu unserem Ziel Arnoldstein. Eine warme Luftwalze fegt nordwärts quer über den Fluß und staut sich an den Steilhängen des Dobratsch. Von rechts mündet die aus Italien kommende, wilde Gaillitz. Wir unterqueren die Eisenbahnbrücke und landen kurz danach am Wehr bei Arnoldstein. Eine schmale Waldstraße führt in den alten Ort, der von der mächtigen Klosterburgruine beherrscht wird. Zum Bahnhof sind es gut 4 km.

Wer noch weiter bis in die Gail-Mündung paddeln will, karrt sein Boot vom Wehr ca. 3,5 km nach Oberschütt, wo man an der Straßenbrücke wieder einsetzen kann. In mehreren Schleifen schlängelt sich nun die Gail nach Villach und erreicht im Osten der Stadt die nur langsam fließende Drau.

Charakter, Tips

Sportliche Wandertour (streckenweise WW I) durch das südlichste Flußtal Kärntens. Im beschriebenen Abschnitt bis Arnoldstein fast ganzjährig mit allen Bootstypen befahrbar. Im Hochsommer ist jedoch bei Faltbooten Vorsicht geboten! Bei Niedrigwasser kann es zu Grundberührungen kommen. Bei Weiterfahrt bis nach Villach ist ein guter Bootswagen erforderlich (3,5 km teils geschotterte Straße). Günstige Befahrung: In zwei Tagesetappen ohne Gepäck; schöner Campingplatz am Ausgangspunkt Presseger See. Wenige Zeltmöglichkeiten. Vorsicht: Nach starken Regenfällen schnell ansteigender Wasserspiegel!

Zeltmöglichkeiten

Kötschach-Mauthen, Hermagor, Presseger See, Villach, Faaker See, Ossiacher See.

Sehenswertes

Kötschach-Mauten: Spätgot. Hallenkirche Unsere liebe Frau (herrliche Netzrippengewölbe u. a.), Pfarrkirche St. Markus, Wallfahrtskirche Maria Schnee (bar.), Schloß Mandorf, Servitenkloster, schöne bemalte Bürgerhäuser, Freilichtmuseum (1. Weltkrieg), St.-Daniel-Kirche (Daniel in der Löwengrube), Burgruine Goldenstein, roman. Kirche St. Helena am Wiesenberg.

Kirchbach: Got. Pfarrkirche St. Martin (bar. Umbau, großartiger Altar).

Rattendorf: Spätgot. Kirche St. Andreas und Markus.

Hermagor: Pfarrkirche (15. Jh.); Möderndorf: Kirche St. Martin, Schloß (Gailtaler Heimatmuseum); Egg: Pfarrkirche St. Michael, Schloß Khünegg, Schloßpark.

Görtschach: Spätgot. Kirche St. Heinrich.

Vorderberg: Pfarrkirche St. Peter und Paul, Wallfahrtskirche Maria i. Graben (Schlucht).

Feistritz a. d. G.: Wehrkirche St. Martin, Ortszentrum mit Bildstock, Gasthof Zur alten Post.

Arnoldstein: Ehem. Klosterburg, Pfarrkirche St. Lambert, Kreuzkapelle, Heimatmuseum.

Karten, Kanu-Literatur

Generalkarte Österreich 1:200 000, Blatt 6; Haupka-Wanderkarte 1:100 000, Nr. 10; KOMPASS-Wanderkarte 1:50 000, K 60, K 64; Wassersport-Wanderkarte 1:550 000, Teil 5. DKV-Auslandsführer, Band 1; Broschüre Österreich-Paddelsport.

11

Drau

Nebenfluß der Donau

**Lienz (Tristach) – Spittal
ca. 75 km
2–4-Tage-Fahrt**

Unter dem 2618 m hohen Neunerkopf, am Nordrand der Lienzer Dolomiten, liegt ihre Quelle. Nach einem kurzen Weg durch Italien erreicht die Drau als kleiner Wildbach bei Ahrnbach in Osttirol österreichisches Gebiet, das sie in einem langgestreckten, nach Osten verlaufenden Tal auf einer Länge von fast 250 km durchfließt, um es bei Lavamünd wieder zu verlassen. Zwischen Silian und Lienz, vom nördlich angrenzenden, fast 3000 m hohen Bergkamm des Defereggengebirges und den von Süden anrückenden bizarren Gipfeln der Lienzer Dolomiten eingezwängt, durchbricht die schäumende Drau tiefe Wald- und Felsschluchten. Erst nach der Isel-Mündung, im Süden von Lienz, verliert sie ihren ausgeprägten Wildwassercharakter und wird zum schnell strömenden Wanderfluß. Doch der paradiesische, ideale Kanufluß, wie ihn Herbert Rittlinger in seinen Büchern beschrieb und lobte, ist sie heute nicht mehr.

Von den herrlichen 200 km Wanderstrecke ist als strömender Fluß nur ein ca. 80 km langer Torso geblieben; der Rest ist mit nicht weniger als zwölf Stauwehren verbaut und wurde so in eine lange Seen-

Beim Drauwirt endet die Tour.

Frühstück an der Einsetzstelle in Tristach.

kette umgewandelt. Trotzdem bleibt eine Kanufahrt auf der Drau, dank der überwältigenden Bergkulisse, ein unvergeßliches Erlebnis. Das gilt auch für den verbauten Flußabschnitt unterhalb Spittal, wo viele und anstrengende Umtragestellen warten.

Bevor wir unsere Wanderung beginnen, besichtigen wir Lienz, die freundliche, in einem weiten, sonnigen Talkessel liegende Osttiroler Bezirkshauptstadt. Eine ausgedehnte Fußgängerzone animiert zum gemütlichen Schlendern über den Hauptplatz und durch die engen Gassen der Altstadt. Auch das Schloß Bruck, 1,5 km von der Stadtmitte entfernt, sollten wir nicht vergessen.

Manche setzen ihre Boote schon im Stadtgebiet ein, doch die Hektik, der Mangel an Parkplätzen und die wuchtigen Schwälle am Zusammenfluß mit der Isel gefallen uns nicht so recht. Eine schöne Einsetzstelle finden wir dagegen ca. 3 km flußabwärts in Tristach vor dem Fußgängersteg; hier beginnt die Forstmeile. Am Parkplatz hinter der Volksschule stellen wir unsere Autos ab, und bald schaukeln die

Boote in der reißenden Strömung der Drau.

Mit wenigen Paddelschlägen halten wir die Bootsspitze auf Kurs und beobachten die schnell vorbeilaufende Landschaft. Ein Schild macht uns darauf aufmerksam, daß nach 500 m ein Kiesbaggerseil über dem Fluß hängt; doch heute ist Sonntag, und wir flitzen rechts unter dem Seil gefahrlos hindurch. Bald nähert sich eine Hochspannungsleitung. Vor wenigen Jahren mußte man hier an einer steinigen Gefällstufe die Faltboote umtragen; heute ist von der Steinbarriere nichts mehr zu sehen. Die Drau zieht schnell durch das begradigte, mit hohen Uferböschungen umrahmte Flußbett, und nur die Baumkronen der Erlen und Weiden lassen uns die vom Fluß abgeschnittenen Altarme ahnen.

Dann huscht die Lavanter Straßenbrücke über uns hinweg. Vor ihr hat sich in den ehemaligen Feuchtwiesen ein vornehmer Golfplatz etabliert. Rechter Hand begrenzen den Südhorizont die wildzerklüfteten Lienzer Dolomiten. Links ziehen sich die etwas sanfter geformten, der Sonne zugewandten Urge-

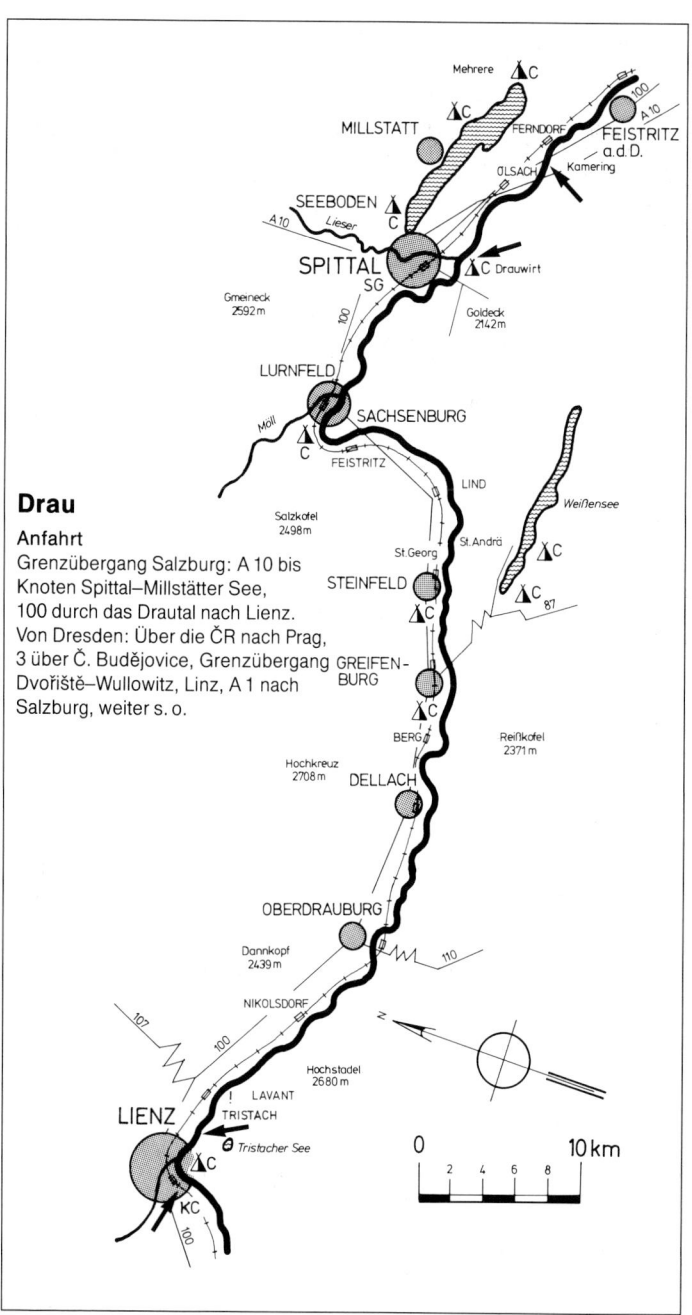

Mehrere ▲C

MILLSTATT

FERNDORF

FEISTRITZ
a.d.D.

ÖLSACH

Kamering

SEEBODEN ▲C

A 10   Lieser

SPITTAL
SG   ▲C Drauwirt

Gmeineck
2592 m   100

Goldeck
2142 m

LURNFELD

SACHSENBURG
▲C

FEISTRITZ

LIND

Weißensee

Drau

Anfahrt

Grenzübergang Salzburg: A 10 bis
Knoten Spittal–Millstätter See,
100 durch das Drautal nach Lienz.
Von Dresden: Über die ČR nach Prag,
3 über Č. Budějovice, Grenzübergang
Dvořiště–Wullowitz, Linz, A 1 nach
Salzburg, weiter s. o.

Salzkofel
2498 m

St. Georg

St. Andrä

▲C

STEINFELD   ▲C
▲C   87

GREIFEN-
BURG

▲C

BERG

Reißkofel
2371 m

Hochkreuz
2708 m

DELLACH

OBERDRAUBURG

Dannkopf
2439 m   110

NIKOLSDORF

107

100

Hochstadel
2680 m

N

LAVANT
TRISTACH

LIENZ
▲C

◉ Tristacher See

KC

100

0   2   4   6   8   10 km

steinshänge der Kreuzeckgruppe hin. Die dunklen Waldbestände, immer wieder von saftig grünen Wiesenflächen unterbrochen, und die vielen alten Bauernhöfe, hoch auf Vorsprüngen und Bergnasen über dem Flußtal plaziert, zeugen von einer uralten Kulturlandschaft.

Die steilen Berghänge rücken näher, und in der Talenge liegt Oberdrauburg, das, unter dem nach Süden führenden Gailsattel, schon zu Römerzeiten eine wichtige Mautstelle war. Links nach der Eisenbahn- und Straßenbrücke machen wir unsere Boote an der Pegeltreppe fest und besichtigen den kleinen gastlichen Ort, über dem die Ruine Hohenburg thront.

In leicht schwingenden Bögen trägt uns nachher die Drau an Dellach, Berg und Greifenburg vorbei. Alle diese Orte liegen an den nach Süden zu geneigten Wiesenhängen hoch über dem Fluß. Bei Radlach fordert eine der letzten alten Holzbrücken mit ihren vielen Jochen unsere Aufmerksamkeit.

Die Ufer wirken wieder etwas ursprünglicher, rechts fällt ein steiler Waldhang ins Wasser, und vor der Steinfelder Straßenbrücke ragt eine breite Kiesbank weit in den Fluß hinein. Das Material hat aus dem Rottensteiner Tal zufließende Grabach mitgebracht, auf dessen Schwemmkegel sich die von einer schaurigen Sage umwobene Marktgemeinde Steinfeld befindet. In früheren Zeiten breitete sich hier das vom Silber- und Goldabbau reich gewordene Städtchen Schönfeld aus. Doch die stolz gewordene und frevelhafte Stadt wurde bestraft: Eine riesige Mure verschüttete den sündhaften Ort, und später entstand auf dem kargen Boden Steinfeld.

Oberhalb der Grabach-Mündung können wir für eine Nacht auch zelten und am nächsten Tag eine schöne Wanderung zum langgestreckten Weißensee unternehmen. Später wieder in den Booten sitzend, erleben wir, wie das mächtige Bergmassiv des Latschur und Goldeck die Drau im weiten Bogen in nördliche Richtung abdrängt. Kurz vor der Gemeinde Lind liegen Gut und Schloß Raggnitz (nach der Brücke rechts Anlegestelle im künstlichen Altarm).

Allmählich verschließen Berghänge das Tal, das sich zu einer Klause verengt. In einer scharfen Kehre schießt die Drau mit großer Geschwindigkeit am alten Ort Sachsenburg vorbei. Die erhaltenen Reste der Ringmauer zeugen von der Wichtigkeit der Siedlung in früheren Zeiten, als sie als Festung den Zutritt zum Oberdrautal bewachte. Mancher Wasserwirbel und manche Stromschnelle würzen hier die Wanderfahrt, doch bald beruhigt sich der Fluß wieder. Bei Möllbrücke achten wir auf das von links zufließende grüne Wasser der Möll vom Kraftwerksauslauf. Die darauffolgende Mündung des klaren Gebirgsflusses bereitet uns keine Schwierigkeiten.

Die Drau peilt nun die südöstliche Richtung an, hinter uns erheben sich über dem weiten und sonnigen Mölltal die verschneiten Dreitausender der Hohen Tauern. Vorbei am Schloß Drauhofen queren wir das Tal zur linken Seite hinüber, wo über dem Fluß die spätgotische Dorfkirche St. Peter steht, die auf den Resten der römisch-keltischen Siedlung Teurnia erbaut wurde.

In weitausholender S-Schleife nähern wir uns schließlich dem Ziel, der Stadt Spittal, die am Zusammenfluß der Drau und des Gebirgsflusses Liesel entstand. Kurz nach der schwungvollen Straßenbrücke erblicken wir rechts das den älteren Faltbootfahrern bereits bekannte Wirtshaus Drauwirt, und an

An der kleinen Kiesbank in Tristach beginnt unsere Wanderung (Tour 11 – Drau). ▷

Glitzerndes Wasser vor drohenden Wolken bei Hermagor (Tour 10 – Gail).

Auf der Koppentraun bei Obertraun (Tour 14 – Traun). ▷

Rast an der Mündung der Glan (Tour 9 – Gurk).

Auf dem silbern glänzenden Lech bei Forchach (Tour 20 – Lech).

◁ *Der mächtige Gebirgsstock des Grimmings beherrscht hier das Ennstal (Tour 12 – Obere Enns).*

Gemütliches Dahintreiben bei Liezen (Tour 12 – Obere Enns).

Vorbei an blühenden Wiesen zum Zeller See (Tour 17 – Salzach)

◁ Am geschleiften Wehr unter der Ruine Schauenstein (Tour 3 – Kamp).

Unter den Weinbergen bei Spitz begegnen wir dem bulgarischen Passagierschiff Sofia (Tour 1 – Donau).

Winzig erscheinen die Kajaks in der Schlucht der Entenlochklamm (Tour 18 – Kössener Ache).

Abendstimmung auf den Stauseen des Inns (Tour 16 – Salzach-Inn).

der Anlegestelle des Zeltplatzes endet unsere Drau-Wanderung. In der Stadt erwartet uns das Renaissanceschloß Porcia mit seinem einmaligen Innenhof und hervorragenden Sammlungen. Schöne Wanderwege führen auch zum Millstätter See.

Charakter, Tips

Im beschriebenen Abschnitt sehr schnell strömender, sauberer, 60 bis 100 m breiter Wanderfluß. Mit allen Bootstypen fast ganzjährig befahrbar. Beste Jahreszeit: zweite Sommerhälfte, Herbst (Vorsicht bei Hochwasser, schwieriges Anlegen!). Anfänger sollten zusammen mit erfahrenen Kanuten paddeln. Das Tragen einer Schwimmweste ist dringend zu empfehlen (starker Stromzug, Wasserwucht und Kälte). Trotz Flußregulierung viele Zeltmöglichkeiten. Auch wenn von der ursprünglichen, fast 200 km langen Wanderstrecke nur ein ca. 80 km langer Torso übriggeblieben ist, bleibt die Drau-Befahrung wegen der überwältigenden Landschaftskulisse ein unvergeßliches Wandererlebnis. Das gilt auch für den aufgestauten Drau-Abschnitt unterhalb von Spittal, wo man zwölf teils schwierige Umtragestellen überwinden muß. Eine vielbefahrene Eisenbahnstrecke führt durch das Drautal und erleichtert das Rückholen der abgestellten Autos.

Zeltmöglichkeiten

Lienz, Oberdrauburg, Dellach i. Drautal, Steinfeld, Spittal (Drauwirt), Schwaig, Spittal (KC), Zeltmöglichkeiten auf Wiesen.

Sehenswertes

Lienz: Hauptplatz mit Florianibrunnen, Liebburg (Rathaus), Friedhofskapelle (16. Jh.), Franziskanerkirche, Klösterlekirche (teils 13. Jh.), Klösterle-Schmiede (Freilichtmuseum), got. Pfarrkirche St. Andrä (1457), Totenkapelle (Kriegergedächtnisstätte), Schloß Bruck (Osttiroler Heimatmuseum); Aguntum: römische Talsiedlung.
Lavant: Reste einer Fliehburg, Keltentempel, Pfarrkirche St. Ulrich, Kirche St. Petrus und Paulus.

Nikolsdorf: Wallfahrtskirche St. Chrysanth, Pfarrkirche St. Bartholomäus.
Oberdrauburg: Pfarrkirche St. Oswald, Burgruinen Flaschberg, Hohenburg, Kapelle Maria Hilf am Rosenberg.
Irschen: Schloß Stein.
Berg i. Drautal: Pfarrkirche Mariä Geburt, Michaelskapelle, Wallfahrtskirche St. Athanasius.
Greifenburg: Schloß, Pfarrkirche St. Katharina, Statue der Drau.
Steinfeld: Alte Bergbaustadt (Gold- und Silberabbau), Renaissanceschloß Neustein, Kirche St. Johannes, Berggericht, Kalvarienbergkapelle; Gerlamoos: Kirche St. Georg (Freskenzyklus).
Möllbrücke: Got. Pfarrkirche St. Leonhard; Sachsenburg: Teile der Ringmauer, Torturm, Pfarrkirche St. Margaretha, Kalvarienberg; Pusarnitz: Pfarrkirche St. Michael (Netzrippengewölbe, Grab des »hl. Mannes v. d. Niklai«).
Baldramsdorf: Spätgot. Pfarrkirche mit herrlichem Netzrippengewölbe (berühmtes Fastentuch von 1555); Unterhaus: Schloß (heute Handwerksmuseum).
Spittal a. d. D.: Altstadt-Hauptplatz und -Neuplatz mit alten Bürgerhäusern (Fuggerhaus, Burgstaller Erkerhaus, Apothekerhaus), Pfarrkirche (13./ 14. Jh.), Rathaus mit Fresken (15. Jh.), Schloß Porcia (Salamanca) im italienischen Renaissancestil (16. Jh.), Schloßpark, Berg Goldeck (Seilbahn, Aussicht), Teurnia (Freilichtmuseum, römische Ausgrabungen).

Karten, Kanu-Literatur

Generalkarte Österreich 1:200 000, Blatt 6; Haupka-Wanderkarte 1:100 000, Nr. 10; KOMPASS-Wanderkarte 1:50 000, K 47, K 49, K 60, K 64; Wassersport-Wanderkarte 1:550 000, Teil 5.
DKV-Auslandsführer, Band 1; Broschüre Österreich-Paddelsport.

Enns

Nebenfluß der Donau

Tour 12: Obere Enns
Schladming – Admont
70 km, 2-Tage-Fahrt

Tour 13: Untere Enns
Großreifling – Steyr
78 km, 3–4-Tage-Fahrt

Einer der abwechslungsreichsten Flüsse Österreichs ist die 250 km lange Enns, die im nördlichen Almkessel des 2077 m hohen Kraxelsteins in den Radstäter Tauern ihren Ursprung hat. Zuerst als Wildbach in einem engen Nordtal der breiten Fahrbahn der Tauern-Autobahn folgend, peilt sie bei Radstadt die östliche Richtung an und durchzieht anschließend ein 80 km langes, flaches Moorwiesental, das die Nördlichen Kalkalpen von den Zentralalpen trennt. Reste von Mooren, Erlenbestände und saftige Feuchtwiesen mit verstreuten, typischen Heustadeln schmücken den schon über Jahrhunderte besiedelten Talboden, den die Enns in früheren Zeiten in vielen Schleifen durchpendelte. Heute weitgehend ins steinerne Korsett der begradigten Ufer hineingezwungen, eilt die grüne, noch immer saubere Enns mit großer Geschwindigkeit am mächtigen Dachsteinmassiv und an den fahlen Steilwänden des Grimmingstocks vorbei, im Süden von der Bergkette der Schladminger und Niederen Tauern begleitet. Kurz nach Admont durchbricht sie in einer großartigen Fels- und Waldschlucht im Gesäuse, über mächtige, im Flußbett liegende Felsblöcke tosend und schäumend herunterspringend, das wildzerklüftete Kalksteingebirge. Hier nur bei gewissem Wasserstand von besten Kajakakrobaten befahrbar, wird sie beim kleinen Ort Gstatter-

boden zum ersten Mal gebändigt und aufgestaut. Anschließend steuert die Enns in einem großen Bogen bei Hieflau in nördliche Richtung und verliert allmählich von ihrer Wildheit. Mit Wehrmauern verbaut, durchfließt sie nun ein schönes und landschaftlich ansprechendes, tief eingeschnittenes Tal. Hohe, bewaldete Bergkuppen säumen die tiefgrünen, vielgewundenen Stauseen und begleiten den gezähmten Fluß bis zur alten Eisenschmiedestadt Steyr. Von rechts den Fluß Steyr aufnehmend, schlängelt sich die Enns nordwärts der Stadt durch das fruchtbare Mostviertel bis nach Mauthausen, wo sie ihr Wasser mit dem der Donau vereinigt.

Tour 12: Obere Enns

Unsere Kanuwanderung beginnt im hübsch gelegenen Bergbaustädtchen Schladming, wo wir auf dem netten Campingplatz am linken Flußufer unsere Zelte aufbauen. Die kleine Stadt birgt allerhand Sehenswertes, und so sollten wir am ersten Nachmittag das Salzburger Tor, den Ortsplatz mit dem schönen Brunnen sowie das ehemalige Jagdschloß des Prinzen August von Sachsen besichtigen.

Vor den Steilwänden des Grimmings.

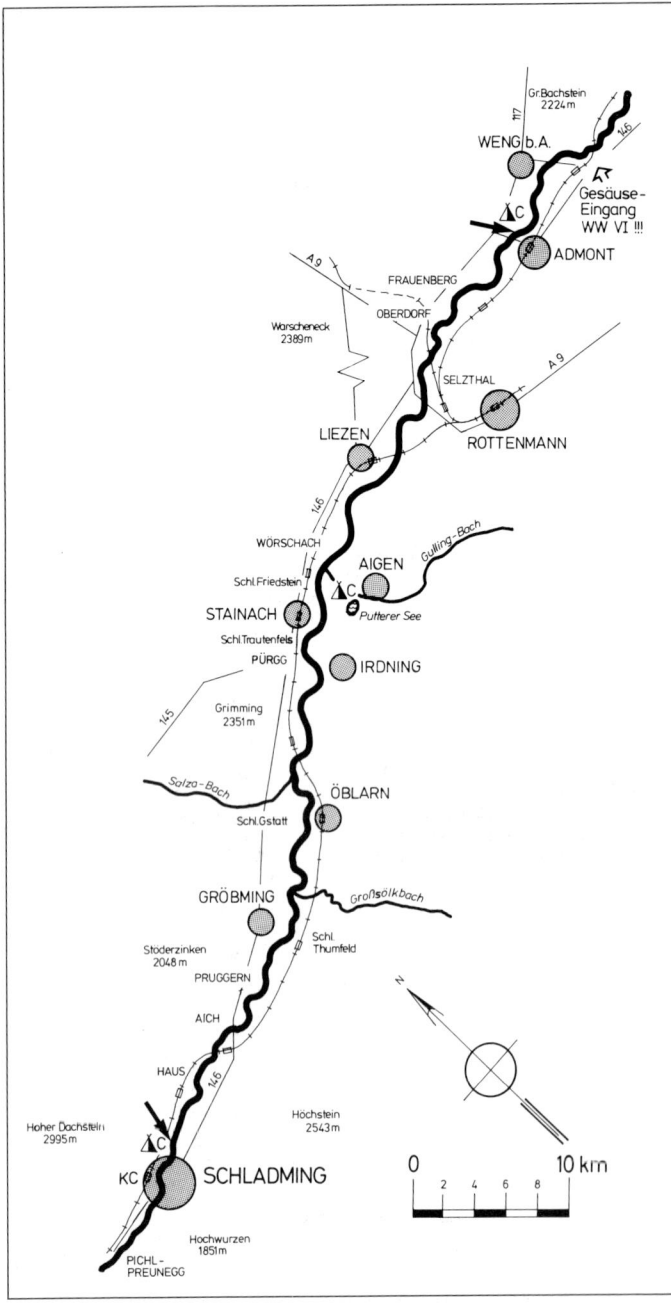

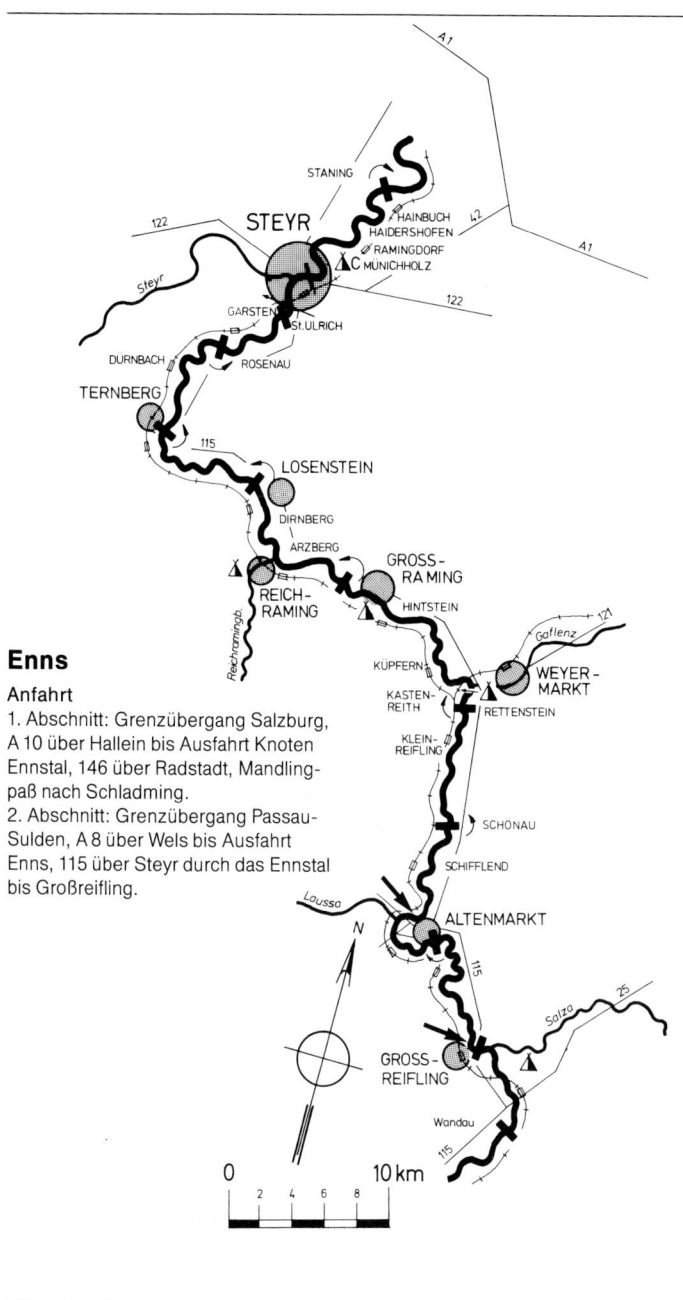

Enns

Anfahrt

1. Abschnitt: Grenzübergang Salzburg, A 10 über Hallein bis Ausfahrt Knoten Ennstal, 146 über Radstadt, Mandlingpaß nach Schladming.
2. Abschnitt: Grenzübergang Passau-Sulden, A 8 über Wels bis Ausfahrt Enns, 115 über Steyr durch das Ennstal bis Großreifling.

0   10 km

Auch eine Fahrt mit der Seilbahn zur Schladminger Hütte und eine sich anschließende Bergwanderung mit herrlichen Ausblicken in das Ennstal sowie auf das gegenüberliegende Dachsteinmassiv sind zu empfehlen.

Am nächsten Morgen sitzen wir in den Booten und lassen uns von der flotten Strömung talwärts tragen. Die steilen Ufer des regulierten Flusses sind dicht mit Büschen, Weiden und Erlen bewachsen, die in den ersten Kilometern unserer Wanderfahrt nur begrenzte Ausblicke auf die vorbeiziehenden Orte erlauben. Auch die Orientierung ist erschwert, so daß wir nur nach der Brückenzahl unsere Position feststellen können. In den Flußbiegungen öffnet sich das Blickfeld, und wir sehen am Südhorizont die flachen Gipfel der Schladminger Alpen. Entlang der linken Flußseite begleiten uns die bewaldeten Hänge der Ramsau und des Kemetgebirges.

Zuerst noch sportlich in kleinen Schwällen und Stromschnellen über versteckte Steine eilend, beruhigt sich bei Aich die Enns und bietet anschließend eine zügige Fahrt. Bei warmem Wetter können wir sogar die Spritzdecken öffnen und uns ganz gemütlich durch das immer breiter werdende Tal hinuntertreiben lassen.

Bald unterqueren wir die Brücke von Pruggern; im Ort steht noch manches alte, ursprüngliche Holzhaus. Irgendwo links vom Fluß liegt der 900 Jahre alte Markt Gröbming, den eine schöne gotische Kirche schmückt. Nach einem Linksbogen zeigt sich kurz, eingerahmt von Bäumen, Schloß Gstatt, das zur Gemeinde Öblarn gehört.

Das Flußbett wird breiter, und es öffnet sich ein prächtiger Blick auf den mächtigen Felsstock des hier alles beherrschenden Grimming (2351 m), der sich fast 1700 m über dem Fluß erhebt. Der romantische Anblick wird leider etwas durch den Lärm des naheliegenden Flugplatzes gestört, doch die niedrig anfliegenden Sportflugzeuge sind auch interessant zu beobachten, vor allem, wenn sie Loopings, Kerzen, Kopfunterflug und andere Figuren vorführen. Eine Eisenbahnbrücke überspannt das Flußbett, das weitgehend begradigt der Talmitte zustrebt.

Wenn wir mit dem Zelt unterwegs sind, finden wir sicher hier irgendwo auf einer gemähten Wiese ein Plätzchen, um unser Stoffhaus hinzustellen. Vielleicht wandern wir anschließend zum Schloß Trautenfels, dessen mächtige Basteien und Rundtürme ihm ein märchenhaftes Aussehen verleihen. Überhaupt ist die Gegend bis nach Liezen von Schlössern und Burgruinen übersät: Stainach, Friedstein, Sonnhof, Grafenegg – um nur einige zu nennen.

Am nächsten Tag paddeln wir weiter ostwärts, der Morgensonne entgegen und die hellen Kalksteinwände des Grimmings im Rücken. In großen, künstlich angelegten Bögen und Geraden umfließt die Enns den am Schuttkegel des Leistenbaches liegenden Ferienort Stainach, danach das weite Wörschacher Moos und schließlich die Industriestadt Liezen.

Auf mehreren Kilometern von der Autobahn A 9 begleitet, durchschneidet der regulierte Fluß das Selzthaler Moos, um nachher in naturnahen Schleifen an der prächtigen Barockkirche Frauenberg vorbeizupendeln. Wir umrunden den bewaldeten Hügel, auf dem die Wallfahrtskirche steht. Vorne öffnet sich der Blick auf die steil abfallenden Berge des Gesäuses, links leuchten die grauweißen Wände der Haller Mauern.

Auf der Kiesbank in Admont ist gut rasten.

Bald sehen wir die Straßenbrücke von Admont, wo wir linksufrig kurz danach landen. Hier ist es nicht weit zum kleinen Campingplatz. Es ist auch möglich, ca. 8 km bis zur Brücke am Gesäuseeingang weiterzupaddeln. Dort müssen wir jedenfalls vor der Holzbrücke landen; eine Weiterfahrt wäre lebensgefährlich (bei Niedrigwasser WW V–VI!). Doch wir können den Gesäuseeingang linksufrig auf dem 1989 errichteten Fritz-Proksch-Weg erwandern und die Szenerie des donnernden und stäubenden Ennskatarakts vom Ufer aus bewundern.

Wieder in Admont zurück, beenden wir unsere Flußtour mit einem Besuch des Benediktinerstifts, dessen barocke Bibliothek eine der schönsten in Europa ist.

Tour 13: Untere Enns

Im DKV-Wanderführer wird zwar eine Befahrung der Unteren Enns wegen der vielen Stauseen nicht mehr empfohlen, doch die landschaftlichen Schönheiten des tief eingeschnittenen Ennstales und der vielgewundenen Seen wiegen die Anstrengungen an den zahlrei-

chen Umtragestellen voll auf. Mit einem guten Bootswagen und genügend Zeit können wir eine interessante mehrtägige Wandertour erleben.

Bevor wir im kleinen Flößerort Großreifling unsere Canadier oder Faltboote ins Wasser setzen, besuchen wir noch das Österreichische Forstmuseum. Ein paar hundert Meter flußaufwärts liegt die Mündung der Salza, die man als Pilgerfluß der Österreichischen Kanuten bezeichnen kann und die eine wunderbare, nicht zu schwierige Wildwasserfahrt (WW II–III) als Auftakt für unsere Ennsfahrt bietet.

Auf den ersten Kilometern der Enns-Wanderung verwöhnt uns der grüne Fluß mit einer guten Strömung. In engen Schleifen wechseln steile Felsufer mit bewaldeten Hängen, die sich kulissenartig an uns vorbeischieben, immer wieder neue Blicke in das enge Flußtal freigebend. Die Talstraße liegt teils hoch über dem Fluß, und so erleben wir hier sowie auch später eine ziemlich einsame, ungestörte Wanderung.

Etwas lästig sind die vielen Staumauern, doch mit der Zeit gewöhnt man sich an das Suchen des richtigen Landeplatzes, ans Aussteigen und Aufbauen des zusammenlegbaren Bootswagens, den wir nachher gar nicht mehr abbauen, sondern am Bootsheck befestigt transportieren. Das Hinüberrollen der Boote über die Rampen ist je nach Gepäckmenge mehr oder weniger anstrengend, genauso wie das Herablassen des stoßempfindlichen Faltboots über die steilen Treppen mancher Einsetzstelle.

Das Kraftwerk (KW) Altenmarkt, das wir nach ca. 10 km erreichen, umgehen wir links und paddeln anschließend durch eine große Umlaufschleife um den über uns liegenden Ort Altenmarkt herum.

Nach der zweiten Straßenbrücke lockt eine ausgedehnte Kiesbank zum Anlanden und Pausieren. Wir lassen die Boote liegen und wandern hinauf zur Kirche am Berg und beenden unseren Ausflug auf der Terrasse des Gasthofs Jux, von der wir bei einem Bier die wunderschöne Aussicht über die Flußschleife genießen.

Kurz nach der Schleife endet die flotte Strömung der Enns. Aufregende Felsszenerien wechseln wieder mit steilen Waldhängen und spiegeln sich im ruhigen, tiefgrünen Wasser des Stausees. Vor der Wehrmauer landen wir und tragen die Boote ca. 200 m über Gras- und Betonwege zur Rampe.

Überhängende, dunkle Konglomeratfelsgebilde begleiten nun die stromlose Enns und verengen das Tal. Kaum können wir uns vorstellen, wieviel Mut die Flößer aufbringen mußten, um auf dem hier früher einmal wild strömenden Fluß ihre langen Holzflöße unbeschädigt um die eckigen Felsvorsprünge herumzusteuern. Nach dem Kraftwerk Kastenreith, wo wir linksufrig unseren Bootswagen über die neue Betonrampe bergauf und bergab im Zickzack hinüberschieben, können wir im Ennsmuseum, das im urigen Flößerkasten, einer Taverne aus dem 17. Jahrhundert, seinen Platz gefunden hat, einen Einblick in das schwere Leben der Talbewohner werfen. 24 moderne Plastiken eines Wiener Künstlers wetteifern mit den 300 Jahre alten Fresken und Bildern am steinernen Gebäude. Kurz nach der Eisenbahnbrücke landen wir dann linksufrig und zelten neben dem Holzplatz.

Leichte Nebelschleier verhüllen noch die Wasserfläche des dahinströmenden Flusses, wenn wir am anderen Morgen in unsere Boote steigen. Die kalten Paddelschäfte lassen unsere Finger klamm werden, doch bald steigt die Sonne über die hohen Uferhänge und sorgt mit ihren wärmenden Strahlen für angenehme Temperaturen. Vor dem KW Großraming ist das Flußbett stark verlandet; die Tafel »Bootslände« zeigt rechts zur Anlegestelle.

Über einen Pfad, einen Parkplatz, kurz auf der Straße und über eine zugewachsene, holprige Steinpflasterrampe geht es hinunter zum Unterwasser (ca. 300 m). Über den ehemaligen Schattleiten in westlicher Richtung paddelnd, überrascht uns die links vor einer scharfen Flußbiegung liegende Ortschaft Reichraming mit einem schönen »Hafen« mit Anlegetreppen und klarem Wasser voller Fische. Hier mündet der Sulzbach in die Enns, und flußaufwärts am Ortsende dürfen wir am Festplatz zelten (WC, Wasser). Ein kleines Forstmuseum ist den Besuch wert, und in einem der einladenden Gasthäuser können wir abends gut essen.

Mit einer S-Schleife nähert sich anderntags die Enns dem Losensteiner Kraftwerk, das von einem Burgfelsen und dem darunter liegenden alten Ort bewacht wird. Beim Karren der Boote (ca. 300 m rechts durch das »Mauerloch«, begraste Rampe, Einsetztreppen) werfen wir einen Blick auf die Schloßtaverne mit ihrem schönen Erker und paddeln anschließend weiter.

Vor Ternberg peilt der Fluß endgültig die nördliche Richtung an. An der Mauer des Kraftwerkes booten wir links aus; vielleicht erlaubt uns der Wasserstand, das Boot über die Fischtreppe hinunterzutreideln.

In engen Bögen durchbricht die Enns das Tal bei Altenmarkt.

Dann öffnet sich das Tal, die Berge treten beiseite. Der nachfolgende Rosenauer Stau läßt nicht lange auf sich warten, und wir umgehen die Mauer rechts (Rampe, ca. 200 m).

Am Kraftwerk in Garsten landen wir rechts an der Bootsrampe und karren die Kanus über die Brücke zur Kiesbank unter dem Schwimmbad. Eine zügige Strömung treibt uns bis zu den Toren der 1000jährigen Stadt Steyr, einer der schönsten Städte im Lande. Eine bunte Häuserfront, gekrönt vom roten Dach des Schlosses, säumt den Enns-kai, von links fließt uns die Steyr zu, und nach der Brücke öffnet sich ein wunderbarer Blick auf den mächtigen Kirchenkomplex der zweitürmigen St.-Michaels-Kirche und der Bürgerspitalkirche mit dem weißleuchtenden Spitalgebäude.

Wenn wir nicht an den Schiffsrampen am Altstadtkai angelegt haben, paddeln wir weiter zum nächsten Wehr (umtragen) und beenden in der großen Flußschleife im Stadtteil Münichholz am Campingplatz oder am Bootshaus unsere Wanderung auf der Unteren Enns.

Charakter, Tips

1. Abschnitt – Oberes Ennstal: Sehr schnell fließender, sauberer, regulierter Wanderfluß (WW I), der eine flotte, sportliche Kanufahrt ohne wassertechnische Schwierigkeiten bietet. In den ersten Kilometern nach Schladming Vorsicht mit Faltbooten: verstreute Steine im Flußbett! Sonst sind alle Kanutypen zu empfehlen. Sehr kaltes Wasser; Schwimmwesten oder Neoprenanzüge sollten zur Ausrüstung gehören. Bei gutem Wasserstand nur wenige Anlandeplätze. In Admont linksufrig nach der Brücke Campingplatz. Gute Eisenbahnverbindung vom Gesäuse über Admont bis nach Schladming.

2. Abschnitt – Unteres Ennstal: Geruhsame Paddeltour durch ein tief eingeschnittenes, vielgewundenes Wald und Felstal auf dem überwiegend zu langen Seen gestauten Fluß. Umtragestellen an den Staumauern der Kraftwerke überwiegend mit Betonrampen ausgestattet (100 bis 300 m Länge); auf alle Fälle einen guten Bootswagen mitnehmen. Für alle Bootstypen geeignet. Anfänger: Rechtzeitig an den Umtragestellen anlagen! Vorsicht beim Einsetzen der Boote nach den Staumauern, hier oft Kehrwasser! Außer in Steyr keine Campingplätze, doch Zeltmöglichkeiten am Fluß. Durch das Ennstal führt eine oft befahrene Eisenbahnstrecke, Pkw-Begleitung möglich; Kontakt an Brücken und Stauwehren.

Zeltmöglichkeiten

1. Abschnitt: Schladming, Aigen (Putterer See), Admont, Zelten auf gemähten Uferwiesen.

2. Abschnitt: Großreifling (Salza), Zeltgelegenheit in Kastenreith (Holzplatz), Großraming, Reichraming, Losenstein, Camping Steyr.

Am Etappenziel Kastenreith erwartet uns eine ausgedehnte Kiesbank.

Sehenswertes

Schladming: Alte Bergbaustadt, spätgot. Pfarrkirche St. Achaz, ev. Kirche (1862, größte des Landes), Stadtmuseum (Reisingerhaus, 1618), Salzburger Tor, Ortsplatz mit Brunnen, ehem. Jagdschloß.
Gröbing: Pfarrkirche Mariä Himmelfahrt (15. Jh., spätgot. Flügelaltar).
Öblarn: Kirche St. Andreas, Schloß Gstatt.
Steinach: St.-Ruprecht-Kirche, Schloß Trautenfels.
Liezen: Schloß Grafenegg.
Admont: Benediktinerabtei (11. Jh., prächtige Bibliothek), Stiftskirche St. Blasius (Neugotik), Neptunbrunnen (1665), Museen, Schloß Röthelstein (17. Jh.), Wallfahrtskirche Frauenberg.
Weyer-Markt: »Goldenes Märktl des Mittelalters«, Marktplatz mit alten Bürgerhäusern, Marktbrunnen (um 1600), Pfarrkirche St. Johannes Ev., Marktkirche St. Sebastian (16. Jh., Barockturm), spätgot. Pfarrhof mit Rokokopavillon, Arkadenschloß (16. Jh.); Kastenreith: Flößermuseum (Herberge, 17. Jh.), Wallfahrtskirchlein St. Sebald.
Losenstein: Burg Losenstein (12. Jh.), Heimatstube (Museum), Pfarrkirche (14. Jh.), Anton-Schosser-Büste (Dichter), Tropfsteinhöhle Nixluke.
Ternberg: Pfarrkirche (15. Jh.).
Steyr: Stadtplatz mit got., renaiss., bar., rokoko Häusern (Lebzelterhaus, Sternhaus, Messnerhaus u. a.), Rathaus mit Rokokofassade (1778), Neutor (16. Jh., Wasserschutzbau), Pfarrkirche St. Michael (ehem. Jesuitenkirche), Spitalskirche, mächtige Stadtkirche (15.–17. Jh.), Schnallentor (Sgraffitis), Schloß Lamberg mit Bergfried, Arkaden und Schloßpark, Museum Arbeitswelt u.v.a.

Karten, Kanu-Literatur

Generalkarte Österreich 1 : 200 000, Blatt 4 u. 3, Haupka-Wanderkarte 1 : 100 000, Nr. 5; KOMPASS-Wanderkarte 1 : 50 000, K 31, K 68, K 69; Wassersport-Wanderkarte, Teil 5. DKV-Auslandsführer, Band 1; Broschüre Österreich-Paddelsport.

14

Traun

Nebenfluß der Donau

**Obertraun –
Altmünster/Traunsee
ca. 65 km
3–4-Tage-Fahrt**

Nordöstlich des gewaltigen, fast 3000 m hohen Dachsteinmassivs, am Rande der bewaldeten Hügel des Kemetgebirges, entfließt dem kleinen Ödensee die Ödenseetraun. Sich zuerst durch ein Moorgebiet schlängelnd, bietet hier das quirlige Gewässer eine leichte Wildwasserfahrt vor der eindrucksvollen Kulisse des felsigen Grimmigstocks. Von rechts durch die wasserreiche Kainisch-Traun gestärkt, ändert das Bächlein seinen lieblichen Charakter und wird zum tosenden Wildbach, der, in westlicher Richtung in einem engen Tal springend, bald den ehemaligen Salzsiederort Bad Aussee erreicht. Ab der Einmündung der Gundelseetraun eilt der jetzt Koppentraun genannte Fluß, einen großen Bogen bildend, in schäumenden

Auf der Koppentraun vor dem Hallstätter See.

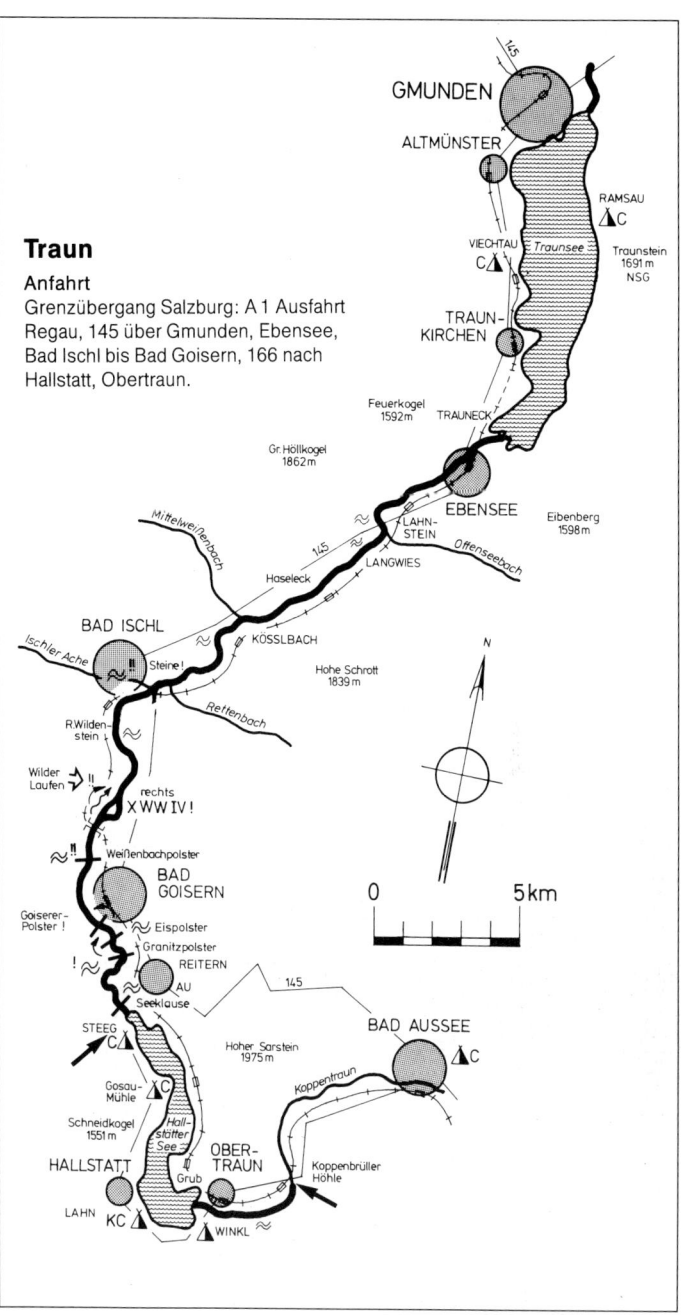

Traun

Anfahrt

Grenzübergang Salzburg: A 1 Ausfahrt Regau, 145 über Gmunden, Ebensee, Bad Ischl bis Bad Goisern, 166 nach Hallstatt, Obertraun.

GMUNDEN

145

ALTMÜNSTER

RAMSAU
▲C

VIECHTAU
C▲

Traunsee

Traunstein
1691 m
NSG

TRAUN-
KIRCHEN

Feuerkogel
1592 m

TRAUNECK

Gr.Höllkogel
1862 m

EBENSEE

LAHN-
STEIN

Eibenberg
1598 m

Mittelweißenbach

145

Offenseebach

Haseleck

LANGWIES

BAD ISCHL

KÖSSLBACH

Ischler Ache

Steine !

Hohe Schrott
1839 m

N

R.Wilden-
stein

Rettenbach

Wilder
Laufen

rechts
X WW IV !

≈ !!

Weißenbachpolster

BAD
GOISERN

Goiserer-
Polster !

Eispolster

Granitzpolster

REITERN

AU

0   5km

! ≈

Seeklause

145

BAD AUSSEE
▲C

STEEG
C▲

Hoher Sarstein
1975 m

Koppentraun

Gosau-
Mühle
▲C

Schneidkogel
1551 m

Hall-
stätter
See

OBER-
TRAUN

Koppenbrüller
Höhle

HALLSTATT

Grub

LAHN   KC ▲

▲ WINKL

85

Katarakten über steinige Stufen und Felsblöcke durch die einsame Koppenschlucht. Die wassertechnischen Schwierigkeiten steigern sich bis zum schwersten Wildwasser, dem nur die besten Kajakfahrer gewachsen sind. Ab dem Flußknick bei der Koppenbrüller Höhle wird die Koppentraun zum Wanderfluß, der mit guter Strömung hindernisfrei dem Hallstätter See zufließt. Als Traun bei Steeg den See verlassend, peilt der glasklare, grüne Fluß die nördliche Richtung an. Zwischen dem Seeausfluß und dem alten Flecken Laufen von mehreren Wehren unterbrochen, erreicht die Traun das auf einer Halbinsel liegende Bad Ischl, das im vorigen Jahrhundert Treffpunkt der eleganten Gesellschaft war. Die Traun korrigiert hier ihre Fließrichtung nach Nordosten und eilt nun, von steilen Berghängen umrahmt, einsam zum Traunsee, der mit seinen 191 m Tiefe unter den Alpenseen den Rekord hält. Am Seeschloß Ort vorbei verläßt sie im vornehmen Luftkurort Gmunden den See, dessen Wasser leider nicht zu den saubersten in Österreich gehört. Viele Wehranlagen versperren den weiteren Weg des Flusses, der, im Traunfall über eine

13 m hohe Felsstufe stürzend, nach einem nur 150 km langen Weg völlig reguliert bei Linz schließlich in die Donau mündet.

Unsere Wanderfahrt beginnen wir bei Obertraun unter der Brücke am Wanderparkplatz zur Koppenbrüller Höhle. Da, wo die Spezialisten unter den Kajakfahrern aus ihren kurzen, wendigen Booten steigen, setzen wir unsere Wanderboote ein. Ein überwältigendes Panorama von mächtigen, steil zum Fluß abfallenden, teils bewaldeten Bergflanken begleitet uns auf der kurzen Strecke zum See. Harmlose Wellen überspülen das Vorderdeck unserer schlanken Boote, und im klaren, grünem Wasser sehen wir das kiesige Flußbett unter den Kielen vorbeihuschen.

Bald nimmt die schnelle Strömung ab, und vor uns zeigt sich die Insel an der Flußmündung. Umgeben von dunklen Bergwänden wirkt der ruhige See im fahlen Licht der Morgensonne recht düster und schwermütig. Rechts erscheint Schloß Grub. Berufsfischer sind mit ihren Kähnen unterwegs, und wir paddeln über den stillen See zu den farbigen, den steilen Hang hinaufkletternden Häusern von Hallstatt. Der Anblick des Orts vom

Einsetzstelle unter dem Wilden Laufen.

86

See aus ist sicher einer der schönsten im ganzen Land, doch der Blick von der Kirche über das Städtchen zum See läßt auch keine Wünsche übrig.

Weiter nach Norden öffnet sich etwas die Landschaft, die Ufer werden heiter und aufgelockerter, und an der Mündung des Gosaubaches finden wir einen schönen Badeplatz. Vor dem Seeausfluß können wir rechts landen; eine Jausenpause beim Steegwirt auf der schönen Terrasse über dem Fluß wird uns sicher guttun.

Anschließend finden wir links an der Seeklause den schmalen Durchlaß. Die schnelle Strömung bringt uns zum nächsten Wehr, das wir links befahren können. Es folgen kurz nacheinander drei weitere Wehranlagen (Polster genannt), die wir nur nach vorheriger Besichtigung befahren sollten (beim umgebauten Goiserner Polster rechts vor der Brücke aussetzen und ca. 70 m umtragen!).

An der Goiserner Traunpromenade vorbei erreichen wir bald Weißenbach. Hier müssen wir vor der Brücke aus den Booten und links zur Besichtigung des hiesigen Polsters; bei gutem Wasserstand schütteln uns mächtige Wellen kräftig durch.

Kurz danach taucht vor uns die Eisenbahnbrücke auf und kündigt den Wilden Laufen an. Der Fluß teilt sich, und nur wirklich erfahrene Kanufahrer sollten die im linken Arm liegende Floßgasse befahren. In den letzten Jahren kam es hier zu schweren Unfällen, und so ist es besser, linksufrig, wenn auch etwas mühsam, die Boote ca. 250 m umzutragen. Der rechte Flußarm ist für Raftingfahrer eine Herausforderung; die verwinkelte Felsstufe ist WW IV!

Unterhalb finden wir eine recht gute Einsetzstelle, im Anschluß

strömt die Traun ohne Unterbrechung bis in den Traunsee. Links zeigt sich die Burgruine Engleithen, und unser Fluß zieht eine große Kurve um den Plattenkogel.

Unter der ersten Brücke in Bad Ischl wartet dann eine harmlose, spritzige Steinwurfstufe. Die mondäne Promenade des ehemaligen kaiserlichen Heilbadeorts zieht an uns vorbei, und nach der Ischl-Mündung blendet uns das vergoldete Kruzifix am mitten im Fluß aufragenden Kreuzfelsen.

Das alte Wehr mit der Floßgasse ist nicht mehr vorhanden, und so paddeln wir ungestört weiter durch ein einsames Tal. Weiße Kiesbänke verlocken zum Aussteigen und Faulenzen. Die begleitende Bergkulisse ändert schnell ihr Aussehen, und in der Ferne zeigen sich die bizarren Umrisse des Traunsteins und Hochkogels.

Bei Lahnstein überrascht uns in einer scharfen Linkskurve eine schäumende, doch problemlos befahrbare Steinstufe, kurz danach die zweite; hier Vorsicht: in der Mitte Walze! Die Besiedlung der Ufer nimmt wieder zu, und der alte Markt Ebensee mit seinen Kirchtürmen signalisiert uns die Nähe des Traunsees. Links von der Mündungsinsel befindet sich der Schiffsanlegeplatz und rechts der kleine Motoryachthafen, nicht weit davon das Jugendbundesleistungszentrum, und zum Bahnhof sind es nur wenige hundert Meter.

Die steil abfallenden Berghänge am Westufer liegen nachmittags schon im Schatten, und so wirkt der Traunsee in seinem südlichen Bereich etwas eingeengt. Auf einer weit in den See hineinreichenden, felsigen Halbinsel thront die bekannte Traunkirchener Johanneskirche mit ihrer herrlichen Fischerkanzel, und im Traunkirchener Gemeindeteil Winkl finden wir die

Wir erreichen den Traunsee.

schönste Badebucht des ganzen Traunsees. Zelten können wir 2 km nördlich am Campingplatz in Viechtau.

Am anderen Morgen paddeln wir über den ruhigen Wasserspiegel zum gegenüberliegenden Ufer, um dort vom Zeltplatz an der Sepp-Stahrl-Talherberge zu einer ganztägigen Bergwanderung in die Kaltenbachwildnis zu starten. Der

Ausblick vom 1691 m hohen Traunstein über den See und seine Umgebung belohnt uns für die Mühe des mehrstündigen Aufstiegs.

Am letzten Tag unserer Kanutour erreichen wir schließlich das vornehme Seebad Gmunden, das schon im Mittelalter als wichtiger Mautort für Salztransporte den Grundstock zu seinem späteren Reichtum legte. Die gelungenen

Restaurierungsarbeiten der letzten Jahre lassen die spätgotischen Fassaden der Bürgerhäuser, die Kirchen, das Rathaus, den Marktplatz und die engen Gassen zu einem vollkommenen Altstadtbild verschmelzen.
Nach der Besichtigung stechen wir nochmals in den See, umrunden das weißleuchtende Inselschloß Ort und beenden an der Freibadeanlage von Altmünster unsere Tour, die uns von den mächtigen Nordflanken des Dachsteinmassivs bis zu den sanften Bergkuppen des Alpenvorlands führte.

Charakter, Tips

Eine sehr abwechslungsreiche Wanderung, die uns leichtes Wildwasser, eine verträumte Seeüberquerung, einen sportlichen Wanderfluß sowie eine lange, oft von kräftigem Wind und steilen Wellen bestimmte Seetour bietet. Mit allen Kanutypen fast ganzjährig befahrbar; beste Jahreszeit Vorsommer bis in den Spätherbst. Vorsicht ist geboten im Traunabschnitt von Steeg bis Laufen (Wehranlagen). Wegen des sehr kalten Wassers sollte das Tragen einer Schwimmweste selbstverständlich sein. Wasser bis Ebensee sauber, danach durch Industrieanlagen (Kristallglasfabrik) belastet. Aufgrund der lohnenden Wanderungen sollten wir uns etwas mehr Zeit nehmen (besser 4–5 Tage). Im Mittellauf der Traun keine Campingplätze, doch genügend Zeltmöglichkeiten. Gute Eisenbahnverbindung zwischen Gmunden und Obertraun (Einsetzstelle).

Zeltmöglichkeiten

Camping Winkl, Hallstatt, Gossau-Mühle, Steeg, Viechtau, Ramsau, Altmünster.

Sehenswertes

Hallstatt: Stadtpanorama, Pfarrkirche Mariä Himmelfahrt (1505), Friedhof u. St.-Michaels-Kapelle (Beinhaus), Kalvarienbergkirche, Dreifaltigkeitssäule (1744), Heimatmuseum, Prähistorisches Museum (Hallstätter Kultur), Ortsteil Lahn (Bürgerhäuser), Salzbergwerk, Rudolfsturm (13. Jh.), Dachsteinhöhlen (Riesen-, Eis- u. Mammuthöhle), Keramikwerkstätte; Obertraun: Koppensteiner Höhle.

Bad Goisern: Kurpark, Heimatmuseum, Salzkammergut-Holzknechtmuseum, Anzenaumühle, spätgot. Kirche St. Agatha; Gosauzwang: Holzbrücke (1707), Chorinsky-Klause (Technisches Denkmal, 1819).
Bad Ischl: Ehem. Kaiserbad (Sole), Kaiservilla, Lehar-Museum, Österreichisches Photomuseum (Marmorschlößl), Haenel-Pancera-Museum (Wohnkultur), Ruine Wildenstein, u. a.
Ebensee: Pfarrkirche Mariä Krönung, Jesuitenresidenz, Michaelskapelle, Johannesbergkapelle (Glocke 1639, Römerkopf), Krippenausstellung, Bleiglasschleifereien.
Traunkirchen: Ehem. Benediktinerkloster (urspr. 11. Jh., Staatsforst), Johanneskirche (bar. Fischerkanzel).
Altmünster: Spätgot. Kirche St. Benedikt (16. Jh.), Wildpark Hochkreut, Schloß Ebenweier, Kalvarienberg, Schloß Traunsee.
Gmunden: Stadtbild mit vielen spätgot. u. renaiss. Bürgerhäusern, Laubengängen, Ecktürmen u. Erkern, Markt-Rathaus, Rinnholzplatz, Museum (Kammerhof), Pfarrkirche Jungfrau Maria, Inselschloß Ort, Landschloß (17. Jh., Brunnen 1777), Keramikwerke, NSG Kaltenbachwildnis.

Karten, Kanu-Literatur

Generalkarte Österreich 1 : 200 000, Blatt 4; Haupka-Wanderkarte 1 : 100 000, Nr. 4; KOMPASS-Wanderkarte K 20, K 18; Wassersport-Wanderkarte 1 : 550 000, Teil 5.
DKV-Auslandsführer, Band 1; Broschüre Österreich-Paddelsport.

15

Irrsee – Mondsee – Attersee

Drei-Seen-Wanderung

Fischhof – Seewalchen a. A.
45 km
3-Tage-Fahrt

Eine der schönsten Kanutouren des Salzkammerguts führt uns vom nördlichen Ufer des ruhigen Irrsees, vorbei an der abwechslungsreichen Bergkulisse des Mondsees, zum freundlichen, wenn auch vom Wind oft zerzausten Wasserspiegel des fast 50 km² großen Attersees. Wie die Landschaftsbilder, so wechseln auch die Namen und Charaktere der zu befahrenden Gewässer, bis endlich dem Ausfluß vom Attersee der Name Agger zugesprochen wird.

Nicht weniger als 20 Wehre versperren hier, unterhalb des Attersees, den freien Lauf des Flusses, der sich bei Lambach, südwestlich der alten Römerstadt Wels, linksufrig der Traun anschließt.

Unsere Wanderung beginnt in der Nordostecke des Irrsees (auch Zeller See genannt), am adretten Campingplatz Fischhof. Dort lassen wir auch unsere Autos stehen, die wir nach Beendigung der Tour mit dem Zug abholen (zur Haltestelle Oberhofen ca. 5 km). Ruhig und ohne Touristenrummel liegt morgens der grüne See vor uns. Niedrige, teils dicht bewaldete Bergkuppen und verschilfte, weitgehend unverbaute, einsame Ufer umrahmen den 5 km langen See und machen den ersten Abschnitt unserer Wanderfahrt zum Genußpaddeln.

Eine Pause legen wir am öffentlichen Freibadeplatz des kleinen Orts Zell a. Moos ein. Das Schwimmen im warmen Wasser und das

anschließende Bier auf der Terrasse eines der alteingesessenen Gasthöfe, mit wunderbarem Ausblick auf den stillen See, sollten wir uns nicht entgehen lassen. Anschließend paddeln wir entlang der wenigen Bootshäuser zum Seeauslauf bei Tiefgraben (wieder herrliche Badestelle mit Sandstrand!).

Die Fahrt auf der schmalen Zeller Ache kann bei niedrigem Wasserstand zu einer Fußwanderung ausarten, ein guter Bootswagen sollte dabei sein. An den kleinen Wehren (Kasten, Haidermühle, Erlachmühle) müssen wir umtragen. Unter der Autobahnbrücke hindurch erreichen wir die Ache-Mündung neben dem Seebad. Es lohnt sich, am Yachthafen aus den Booten zu steigen und den uralten Klosterort Mondsee zu durchstreifen. Eine schattige Baumallee führt vom See zum Städtchen, dessen Bild von den Doppeltürmen der ehemaligen Stiftskirche oberhalb des reizenden kleinen Marktplatzes bestimmt wird. Entlang des südwestlichen Ufers paddelnd, landen wir nachher am gepflegten, kanufreundlichen Campingplatz Stabauer, um hier unser Zelt aufzuschlagen.

Am nächsten Morgen legen wir vom sandigen Badestrand ab und überqueren den sich nur leicht kräuselnden Wasserspiegel des Sees. Rechts ragt, in der Morgensonne leuchtend, die kahle Steilflanke der Drachenwand empor, am linken Nordostufer ziehen sich grüne, runde Höhenrücken entlang, durchsetzt von farbigen Tupfern der alten Bauernhöfe und neuentstandenen Ferienhaussiedlungen. Vor uns, inmitten der Wasserfläche, spiegelt sich die kantige Felsnase des 1782 m hohen Schafberges, dessen Haupt eine weiße Wolke umrahmt, hinter der sich das eisbedeckte Dachsteinmassiv versteckt. Wir umrunden die Halbinsel des Geisberges und visieren das Südufer an. Am be-

Ein steifer Nordwind weht uns am Attersee oft entgegen.

moosten Kreuzstein vorbei blicken wir nochmals zurück auf das prächtige Seepanorama und paddeln durch den sich immer mehr verengenden Seehals.

Kurz nach der Straßenbrücke legen wir rechts an der Treppenanlage vor dem unbefahrbaren Steilwehr (Lebensgefahr: Tosbecken!) in Au an und tragen das Boot 100 m durch das Werksgelände zur Einsetztreppe. Die leichte Strömung zieht uns unter einen Holzsteg über die rechts befahrbare kleine Stufe an der Fischzuchtanlage bis zum ersten Schützenwehr, an dem wir links umtragen (ca. 150 m). Die Weiterfahrt auf der klaren Seeache dauert nur kurz. Die nächste Umtragestelle ist schon in Sicht; hier bringen wir das Kanu rechts ca. 50 m über einen Wanderweg zum Unterwasser.

Nach der Straßenbrücke (kleine Stufe) teilt sich das Flüßchen. Wir entscheiden uns für den rechten Arm, der uns, am romantischen Campingplatz vorbei, zur Mündung in den Attersee führt. An der schmalen Kiesbank liegen Sonnenanbeter, und wir genießen den aufregenden Blick auf die vielen Berggipfel, die die weite Wasserfläche des Sees im Süden umschließen. Rechts winkt uns der weiße Kirchturm des alten Fischerorts Unterach, dessen Holzhäuser teilweise die niedrigen Seeufer berühren. Wie auch an anderen Orten des Attersees, gibt es hier ein Strandbad sowie ein öffentliches Bade- und Erholungsgelände. Wir landen dort und legen eine Vesperpause ein; auch das Schwimmen im klaren Wasser macht viel Spaß.

Bei vorherrschenden Nordwestwinden sollten wir uns für das linke Ufer entscheiden. In den vielen windgeschützten Buchten kommen wir bei Gegenwind besser voran, und es gibt viel Schönes zu

Mirka steuert das Ufer vor Zell a. Moos an (Irrsee).

sehen; außerdem laden zahlreiche nette Wirtshäuser zu mancher Pause ein. Am gegenüberliegenden Ostufer leuchtet unter den grauen Felswänden des Höllengebirges die Kirche von Steinbach, dessen drei Campingplätze zum Aufenthalt

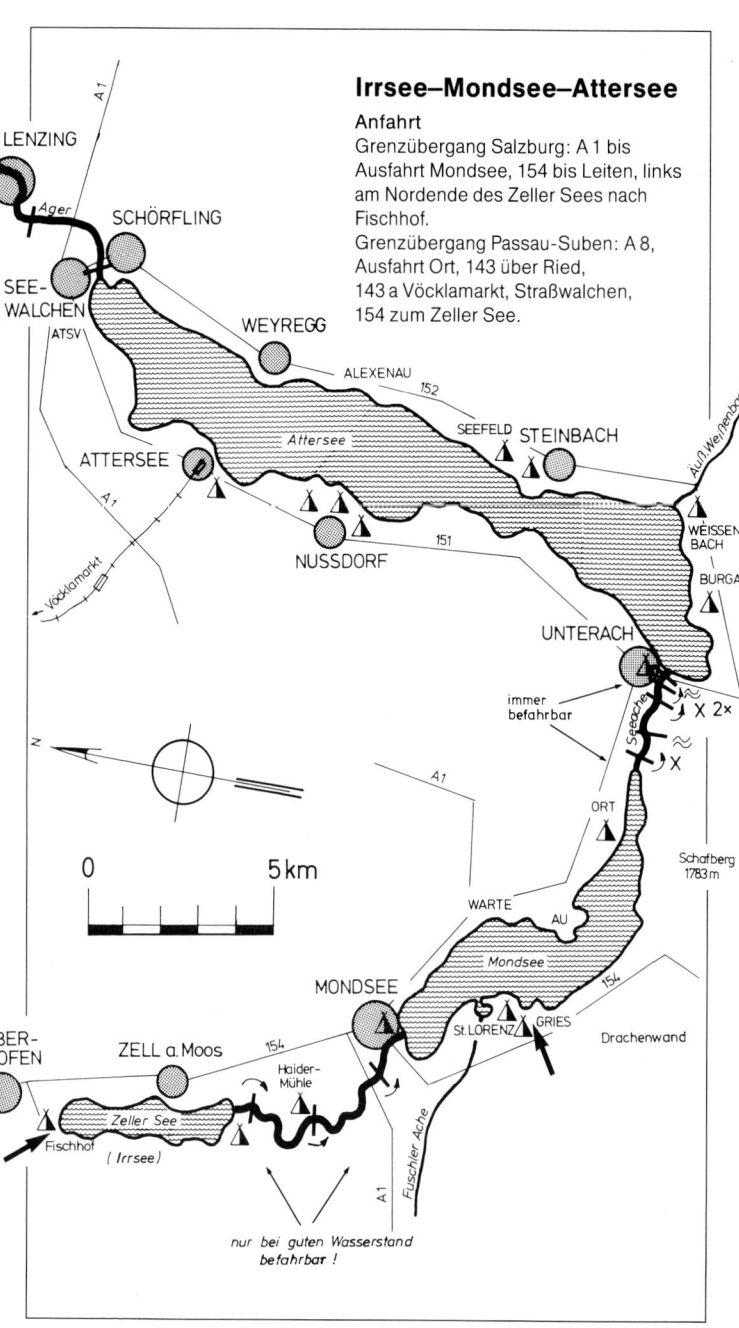

Irrsee–Mondsee–Attersee

Anfahrt

Grenzübergang Salzburg: A 1 bis
Ausfahrt Mondsee, 154 bis Leiten, links
am Nordende des Zeller Sees nach
Fischhof.
Grenzübergang Passau-Suben: A 8,
Ausfahrt Ort, 143 über Ried,
143 a Vöcklamarkt, Straßwalchen,
154 zum Zeller See.

LENZING

Ager

SCHÖRFLING

SEE-
WALCHEN

ATSV

WEYREGG

ALEXENAU

152

Attersee

SEEFELD

STEINBACH

Au/I.Weißenbach

ATTERSEE

A 1

Vöcklamarkt

NUSSDORF

151

WEISSEN-
BACH

BURGAU

UNTERACH

Seeache

immer
befahrbar

X 2×

X

N

0   5 km

A 1

ORT

WARTE

AU

Schafberg
1783 m

Mondsee

154

MONDSEE

St. LORENZ

GRIES

Drachenwand

BER-
HOFEN

ZELL a. Moos

154

Haider-
Mühle

Zeller See

Fischhof

(Irrsee)

Fuschler Ache

A 1

*nur bei guten Wasserstand
befahrbar !*

93

locken. Vielleicht bleiben wir hier ein bis zwei Tage und wandern auf dem Europäischen Fernwanderweg E 4 über die Mahdlschneid zur Brennerinhütte oder unternehmen eine andere schöne Rundtour.

Nördlich von Steinbach weitet sich der See und wird über 3 km breit. Bei guten Windverhältnissen flitzen viele Segelboote und Surfer über die aufgewühlte Wasserfläche. Eine fest schließende Spritzdecke tut dann beim Kanu bzw. Kajak gute Dienste.

Wir schleichen im Schutz des Ufers langsam in nördlicher Richtung weiter. An der Dexelbachmündung lockt eine weiße Kiesbank zum Anlegen; eine Ruhe-Bade- und Sonnenpause lassen wir uns nicht entgehen.

Am Landungssteg des schmucken Erholungsorts Nußdorf legen öfter Linienschiffe an; daran anschließend sind beide Seeufer fast völlig verbaut und dicht besiedelt. Vor uns öffnet sich die große Seebucht vor der Gemeinde Atterdorf, deren Kirche sich hoch über den Dächern der Häuser auf einem ehemaligen Burgfelsen ansiedelte. Wenn wir hier die Fahrt beenden möchten (Bahnverbindung), können wir nach Absprache im Yachthafen unser Boot liegen lassen.

Lohnend ist aber auch die Weiterfahrt am großzügigen Freibadeplatz Litzlberg vorbei zum Markt Seewalchen und nach Schörfling. Hier liegt auf einer Insel das malerische Schloß Kammer, in dessen Schatten die Ager den See entwässert. Vom See zum kleinen Bahnhof sind es nur wenige Schritte; eine interessante Eisenbahnfahrt über Vöcklabruck und den Attergau nach Oberhofen am Irrsee schließt den Wanderkreis.

Charakter, Tips

Verhältnismäßig leichte Wanderfahrt, die uns von See zu See durch verschiedene Landschaftsformen des Salzkammerguts führt. Ganzjährig möglich und mit allen Kanutypen machbar. Faltbootfahrern ist zu empfehlen, den Abschnitt Zeller Ache zu umgehen (Auto oder ca. 7 km umkarren auf asphaltierten Wegen mit gutem Bootswagen). Seeache ganzjährig befahrbar. Vorsicht am ersten Wehr: hier rechtzeitig anlegen! Viele schöne Campingplätze erlauben eine variable Etappenaufteilung, Badeplätze locken zum Verweilen. Bei Seeüberquerungen Schwimmweste anziehen! Gute Bahnverbindung zurück zum Ausgangspunkt am Irrsee.

Zeltmöglichkeiten

Irrsee, Zeller Ache: Camping Fischhof, Punzau, Haider-Mühle. Mondsee: St. Lorenz, Gries, Ort. Attersee: Unterach, Burgau, Weißenbach, Steinbach, Seefeld, Nußdorf, Attersee.

Sehenswertes

Zell a. Moos: Pfarrkirche, Kolomanskapelle (älteste Holzkirche Österreichs).

Oberhofen: Got. Pfarrkirche, Heimatmuseum Irrsee.

Mondsee: Stift Mondsee (Schloß, urspr. 8. Jh.), Stiftskirche St. Michael (barockisiert, Guggenbichler), Heimatmuseum (Klosterbibliothek), Mondseer Rauchhaus (Freilichtmuseum), Marktplatz mit Bürgerhäusern, Drachenwand (1328 m, Aussicht).

Burgau: Burggrabenklamm (Wasserfall), Magdalenaquelle.

Schörfling: Pfarrkirche (1476).

Seewalchen: Schloß Kammer (urspr. 13. Jh., Juli Schloßkonzerte), Schloß Litzlberg (19. Jh., priv.).

Karten, Kanu-Literatur

Generalkarte Österreich 1 : 200 000, Blatt 4; Haupka-Wanderkarte 1 : 100 000, Nr. 4; KOMPASS-Wanderkarte 1 : 50 000, K 17, K 18.
DKV-Auslandsführer, Band 1.

16

Salzach–Inn

Zuflüsse der Donau

Oberndorf – Passau
119 km
kleine Ferienfahrt

Genaugenommen – wenn wir unsere Fahrt 12 km flußaufwärts an der Saalachbrücke bei Freilassing beginnen, dann erleben wir eine Fünf-Flüsse Wanderung: auf der Saalach (2,5 km), der Salzach (60 km), auf dem Inn (69 km), in Passau queren wir kurz die Donau und paddeln schließlich gegen die schwache Strömung der Ilz (1,5 km), um am Zeltplatz des TV Passau zu landen.

Am Parkplatz des Oberndorfer Festplatzes können wir unser Auto stehen lassen und gegenüber der alten Laufener Wehrkirche die Boote ins Wasser setzen. Sehr gut läßt sich die Fahrt auch am Ende der riesigen Kiesbank im bayerischen Laufen beginnen. Wanderer, die bei Freilassing ins Wasser setzten, steuern ihre Boote durch den schaukelnden Schwall der ausgeprägten Laufener Umlaufschleife, mit der die Salzach den harten Moränenriegel durchbricht.

Wir beladen unseren 30 Jahre alten Faltbootzweier, und bald packt auch uns die schnelle Strömung des Flusses. Eine große Gegenschleife bringt uns in nordwestliche Richtung. Bewaldete, regulierte Ufer ziehen an uns vorbei, und keine Siedlung stört die Einsamkeit. Wir lassen uns treiben; diese enge »Tuchfühlung« mit dem bewegten Fluß erleben wir nur im Faltboot. Hinter unseren Rücken sind die Alpengipfel noch zu sehen, doch bald werden sie niedriger und verschwinden hinter den Baumkronen der Uferbestände.

Am Kreuzfelsen bei Burghausen beginnt der letzte Salzach-Durchbruch.

Eine Brücke sagt uns Tittmoning an. Hier liegen die Plätten der ehemaligen Flösser, die heute Touristen den Strom hinunter- und heraufschippern. Es lohnt sich, aus den Booten zu steigen, um die gemütliche Stimmung des südlich anmutenden Städtchens zu genießen.

Zuerst in einem großen Bogen, später in mehreren Schleifen schlängelt sich nördlich von Tittmoning die Salzach durch niedrige Schotterhügel und bildet am weit sichtbaren Zisterzienserkloster Raiterhaslach ein enges, mit steilen Waldhängen umrahmtes Tal. Kiesbänke lassen den Hauptstrom von einem Ufer zum anderen pendeln, und wir müssen aufpassen, um nicht an einer Untiefe zu stranden. Oben links zeigt sich die Wallfahrtskirche Marienberg, und am kanufreundlichen Wirtshaus bei Tiefenau dürfen wir nach Anfrage zelten. Zum guten Abendessen schmeckt das Hefeweizen, und spät nachts kriechen wir in unser Zelt.

Morgens wird noch ein Spaziergang zum Kloster unternommen, und dann sitzen wir wieder im Boot. In der Vormittagssonne leuchtend, thront auf einem langgestreckten Felssporn hoch über dem Fluß die mächtige Feste von Burghausen. Wir landen links auf einer der flachen Steinrampen, ziehen das Faltboot herauf und besichtigen die sehenswerte Stadt. Den schönsten Anblick bietet Burghausen jedoch vom österreichischen Ufer.

Flußabwärts der Stadt drängt ein Konglomeratriegel die Salzach scharf nach rechts, wir umpaddeln den Kreuzfelsen und dringen in einen kurzen »Canyon« ein. Weiß und gelb leuchtende, von Wasser unterspülte Uferhänge stürzen in das Flußbett und verursachen schöne Wirbel und Schwallstrecken. Leider ist dieses Schauspiel bald vorbei, und die Strömung nimmt allmählich ab.

Die Salzach mündet im großen Innstau von Braunau–Simbach. Unzählige grüne Inseln bieten hier seltenen Wasservogelarten Schutz, und so können wir mit dem Fernglas Reiher, verschiedene Entenarten und sogar Kormorane beobachten, die, unbeweglich in der Sonne hockend, ihre ausgestreckten Flügel trocknen. Wir wissen, daß hier auch der Biber seinen Platz gefunden hat, und so betrachten wir den weit aufgestauten Inn als Bereicherung der Landschaft.

Am 12 m hohen Staudamm kann man rechts, am österreichischen Ufer, oder über die neue Rampe in Bayern umkarren. Braunau lohnt eine Besichtigung; einen Zeltplatz finden wir an der Enknach-Mündung am Gelände des Faltbootclubs.

Vielleicht schaffen wir es noch, spätnachmittags den Eringer Stausee zu überpaddeln und schlagen unser Zelt auf der kleinen Wiese am Einsetzplatz nach der Umtragestelle (ca. 350 m, Asphalt und Sandweg) auf. Zum Abendessen auf der Terrasse des Schloßgasthofs (Frauenstein) neben der Zollstation bekommen wir dann als Gratis-Zugabe einen wunderbaren Sonnenuntergang über dem Innstausee zu sehen.

Nur langsam trocknet in der Morgensonne das taunasse Zelt, doch mittags rollt unser Faltboot schon um die Staustufe Egglfing herum. Hier gibt es einen Campingplatz und am Schwimmbad ein nettes Wirtshaus. Wir bewundern die geschwungenen Propellerflügel der im kleinen Park aufgestellten Kaplanturbine und setzen an der Kies- und Sandbank im Unterwasser wieder ein.

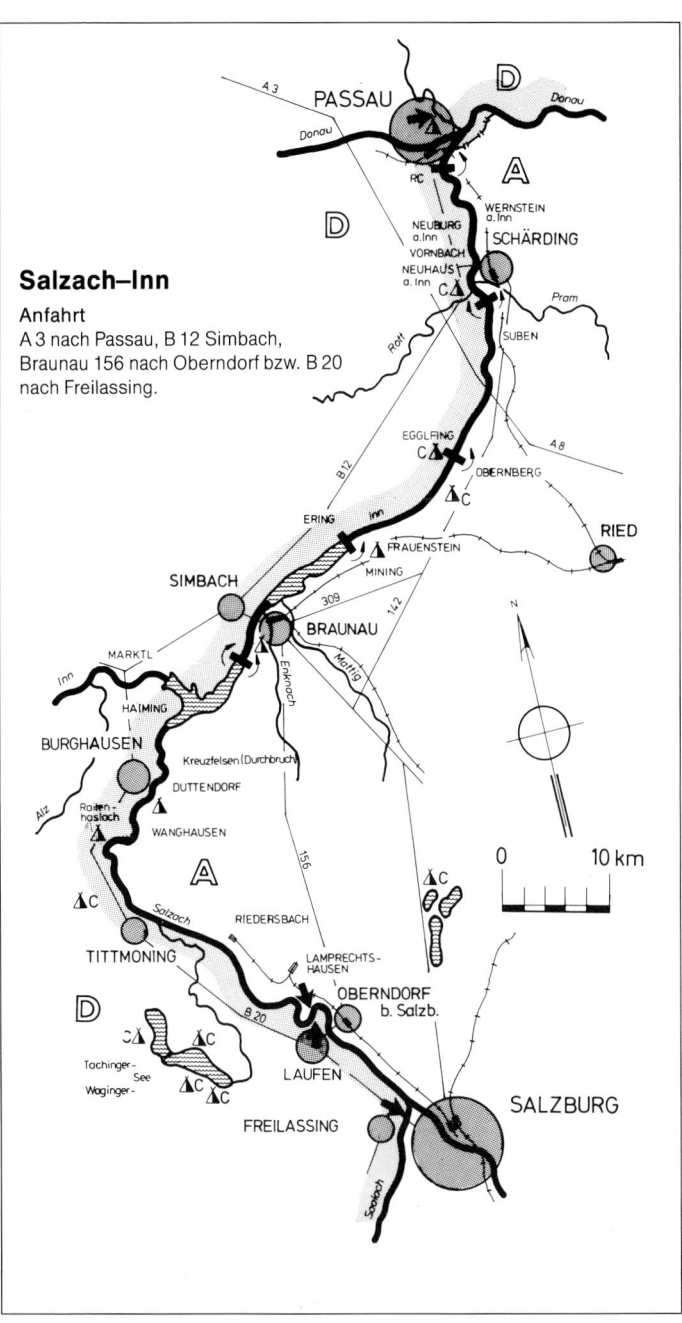

Salzach–Inn

Anfahrt

A 3 nach Passau, B 12 Simbach,
Braunau 156 nach Oberndorf bzw. B 20
nach Freilassing.

Der nachfolgende Stausee zieht sich schön in die Länge, und wir kommen uns, dank der unbarmherzig brennenden Sonne, wie Sträflinge auf einer Galeere vor. Doch bei Suben paddeln wir tatsächlich an einer wirklichen Strafanstalt vorbei, die sich im ehemaligen Stiftsgebäude des Augustinerklosters befindet. Hier überquert die neue Brücke der Autobahn A 3 den Inn (Zollstelle), und an der Staumauer karrt man rechts um (ca. 1 km); links ist die alte Rampe verschlammt und teils holprig.

Das bald folgende Panorama des links aufragenden Neuhauser Schlosses und der farbigen Häuserfront von Schärding mit der wuchtigen Stadtpfarrkirche im Hintergrund ist eines der eindrucksvollsten, das wir bei unseren Flußwanderungen sahen. Hinter dem malerischen Wassertor am Inn versteckt sich der prächtige Stadtplatz, und wir sind von der architektonischen Harmonie dieses historischen Baukomplexes tief beeindruckt. Es lohnt sich, einen Tag hier zu verbringen; der Campingplatz an der Rott-Mündung bzw. der Kanuzeltplatz bei den Neuhauser Kanuten machen es uns leicht.

Die letzte Tagesetappe führt an der alten Klostersiedlung Vornbach und an den Burganlagen von Wernstein und Neuburg vorbei.

Das Inntal verengt sich, und wir müssen auf die vorbeifahrenden kleinen Ausflugsschiffe achten, deren steile Bugwellen das blaue Stoffdeck unseres Faltboots gierig ablecken. Wanderer auf dem Inntal-Wanderweg winken uns zu, und linksufrig entdecken wir rechtzeitig zur Jausenzeit die verlockende Waldschenke bei Toni und Slata.

Gestärkt paddeln wir durch das liebliche Tal, rollen unser Boot an der letzten Staustufe rechts herum und setzen in die flotte Strömung ein. Die ersten Passauer Häuser säumen die steilen Ufer, und der Inn windet sich im steinigen und felsigen Flußbett die letzten Meter zur Donau. Der Anblick der Stadtkulisse mit der vieltürmigen Altstadt, dem Dom und der alles beherrschenden Oberburg ist aus der Innperspektive überwältigend.

Wir genießen die Fahrt, lassen uns langsam zum linken Ufer treiben und drehen an der Landspitze, wo die Donau mit dem Inn zusammentrifft, die Bootsnase gegen den Strom. Vorsichtig überqueren wir mit Hilfe der Seilfährentechnik die Donau, deren dunkles Wasser sich hier mit dem milchigen Strom des Inns vermischt. Unter mehreren Brücken hindurch, ilzaufwärts, erreichen wir nach ca. 1,5 km den gutbesuchten Zeltplatz des TV Passau, wo wir anlegen (Rampe,

Auf den silbrigen Salzachschleifen.

gute Bootswagen). Wir werden freundlich aufgenommen, schlagen unser Zelt auf, und nach einer hervorragenden Gulaschsuppe der Platzwartin schlendern wir zur Stadtbesichtigung.

Charakter, Tips

Salzach: Sehr eilig strömender, teils regulierter, ca. 50–70 m breiter Wanderfluß. Wegen der Stromgeschwindigkeit, der Wasserkälte und Wucht sind Schwimmwesten bzw. Neoprenanzüge anzuraten. Fast ganzjährig mit allen Bootstypen befahrbar. Anfänger sollten nur zusammen mit geübten Wanderfahrern paddeln. Bei niedrigem Wasserstand (Herbst) pendelt der Fluß zwischen schönen Kiesbänken. Wasser milchig-grau mit viel Geschiebe, mäßig belastet. Einsetzmöglichkeit schon an der Saalachsbrücke bei Freilassing-Saalbruck. Eisenbahnverbindung Passau–Wels–Salzburg, mit Lokalbahn nach Oberndorf.

Inn: In seinem Unterlauf ist er bis nach Schärding mehrmals in großen Seen aufgestaut. Schöner Durchbruch in den letzten Kilometern vor Passau, hier auch Strömung. An den Kraftwerken gut bezeichnete Umtragestellen (200–400 m); ein guter Bootswagen sollte mitgenommen werden. Naturschutzgebiete, artenreiche Vogelwelt (Reiher, Kormorane u. a.). Grenzfluß-Wanderung: Personalausweis griffbereit halten! Für deutsche Kanufahrer: Außeramtliche Landestellen bei der Moosach-Mündung, Wanghausen, Ach. Auf Personenschiffsverkehr zwischen Schärding und Passau achten. Pkw-Kontakt nur an Brücken und Stauwehren. Sehr schöne Flußwanderung, besonders im Zusammenhang mit einer Urlaubsfahrt auf der Donau zu empfehlen.

Zeltmöglichkeiten

Salzach: Tiefenau, bei Burghausen, Bauernhof Frauenberg, romantische Gelegenheiten am Fluß.
Inn: FC Braunau (Mündung Enknach), Simbach, Camping Obernberg a. I., FC Neuhaus, Passau (TV an der Ilz), Zeltmöglichkeiten in der Nähe von Stauwehren; im NSG nicht zelten!

Sehenswertes

Oberndorf: Alte Salzhandelsstadt, Stille-Nacht-Gedächtnis-Kapelle, Kalvarienberg, Heimatmuseum, Alte Eisenbrücke.
Laufen: Wehrkirche Mariä Himmelfahrt, schöne Altstadt.
Tittmoning: Burg (Schützenscheibenmuseum), Marktplatz mit reichgeschmückten Bürgerhäusern, römische Ausgrabungen.
Burghausen: Mächtige Burganlage mit Fürstenbau (Stadtmuseum), Elisabethkapelle, Altstadt über dem Fluß mit sehr schönen Häuserfassaden, Rathaus (14. Jh.), Pfarrkirche.
Braunau a. I.: Malerischer Stadtplatz mit Giebelhäusern, Teile der Befestigungsmauer, Bürgerspitalkirche, Glockengießerhaus, Heimatmuseum, Palmenpark.
Simbach a. I.: Heimatmuseum (Hinterglasmalerei).
Obernberg a. I.: Salzumschlagsplatz, Marktplatz (Stuckfassaden), Burg- und Schloßanlage.
Schärding: Stadtplatz mit historischem Gebäudekomplex (Silberzeile), Teile der Stadtbefestigung mit Toren (Wassertor), Pfarrkirche St. Georg, Burgturm (Museum), Burgruine; Brunnental: Wallfahrtskirche; Suben: ehem. Augustinerchorherrenstift (Strafanstalt), Kirche St. Lambert.
Wernstein a. I.: Pfarrkirche St. Georg, Burg (12. Jh.), Mariensäule, Burg Neuburg; Vornbach: Renaissanceschloß, ehem. Klosterdorf.
Passau: Siehe Tour 1.

Karten, Kanu-Literatur

Generalkarte Österreich 1:200 000, Blatt 3, 4; Haupka-Wanderkarte 1:100 000, Nr. 1, Nr. 4; Wassersportkarte 1:550 000, Teil 5.
DKV-Auslandsführer, Band 1; Kanu-Wanderführer für Bayern.

17

Salzach

Nebenfluß des Inn

Am 2466 m hohen Salzachgeier in den westlichen Kitzbüheler Alpen entspringend, hüpft die Salzach als quirliger Gebirgsbach zuerst in südlicher Richtung zum Gerlospaß. Nur wenige Kilometer östlich stärkt sie sich mit der wasserreichen Krimmler Ache und durchfließt anschließend ein langgezogenes Alpental, das im Norden die Kitzbüheler Alpen und die Dienter Berge begrenzen und im Süden von den Dreitausendern der Hohen Tauern umrahmt wird. Mit großer Geschwindigkeit eilt der begradigte Fluß durch das Oberpinzgau und mogelt sich in der Talenge bei Bruck a. d. Großglocknerstraße am vielbesuchten Zeller See vorbei,

um bei Gries in verblockten Gefällstufen eine enge Schlucht zu durchbrechen. Viele Seitenbäche, die vom Schmelzwasser der ausgedehnten Gletscher (Keese) gespeist werden, lassen in den warmen Monaten die Salzach schnell zu einem wuchtigen Gletscherfluß anschwellen, der im großen Pongauer Bogen bei St. Johann i. P. die nördliche Richtung ansteuert. Hier mit mehreren Staustufen verbaut, sägt sie später ein enges Tal in das Tennengebirge. Der Höhepunkt des Durchbruchs ist die unter dem Paß Lueg liegende Schluchtstrecke der Salzachöfen, die noch vor wenigen Jahren für Kajakfahrer ein Tabu war. Auch heute wagen bei

Am Zeller-See-Bach.

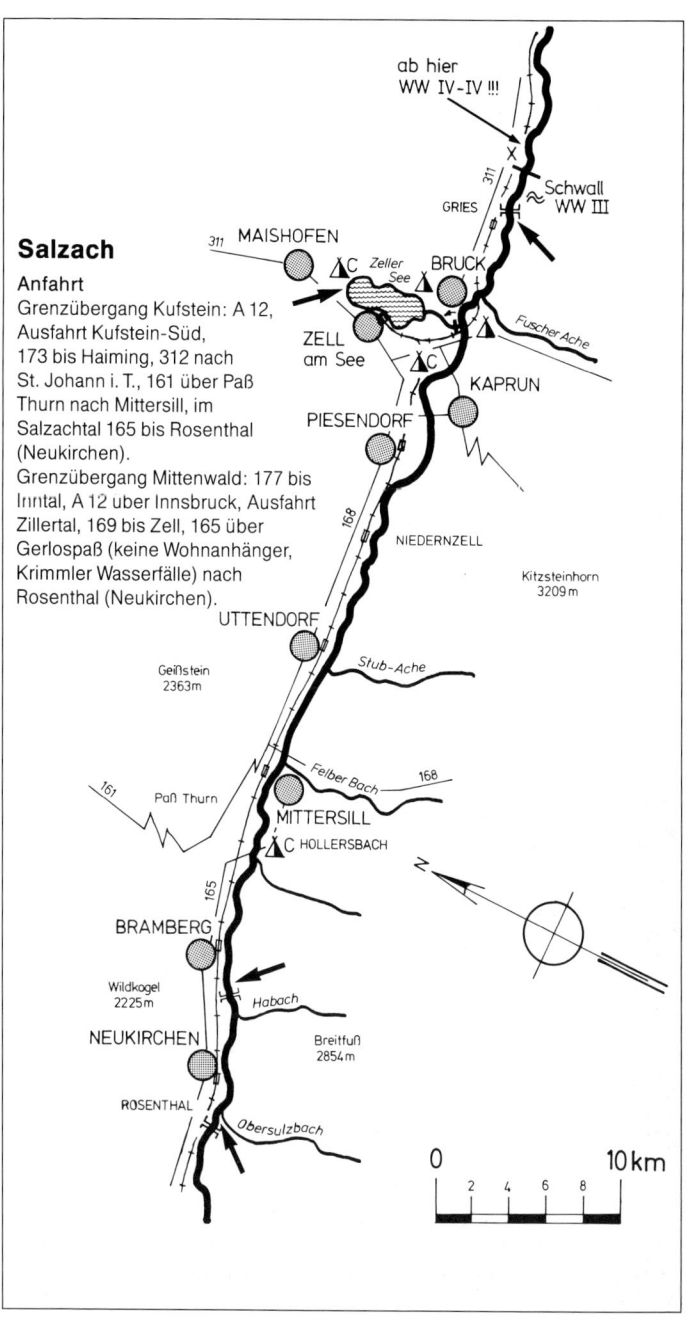

Salzach

Anfahrt

Grenzübergang Kufstein: A 12, Ausfahrt Kufstein-Süd, 173 bis Haiming, 312 nach St. Johann i. T., 161 über Paß Thurn nach Mittersill, im Salzachtal 165 bis Rosenthal (Neukirchen).

Grenzübergang Mittenwald: 177 bis Inntal, A 12 über Innsbruck, Ausfahrt Zillertal, 169 bis Zell, 165 über Gerlospaß (keine Wohnanhänger, Krimmler Wasserfälle) nach Rosenthal (Neukirchen).

ab hier WW IV-IV !!!

Schwall WW III

MAISHOFEN

BRUCK

Zeller See

ZELL am See

KAPRUN

Fuscher Ache

PIESENDORF

NIEDERNZELL

Kitzsteinhorn 3209 m

UTTENDORF

Stub-Ache

Geißstein 2363 m

Felber Bach

MITTERSILL

Paß Thurn

HOLLERSBACH

BRAMBERG

Wildkogel 2225 m

Habach

Breitfuß 2854 m

NEUKIRCHEN

ROSENTHAL

Obersulzbach

0   10 km

2   4   6   8

herbstlichem Niedrigwasser nur die besten Wildwasserspezialisten eine Befahrung. Leider zeugen zahlreiche tödliche Unfälle von mangelnder Einschätzung der objektiven Gefahren und des eigenen Könnens, und es muß dringend davor gewarnt werden, eine Befahrung ohne perfekte Beherrschung der Paddeltechnik und bei nicht hervorragender körperlicher und seelischer Verfassung sowie nicht idealem Wasserstand durchführen zu wollen! Nach der Schluchtöffnung bei Golling durcheilt der Fluß die Salzbergwerkstadt Hallein sowie die Festspielstadt Salzburg und wird bei Freilassing, wo er die Saalach aufnimmt, zum Grenzfluß zwischen Bayern und Österreich. Als gut strömender Aufluß durchbricht die Salzach bei Burghausen nochmal eine Hügellandschaft und mündet kurz danach in den aufgestauten Inn.

Die Befahrung der oberen Salzachstrecke beginnen wir als Wanderfahrer bestens in Rosenthal unterhalb der Straßenbrücke nach Scheffau oder Siggen (uriges Wirtshaus). Im ruhigen Wasser der kleinen Uferbucht steigen wir in die Kajaks, drehen die Bootsspitzen gegen den Strom und fädeln uns mit einem leichten Paddelziehschlag in die scharfe Strömung der hier schon regulierten Salzach ein. Die Fließgeschwindigkeit ist sehr beachtlich (um die 10 km/h), und

unwillkürlich denken wir, daß es bei einer Kenterung eine lange Schwimmstrecke geben würde. Darum und auch wegen des kalten Wassers tragen wir Schwimmwesten und Neoprenanzüge, auch wenn die Lufttemperatur recht angenehm ist.

Die durch Steinwurf regulierten Ufer sind mit Weiden und Erlengebüsch bewachsen, und der Ausblick begrenzt sich überwiegend auf das sich verändernde Gebirgspanorama der Kitzbüheler Alpen und der verschneiten Tauerngipfel. Der alte Pinzgauer Ort Neukirchen mit seinem Schloß und den stolzen Salzburger Bauernhäusern bleibt links am Hang über dem dahineilenden Fluß liegen, genauso wie die gemütlichen Ferienorte Bramberg und Hollersbach. Hier sollten wir uns im Heimatmuseum die sehenswerte Mineraliensammlung anschauen und das Tauern-Infozentrum besuchen, um etwas mehr über Geologie, Flora und Fauna der Region zu erfahren.

Anschließend flitzen wir unter zwei Brücken hindurch und sind schon bald in Mittersill, dem Zentrum des Oberpinzgaus. Auf dem kleinen Campingplatz Schmidl am Ortsende können wir zelten, und das Städtchen, sein Schloß und die Kirchen lohnen einen Besuch.

Am nächsten Morgen sieht uns die Sonne durch die schaukelnden Wellen weiter ostwärts paddeln.

Nur wenige kleine Kiesbänke säumen die begradigte Salzach oberhalb Mittersill.

Die ersten Kilometer führen fast schnurgerade nach Uttendorf, wo ein herrlicher, 5 ha großer Badesee viele Gäste anzieht. Rechts, hoch über uns, thront das vergletscherte Kitzsteinhorn, und bei Niedernsill weitet sich das Tal.

Nach der Brücke von Piesendorf mündet von rechts mit einem Schwall die Kapruner Ache. Wir nähern uns Bruck. Kurz nach der Eisenbahnbrücke müssen wir links in das ruhige Wasser an der Mündung des Zeller-See-Baches einfädeln. Wir peilen das linke Ufer an, neigen uns über dem Bootsrand, stechen das Paddel weit in das Kehrwasser hinter der Landzunge und ziehen das sich drehende Boot in die Mündung. Wir legen an und tragen die Kajaks kurz links um das Mühlenwehr um.

Im ruhigen Stau des Wehrs paddeln wir stromaufwärts, die Strömung wird zwar etwas stärker, doch wir kommen ohne große Mühe vorwärts. Rechts lugt zwischen hohen Bäumen das Schloß Fischhorn hervor, und vor uns öffnet sich die breite Talmulde des Zeller Sees, auf drei Seiten umrahmt von grünen Bergkuppen.

Durch blühende Feuchtwiesen und einen engen Schilfgürtel (hier nicht anlegen!) paddelnd, erreichen wir nach ca. 3 km das Südufer des Sees. An einer grünen Landzunge vorbei steuern wir in Richtung Zell a. See. Die alte, sehenswerte Stadt liegt malerisch am westlichen Ufer des 4 km langen Sees.

Nach einem Spaziergang durch die Fußgängerzone paddeln wir zum Campingplatz Prielau, der sich am Nordufer des Sees ausbreitet. Die Bootskiele knirschen im Sand, wir steigen aus und schauen über den See; der Kontrast des blau-grünen Badesees mit der großartigen Gletscherweltkulisse des Kitzsteinhorns und Glocknermassivs ist überwältigend. Es lohnt sich, noch ein paar Tage zu bleiben, zum Baden, Wandern, Paddeln, Schauen.

Charakter, Tips
Sehr schnell strömender, sportlicher Wanderfluß, fast ganzjährig mit allen Bootstypen befahrbar. Beste Zeit Frühsommer oder Herbst, sonst zu hoher Wasserstand. Wasser sauber, doch viel Geschiebe mitführend. Schwimmwesten und Neoprenanzüge sollten zur Ausrüstung gehören. Wenig Landemöglichkeiten. Pkw-Begleitung problemlos. Eine oft befahrene Eisenbahnstrecke führt durch das Tal. Am Zeller See schöne Badeplätze und öffentliche Badeanstalten. Lohnende Wanderungen in der Umgebung.

Zeltmöglichkeiten
Wald i. P., Hollersbach, Mittersill, Lengdorf, Bruck, mehrere Campingplätze am Zeller See.

Sehenswertes
Mittersill: Schloß (urspr. 12. Jh. Neubau, 1532, Privatbesitz), Dekanatskirche St. Leonhard (Rokokokanzel), Annakirche (18. Jh.). Felben: Mittelalterlicher Wohnturm (12. Jh.), Filialkirche St. Nikolaus (14 Nothelfer, 15. Jh.).
Zell a. S.: Pfarrkirche St. Hippolit (urspr. 12. Jh.), Seilbahn zur Schmidhöhe (Wanderung), Schloß Rosenberg, Vogtturm (13. Jh.), viele schöne mittelalterliche Bürgerhäuser, Schloß Prielau.

Karten, Kanu-Literatur
Generalkarte Österreich 1 : 200 000, Blatt 7; Haupka-Wanderkarte 1 : 100 000, Nr. 10; KOMPASS-Wanderkarte K 38, K 39, Wassersport-Wanderkarte 1 : 550 000, Teil 5. DKV-Auslandsführer, Band 1; Broschüre Österreich-Paddelsport.

18

Kössener Ache

Zufluß des Chiemsees

In den Nordhängen des über 2000 m hohen Rettensteinmassivs nahe des Paß Thurn entspringend, durchfließt die Ache, zuerst Jochbergache genannt, eine enge Klamm und tritt bei Kitzbühel in ein immer breiter werdendes Tal, das sich zwischen dem Wilden Kaiser und den Loferer Steinbergen ausbreitet. In der Mitte des sonnigen Talkessels liegt malerisch der beliebte Sommer- und Wintersportort St. Johann i. Tirol. Hier beginnt auch unsere Kanuwanderung auf der Ache, die uns im Sommer und Frühherbst eine herrliche Fahrt durch die enge, 4 km lange Entenlochklamm bietet. Immer wenn die Ache einen größeren Ort berührt, ändert sie ihren Namen: Ab St. Johann heißt sie Großache, später, ab Kössen, Kössener oder Tiroler Ache.

Am großen Parkplatz des Städtischen Freizeitzentrums in St. Johann stellen wir die Autos ab und steigen an der Kiesbank (Treppe), unweit der überdachten Holzbrücke, in die Boote. Im regulierten Flußbett über Kies und Steine huschend, lassen wir die schönen, mit Lüftlmalerei geschmückten Häuser und die Kirchtürme des von Touristen überfüllten Städtchens schnell hinter uns verschwinden und kosten die flotte Fahrt im sauberen, milchig-grünen Wasser der Ache aus. Ein saftiger Wiesenstreifen säumt den begradigten Fluß, und die grünen Waldhänge des Fellhorns und Hefferthorns rücken näher heran.

Bei Kössen mündet von rechts der aus Bayern kommende Loferbach. Kurz danach überwinden wir unter der zweiten Brücke mittig eine niedrige Stufe. Vorsichtiger müssen wir nach der nächsten Straßenbrücke manövrieren, hier ragen tückisch alte Brückenreste aus dem Fluß. Am Verbindungsweg nach Staffen befindet sich die übliche Einsatzstelle für die Befahrung der Klamm; heute hieven hier die Raftingfahrer ihre Ungetüme ins Wasser.

Kurz danach beginnt eine der schönsten Flußlandschaften der Chiemgauer Alpen. Wie riesige Theaterkulissen steigen nacheinander Felsrippen und glatte Felsplatten direkt aus dem Wasser in schwindelerregende Höhe empor und lassen den Fluß von einer Schluchtwand zur anderen leicht pendeln. Dazwischen leuchten einladend weiße Kiesbänke, an deren Ende starke Kehrwasser große Flachwirbel und Wasserpilze bilden, die das Einfädeln der Boote zu einem Abenteuer machen und etwas Wildwassererfahrung verlangen.

Irgendwo in der Schluchtmitte überspannt ein Eisensteg den Fluß, und hier, an der großen Kiesbank, legen wir an. An heißen Sommertagen spielen und baden Kinder, doch jetzt im September ist es ruhiger; auch befahren nur noch wenige Raftingboote die Schlucht. Wir steigen aus den Kajaks und spazieren den schmalen Pfad hinauf, der zum sehenswerten Klo-

Mit Raftingbooten durch die enge Entenlochklamm.

bensteiner Kirchlein führt. Nur ein paar Meter unterhalb der Wallfahrtskirche, die eigentlich aus zwei Kapellen besteht, gibt es ein uriges, kleines Wirtshaus, eher eine Brotzeitstation.

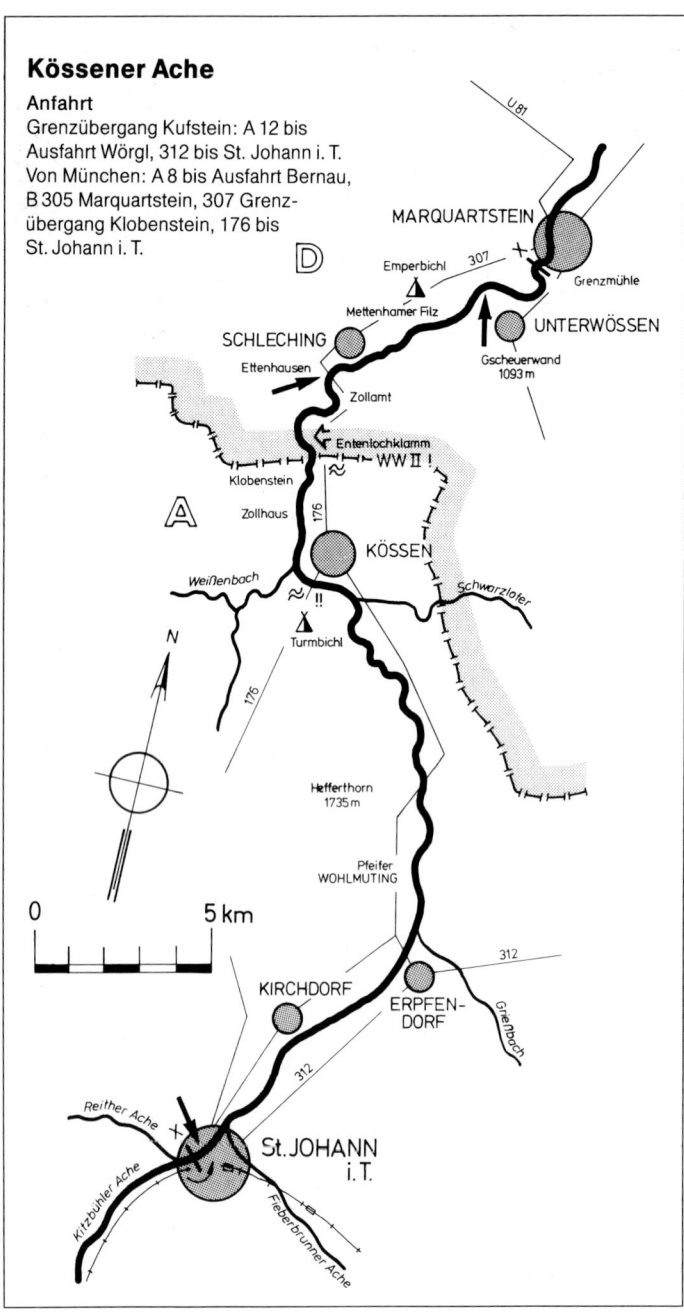

Kössener Ache

Anfahrt

Grenzübergang Kufstein: A 12 bis
Ausfahrt Wörgl, 312 bis St. Johann i. T.
Von München: A 8 bis Ausfahrt Bernau,
B 305 Marquartstein, 307 Grenz-
übergang Klobenstein, 176 bis
St. Johann i. T.

Ⓓ

U 81

MARQUARTSTEIN

Emperbichl

307

Grenzmühle

Mettenhamer Filz

SCHLECHING

UNTERWÖSSEN

Ettenhausen

Gscheuerwand
1093 m

Zollamt

Entenlochklamm

≈ WW II !

Klobenstein

Ⓐ

Zollhaus

176

KÖSSEN

Weißenbach

Schwarzlofer

≈ /!!

Ⓝ

Turmbichl

176

Hefferthorn
1735 m

Pfeifer
WOHLMUTING

0   5 km

312

KIRCHDORF

ERPFEN-
DORF

312

Grießbach

312

Reither Ache

St. JOHANN
i. T.

Kitzbühler Ache

Fieberbrunner Ache

Nach der Jause erweisen wir noch dem Klassiker unter den Kanufahrern – Herbert Rittlinger – unsere Referenz und stecken einen Ahornast mit gelb und rot gefärbten Blättern in die kleine Vase unter seiner Gedenktafel an der Felswand. Das herbstliche Niedrigwasser zieht uns anschließend weiter zwischen steil abfallenden Felswänden, und wir müssen gut aufpassen, um an den Prallwänden richtig zu reagieren. 2 km flußabwärts belehren uns Schilder am Ufer, daß sich oberhalb des Flusses die Zollstelle befindet. Unsere Ausweise liegen gut in den Booten verstaut, doch es gibt keine Kontrolle.

Die Schlucht öffnet sich, und kurz danach endet an der Ettenhausener Brücke unsere Wanderung.

Wer möchte, kann durch das schöne Tal weiterpaddeln. Eine scharfe S-Biegung mit Pfahlresten eines Steges birgt bei niedrigem Wasserstand eine gewisse Kentergefahr, ist jedoch bei vorsichtigem Manövrieren gut zu schaffen.

Durch das Mettenhamer Filz steuert die Ache über Unterwössen (Ausstiegsmöglichkeit) nach Marquartstein, wo nach einer scharfen Kurve ein unbefahrbares Wehr wartet (vor Brücke anlegen und kurz nach dem Wehr wieder einsetzen).

Leider besteht heute keine Möglichkeit mehr, bis in den Chiemsee durchzupaddeln, aus Naturschutzgründen ist der Fluß ab der Straßenbrücke in Moosen für Kanufahrer gesperrt.

Charakter, Tips

Sportliche Wanderfahrt (bei Hochwasser bis WW III!) auf einem gut strömenden, teils regulierten Gebirgsfluß mit der romantischen Durchbruchstrecke der Entenlochklamm. Wildwassererfahrung Voraussetzung. Neoprenanzüge und Schwimmwesten sollten zur Ausrüstung gehören. Ganzjährig befahrbar; schönste Zeit August bis September. Grenzüberschreitender Fluß: Personalausweis mitnehmen! Vorsicht an den Kössener Brücken, hier Stufen, Pfähle. Bei gutem Wasserstand große Strudel im Entenloch! Die Entenlochklamm wird praktisch mit allen Kanutypen, auch mit Faltbooten, befahren. Busverbindung zwischen Marquartstein und Kössen bzw. St. Johann i. Tirol. (Wir strampelten mit Fahrrädern zurück zur Einsetzstelle.) Befahrungsregelung: Zwischen dem 1. 10. und 31. 3. ist die Entenlochklamm für Kanufahrten gesperrt.

Zeltmöglichkeiten

Kössen (Turmbichl), St. Johann i. T., Raiten-Zellersee, im Bereich der Entenlochklamm NSG, hier ist Zelten verboten.

Sehenswertes

St. Johann i. T.: Barockkirche Mariä Himmelfahrt (1724), Antoniuskapelle (1679, Monumentalfresko), Spitalkirche in der Weitau (urspr. 13. Jh., älteste Glocke u. got. Fenster Tirols), Heimatmuseum (Priesterhaus), Pfarrhof (Fresken 1480).
Kirchdorf: Pfarrkirche St. Stephan (14. Jh.); Erpfendorf: Moderne Kirche St. Barbara (1957).
Kössen: Bar. Pfarrkirche St. Petrus u. Paulus (1722), Gasthof Erzherzog Rainer mit Lüftlmalerei, Wallfahrtskirche Klobenstein (18. Jh.), Lourdeskapelle.
Marquartstein: Alte Burg, Marktplatz.

Karten, Kanu-Literatur

Generalkarte Österreich 1:200 000, Blatt 7; Haupka-Wanderkarte 1:100 000, Nr. 4; KOMPASS-Wanderkarte 1:50 000, K 9, K 10; Wassersport-Wanderkarte 1:550 000, Teil 5. DKV-Auslandsführer, Band 1; Broschüre Österreich-Wandersport; Steidle: Wildwassertouren in den Alpen.

19

Inn

Zufluß der Donau

Den Ursprung des Inns finden wir im kleinen Lughinsee in 2480 m Höhe im Bergell, von wo der Inn als munteres Bächlein über Felsstufen bis zum Silsersee hinunterspringt, den er bei Maloja erreicht. Anschließend durchfließt er die landschaftlich einmalige Oberengadiner Seenplatte um St. Moritz. Ab Samedan, gestärkt durch die Gletscherwasser der Berninagipfel, eilt der Inn als abwechslungsreicher Wildbach zuerst durch ein offenes, später immer wieder tief eingeschnittenes Tal über Zuoz und Zernez ins Unterengadin. Durch die felsige Finstermünzer Schlucht tosend, erreicht er bei Martina die Tiroler Grenze und durchquert das Land in nordöstlicher Richtung bis nach Kufstein auf einer Länge von ca. 230 km. Immer mächtiger werdend, bildet der Inn dabei die geographische Grenze zwischen den Nördlichen Kalkalpen und dem Urgestein im Süden. Nach den Gebirgsdurchbrüchen bei Landeck und Imst begleiten sanft gewölbte Schuttkegel und ausgedehnte Terrassen den nunmehr flachen, breiten Talboden, den schon vor Jahrtausenden Menschen besiedelten. Im Inntal, wo sich die Landeshauptstadt Innsbruck ausbreitet, kreuzten sich schon immer die Verkehrswege zwischen Nord und Süd, Ost und West, und heute wird das Tal von einem dichten

Straßen-, Eisenbahn- und Autobahnnetz durchzogen. Immer mehr Talfläche wird von Industrie- und Wohngebieten beansprucht, und auch der Fluß wurde vollständig reguliert und zwischen hohe Dämme gezwängt. Doch seinen ausgeprägten Jahresrhythmus konnte der Mensch nicht beeinflussen.

Nach mehrmonatigem Niedrigwasser, das vom Herbst bis zum Frühjahr andauert, lassen Schmelzwasser und Regenfälle den Strom im Mai um das Mehrfache anschwellen und im Juli seinen Höchststand erreichen. Trotz dieser jährlich auf-

Nicht immer befahrbar ist die Steinwurfstufe unter der Eisenbahnbrücke in Innsbruck.

tretenden Hochwasser wurde am Inn über Jahrhunderte eine rege Schiffahrt betrieben. Neue Straßen und eine Eisenbahnverbindung zwischen Passau und Landeck ließen die alte Wasserstraße endgültig in Vergessenheit geraten, auch wenn noch Flößer bis 1938 ihrem gefährlichen Gewerbe nachgingen. Heute trägt der Inn nur die Kanus, Faltboote und neuerdings auch die großen Raftingboote der Wassersportler, die das Wellenspiel, die schnelle Strömung und die großartige Gebirgskulisse vom Fluß aus genießen wollen.

Kommerziell wird derzeit sehr häufig die Imster Schlucht von Imst nach Haiming befahren; sie bietet wuchtiges Wildwasser der Schwierigkeit WW III. Die eigentliche Wanderstrecke beginnt danach. An der Bootstreppe des Campingplatzes unter der Straßenbrücke können wir in die Boote steigen. In der kla-

ren herbstlichen Luft scheinen die das Tal umsäumenden Bergketten ganz nah zu sein, und die weißen Kiesbänke leuchten im Kontrast zum tiefblauen Himmel und dem milchig-grünen Wasser des Inns.

Schnell verschwinden die bunten Zelte des Campingplatzes am linken Ufer, und die freudigen Rufe der von der Imster Schlucht ankommenden Rafter verhallen nach der nächsten Flußschleife. Leichte Wellen schaukeln unsere Boote der niedrig über den Bergen stehenden Sonne entgegen.

Vor Mötz überquert die Autobahn erstmals den Fluß. Oft wird die Wanderung an der Straßenbrücke in Mötz begonnen; am nahegelegenen Parkplatz des Sportgeländes können wir unsere Autos abstellen, und zum Bahnhof ist es nur ein Katzensprung. Hoch über dem Fluß leuchtet oben am Berg das Wallfahrtskirchlein Maria Locher-

boden, und mit einem scharfen Knick ordnet sich der Inn den Steilhängen der Mieminger Berge zu. Irgendwo hinter dem bepflanzten Damm der Autobahn ahnen wir das Zisterzienserstift Stams, wo Tiroler Fürsten ihre Ruhestätte gefunden haben.

Um Oberhofen schlägt der Inn einen großen Bogen und eilt in Richtung Südosten. Bei Eigenhofen, vor Zirl, taucht vor uns die senkrecht zum Fluß abfallende Südflanke der Martinswand auf. In ihr verstieg sich vor fast 500 Jahren Kaiser Maximilian I. bei einer Jagd und wurde von einem Gamsjäger gerettet. Angelehnt an die warmen Südwände, liegt hier Zirl, das einzige Inntaler Weinstädtchen, dessen würziger Traminer weit bekannt ist. Am Flughafen vorbei nähern wir uns Innsbruck. Die schnelle Strömung und die senkrechten Ufermauern erlauben kein Anlanden. Als farbige Kulisse zieht die Altstadt an uns vorbei; links oben erhebt sich die fast 2600 m hohe Nordkette gegen den Himmel. Mehrere Brücken huschen über unsere Köpfe hinweg, die Hungerburgbahn überquert den Fluß. Vor der Eisenbahnbrücke am Stadtende sollten wir anlegen (beim »Löwenhaus«), um die Durchfahrt zu erkunden; je nach Wasserstand erschwert eine verblockte Stromschnelle das Durchkommen (Umtragemöglichkeit).

Kurz nach der Brücke liegt unterhalb der Sill-Mündung der Campingplatz. Einen Tag lang schlendern wir durch die Stadt, bewundern den schönsten Erker der Welt – das Goldene Dachl –, die reichverzierten Barock- und Rokokofassaden der alten Bürgerhäuser, erweisen in der Hofkirche dem Tiroler Helden Andreas Hofer unsere Referenz und wandern vielleicht noch hinauf zum Alpenzoo.

Morgens trägt uns der silberne Fluß dann wieder schnell aus der Stadt, am Industriepark der ehemaligen Thaurer Au vorbei. Bald landen wir links unter der Straßenbrücke in Hall i. Tirol, dessen Rathaus schon über Jahrhunderte als das schönste des Landes gilt. Dasselbe sagte man übrigens auch über die Haller Mädchen.

Nach Hall wird der Fluß etwas beweglicher, langgezogene Schwallstrecken wechseln mit großen Tellerwirbeln. Wir unterqueren die moderne Rohrbrücke der neuen Hochleistungseisenbahnstrecke. Von rechts blickt die farbenfrohe Karlskirche des Servitenklosters Volters auf den eilenden Inn.

Nach Wattens überspannt wieder eine lärmende Autobahnbrücke den Strom, der uns mit schaukelnden Wellen leicht schwingend der »Silberstadt« Schwaz entgegenträgt. Links im Vorort Pill, gegenüber der Kellerjoch-Seilbahnstation, landen wir und bauen am Campingplatz die Zelte auf. Am Inn entlang spazieren wir in die Stadt, die ihren Reichtum den ausgiebigen Silberminen verdankte. Doch nach knapp 100 Jahren waren diese ausgeschöpft; Feuer, Wasser und 1809 die bayerischen Truppen verwüsteten den blühenden Ort. Doch gibt es noch immer viel zu bewundern, genauso wie anderntags in Rattenberg, der kleinsten Stadt Tirols.

Doch vorher paddeln wir bei Jenbach an der Ziller-Mündung vorbei und meistern die Schwallstrecke an der Brixlegger Brücke. Zur Besichtigung Rattenbergs, das, eingeengt zwischen Fels und Fluß, sein mittelalterliches Bild bewahrt hat, landen wir gleich nach der Straßenbrücke rechts im Kehrwasser. Unterhalb der Stadt quert die Autobahn wieder einmal den Fluß und begleitet ihn bis nach Wörgl,

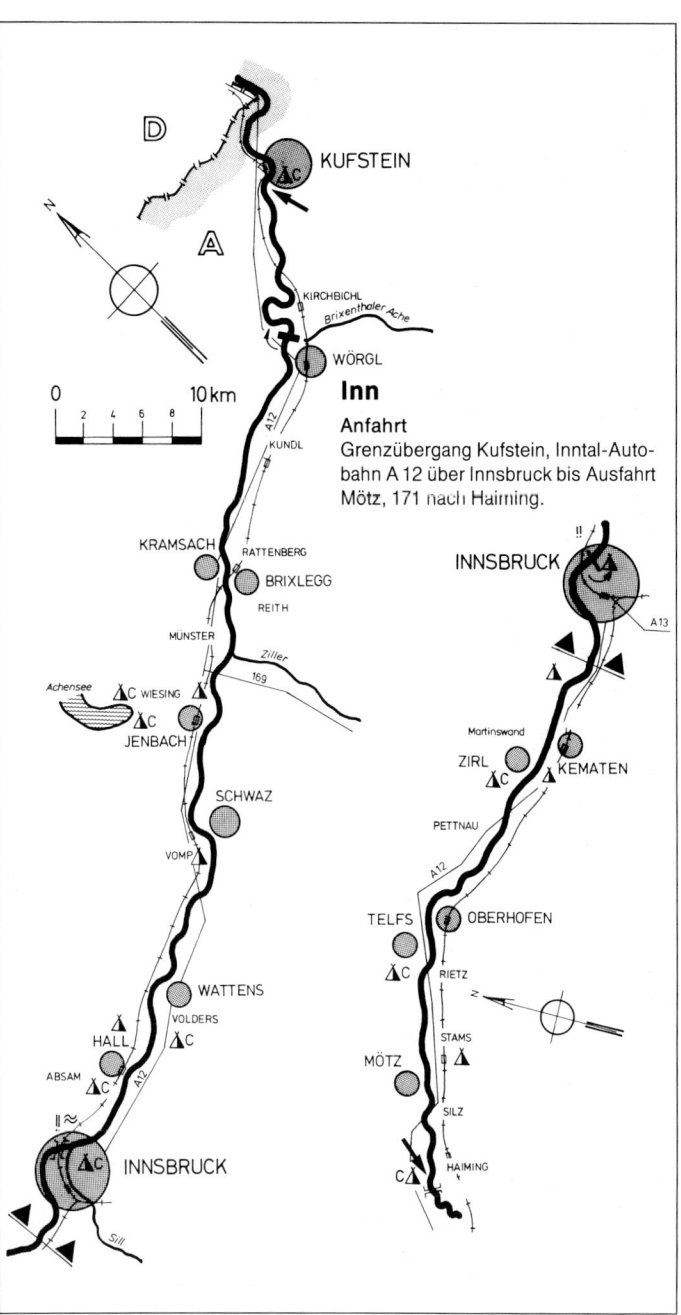

KUFSTEIN

D

A

N

0   10 km
  2 4 6 8

KIRCHBICHL
Brixenthaler Ache

WÖRGL

Inn

Anfahrt

Grenzübergang Kufstein, Inntal-Auto-
bahn A 12 über Innsbruck bis Ausfahrt
Mötz, 171 nach Haiming.

A12

KUNDL

KRAMSACH   RATTENBERG   INNSBRUCK
                  BRIXLEGG

REITH   A13

MÜNSTER
                  Ziller
Achensee C WIESING   169
        C
JENBACH   Martinswand
                                      ZIRL   KEMATEN
                                        C

SCHWAZ   PETTNAU

VOMP   A12

                                      TELFS   OBERHOFEN

WATTENS   C   RIETZ

HALL   VOLDERS
     C   STAMS
ABSAM C   MÖTZ
       A12

                                             SILZ
  C INNSBRUCK   C   HAIMING

Sill

das an der Mündung der Brixener Ache aus einer römischen Siedlung entstand.

Am Wehr des Kraftwerks tragen wir links kurz um. Anschließend bildet der Inn eine große Doppelschleife und fließt ab Kirchbichl in nördlicher Richtung der Grenzstadt Kufstein entgegen.

An der Mündung der Weißache endet an der großen Kiesbank vor der Bootsrampe (Treidelstraße) unsere Wanderfahrt. Vor uns thront stolz über dem Inn der Rundturm der Feste Geroldseck, und wir rollen unser Kanu mit dem Bootswagen ca. 400 m weit am Fluß entlang zum Campingplatz des Gasthofs Bären.

I linter der schützenden Hochwassermauer versteckt sich die Altstadt von Rattenberg.

Charakter, Tips

In einer herrlichen Gebirgslandschaft schnell strömender, in den Sommermonaten sehr wasserreicher Wanderfluß, leichtes Wildwasser. Beste Zeit Frühjahr sowie September und Oktober. Mit allen Kanutypen befahrbar, auch für Faltboote geeignet. Nur geübte Wanderfahrer sollten diese Tour unternehmen. Wegen der schnellen Strömung, der großen Wasserwucht und der eiskalten Wassertemperatur muß eine Schwimmweste zur Ausrüstung gehören, Neoprenkleidung ist zu empfehlen. Vorsicht bei Brücken, hier oft Schwälle, nach den Pfeilern starke Kehrwasser. Wenig Zeltplätze an den Ufern; freies Zelten durch Indu-

strialisierung des Tales kaum noch
möglich. Gute Eisenbahnverbindung
von Kufstein zurück nach Innsbruck
und Haiming.

Zeltmöglichkeiten
Haiming, Eigenhofen, Innsbruck,
Volders (nicht am Fluß), Schwaz (Pill),
Kufstein (Bären); freies Zelten kaum
möglich.

Sehenswertes
Haiming: Pfarrkirche St. Chrysanth u.
Daria (1384), Gasthof zum Löwen
(15. Jh.).
Mötz: Pfarrkirche Maria Schnee, Wall-
fahrtskirche Mariahilf (Locherboden).
Stams: Zisterzienserabtei (urspr.
13. Jh.), Stiftskirche (Gruft der Tiroler
Fürsten), Pfarrkirche (14. Jh., Wall-
fahrtsbild).
Telfs: Alte Giebelhäuser, St.-Georgs-
Kapelle (1356), Franziskanerkloster
und -kirche.
Zirl: Pfarrkirche Hl. Kreuz, Pankratius-
kapelle, Ruine Fragenstein (13. Jh.),
Burg St. Martinsberg (13. Jh.), Martins-
wandgrotte, Heimatmuseum.
Innsbruck: Altstadt mit prachtvollen
Renaissance-, Barock- u. Rokoko-
bauten (Herzog-Friedrich-Str.), Goldenes Dachl (1496), Fürstenburg (Neuer
Hof), Heiblinghaus (Stuckfassade),
Gasthof Goldener Adler (16. Jh.), Altes
Rathaus mit Stadtturm, Hofburg
(14. Jh., Umbau 1770), Ottoburg
(Wohnturm 1495), Trautsonhaus
(1541), Deutschordenshaus (1532),
Dom St. Jakob (1722), Wilten-Basilika
(1755), Hofkirche, Triumphpforte, Fer-
dinandeum (Landesmuseum), Kaiser-
jägermuseum, Schloß Amras, Alpenzoo, Olympiabauten u.v.a.
Absam: Pfarrkirche St. Michael
(15. Jh.), alte Bauernhäuser, Mesner-
haus (got. Portal).
Hall i. T.: Alte Salzsiederstadt, Burg
Hasegg (14. Jh., Münzerturm), Rathaus
(1447, Raatssaal, Bürgermeisterstube),
Stadtpfarrkirche St. Nikolaus, Damen-
stift mit Kirche (16. Jh.), Allerheiligen-
kirche (1608), Salinengebäude, St.-
Barbara-Säule (1486), Andreas-Hofer-
Denkmal, Museen u. a.

Volders: Prähistorisches Museum,
Rokokokirche, Schloß Aschach
(16. Jh.).
Schwaz: Bergbaustadt (Silbererze),
Stadtpfarrkirche (1478, im Glockenturm die schönste got. Glocke Tirols),
Franziskanerkloster u. -kirche, Rathaus
(16. Jh.), Palais Tannenberg-Enzen-
berg (1515), Burg Freundsberg
(12. Jh.).
Jenbach: Schloß Tratzberg
(13.–16. Jh.).
Münster: Pfarrkirche Mariä Himmel-
fahrt (14. Jh.), Burg Lichttenweth
(12. Jh.).
Brixlegg: Schloß Matzen, Burgruine
Mehrnstein (12. Jh.), Rokoko-Pfarr-
kirche zu Unserer Lieben Frau, St.-
Bartolomäus-Kirche in Mehrn (17. Jh.).
Rattenberg: Schloß Rattenberg
(11. Jh., Ruine, Freilichtspiele), Kirche
St. Virgil (1506), Servitenkloster
(15. Jh., heute Schule), Spitalkirche
(14. Jh.), Rathaus mit Erker (1534),
Bürgerhäuser mit schönen Marmor-
portalen, Stadtbrunnen (1784),
Brückentor, Nagelschmiedehaus.
Kramsach: Großes Freilichtmuseum,
Ansitz Achenrain (17. Jh.), Kirche
St. Nikolaus (15. Jh.), Pfarrkirche
St. Dominikus (17. Jh.).
Kundl: Kirche Mariä Himmelfahrt
(18. Jh.), St.-Leonhards-Kirche auf der
Wiese (1512), Ruine Kundlburg
(12. Jh.).
Wörgl: Pfarrkirche St. Laurentius,
Heimatmuseum.
Kirchbichl: Pfarrkirche (1735).
Kufstein: Feste Kufstein (ab 12. Jh.,
Kaiserturm, Brunnen, Heldenorgel),
St.-Vitus-Kirche, Marienbrunnen,
Jugendstilhäuser, Wallfahrtskirche
Mariä Heimsuchung (17. Jh.).

Karten, Kanu-Literatur
Generalkarte Österreich 1 : 200 000,
Blatt 7, 8; Haupka-Wanderkarte
1 : 100 000, Nr. 9; KOMPASS-Wander-
karte 1 : 50 000, K 35, K 26, K 27, K 9;
Wassersport-Wanderkarte 1 : 550 000,
Teil 5.
DKV-Auslandsführer, Band 1; Bro-
schüre Österreich-Paddelsport.

20

Lech

Nebenfluß der Donau

Steeg – Weißenbach a. L.
44 km
2-Tage-Fahrt

Der letzte ursprüngliche, naturnahe alpine Gebirgsfluß in Österreich ist der Tiroler Lech. Aus dem Spuller- und Formarinsee herausfließend, durchdringt er in seinem Oberlauf bis Steeg als tosender Wildbach tiefe, klammartige und unzugängliche Felsschluchten. Seine schnell wechselnde Wasserführung, die gewaltigen Mengen an transportiertem Geschiebe, das breite, ständig sich veränderne de Kiesbett mit den vielen Stromverästelungen, die großartige, fast 3000 m hohe, ihn begleitende Bergkulisse der Allgäuer und Lechtaler Alpen, die mit ihren tief eingeschnittenen Nebentälern seiner Wasserversorgung Rechnung tragen, machen ihn im mittleren Abschnitt zum einzigartigen Fluß der Nordalpen. Leider existieren in den Schubladen der Energieversorgungskonzerne schon Pläne

Am Brückenschwall in Häselgehr.

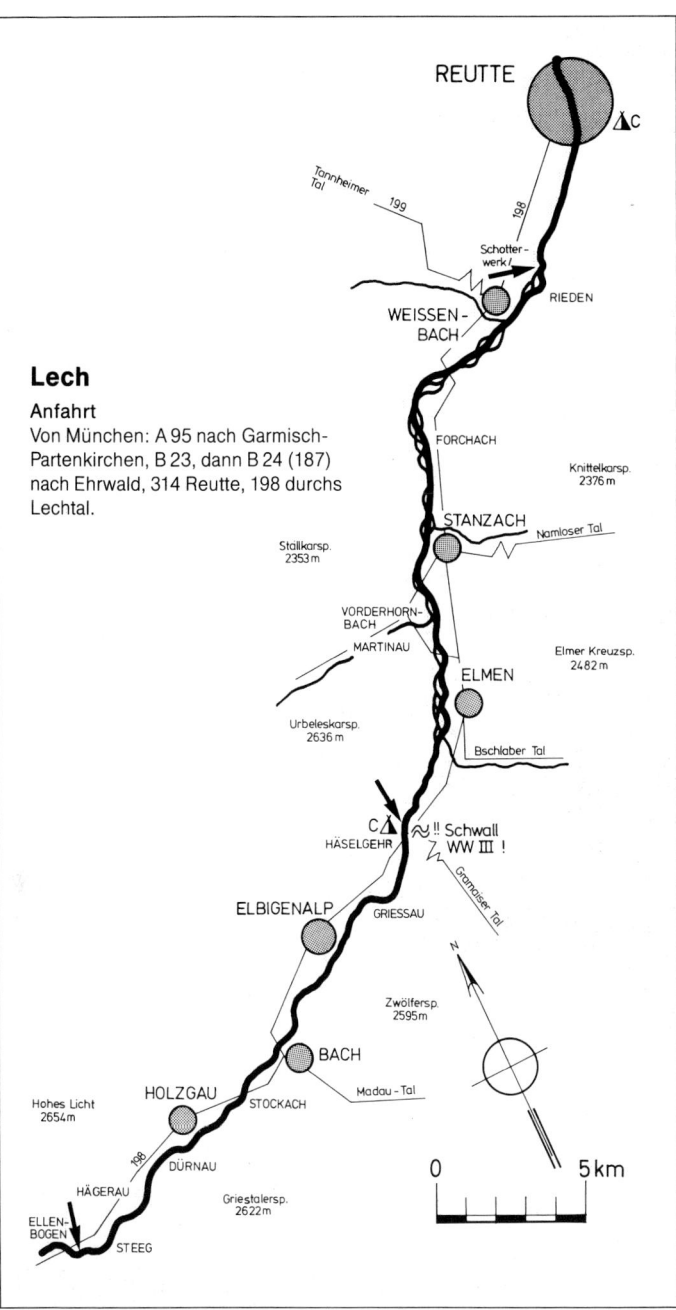

Lech

Anfahrt

Von München: A 95 nach Garmisch-Partenkirchen, B 23, dann B 24 (187) nach Ehrwald, 314 Reutte, 198 durchs Lechtal.

REUTTE

Tannheimer Tal   199

198

Schotterwerk

RIEDEN

WEISSEN-BACH

FORCHACH

Knittelkarsp. 2376 m

STANZACH

Namloser Tal

Stallkarsp. 2353 m

VORDERHORN-BACH

MARTINAU

Elmer Kreuzsp. 2482 m

ELMEN

Urbeleskarsp. 2636 m

Bschlaber Tal

C

HÄSELGEHR

!! Schwall WW III !

Gramaiser Tal

ELBIGENALP

GRIESSAU

N

Zwölfersp. 2595 m

BACH

HOLZGAU

STOCKACH

Madau-Tal

Hohes Licht 2654 m

198

DÜRNAU

0   5 km

HÄGERAU

Griestalersp. 2622 m

ELLEN-BOGEN

STEEG

zur Verbauung und Wasserableitung des Lechs, und es ist zu befürchten, daß sich auch hier die Ideen der Technokraten durchsetzen werden, ähnlich wie im Unterlauf, wo ihm, unterhalb von Reutte, ein Korsett von vielen Staustufen aufgezwungen wurde. So bietet der Lech auf seinem Weg durch das bayerische Urstromtal nur beschränkte Wandertouren im überwiegend stehenden Wasser, das vielmals von Kraftwerken genutzt wird, bevor es, nach einem 260 km langen Weg, bei Marxheim der Donau zuströmt.

Die üblichen Einsetzstellen für eine Befahrung des Mittellaufs finden wir in Steeg, am Holzlagerplatz oder an der Straßenbrücke nach Ellenbogen. Beliebt ist eine zweitägige Etappenfahrt mit Übernachtung am Campingplatz in Häselgehr, wo sich überwiegend Kanufreunde treffen.

Wir steigen in die Boote, machen die Spritzdecken dicht (auch bei Canadiern zu empfehlen!), und schon nimmt uns die reißende Strömung mit. Die neue Stufe an der nächsten Straßenbrücke sollten wir uns allerdings vor dem Start ansehen; bei Niedrigwasser ist sie befahrbar.

Anschließend treiben wir schnell im teils regulierten Flußbett, genießen die herrliche Aussicht auf die beidseitig vorbeiziehenden Bergketten und lassen uns von den schaukelnden Wellen verwöhnen. Viele Brücken und Stege überspannen den eilenden Fluß, und nach der Mündung des Madaubaches landen wir linksufrig am schönen Rastplatz; es ist Vesperzeit. Nach wenigen Kilometern biegt der Lech an einem Steilhang vorbei links ab, und die Straßenbrücke vor Häselgehr signalisiert die leicht verblockte Schwallstrecke, die bei gutem Wasserstand mit wuchtigen Wellen aufwartet. Kurz nach dem Schwall legen wir links an und tragen die Boote zum Zeltplatz. Abends können wir noch ins Dorf hineinspazieren oder im gemüt-

Der Lech fließt in einem breiten, noch weitgehend unberührten Kiesbett.

lichen Aufenthaltsraum des paddelfreundlichen Campingplatzes die Gitarre erklingen lassen.

Am anderen Morgen sollten wir nochmals den Pegelstand begutachten; bei 60 cm kommen wir an der nahegelegenen niedrigen Brücke noch durch, sonst müssen wir rechtzeitig links anlegen und umtragen. Von rechts mündet der Steinbach, und an der nächsten Straßenbrücke bei Martinau achten wir auf die Querströmung am Brückenpfeiler.

An der Stanzacher Brücke können wir landen. Manche setzen hier die Boote ins Wasser, um die nachfolgende Strecke mehrmals am Tage abzupaddeln. Der Lech verläuft in diesem Bereich in vielen Armen über das weiß leuchtende, breite Kiesbett, und wir müssen aufpassen, um den richtigen Hauptarm zu erwischen und nicht irgendwo auf dem Trockenen liegen zu bleiben. Herrliche Kiesbankschwälle und gut ziehende Stromschnellen wechseln mit kurzen, ruhigen Strecken, und manches Kehrwasser hinter den weit herausragenden Buhnen lockt zum Üben.

Viel zu schnell erreichen wir die Johannesbrücke (Pfeiler!) und die Mündungen des Rotlechs und des Weißenbaches. An der Straßenbrücke können wir aussetzen, doch es lohnt sich, noch bis zum Schotterwerk zu paddeln und dort erst die herrliche Fahrt zu beenden. Auf Anfrage können wir hier vorher unser Auto am Parkplatz abstellen.

Charakter, Tips
Sportliche Wanderfahrt auf einem noch weitgehend naturbelassenen Gebirgsfluß in überwältigender Alpenkulisse. Leichte Wildwasserschwierigkeiten, breites Kiesbett, viele Flußverästelungen, kleine Prallwasser, kurze verblockte Schwallstrecke bei Häselgehr (WW II–III). Ganzjährig befahrbar, schönste Zeit Spätsommer/Herbst. Idealer Wasserstand: Pegel Häselgehr 50–100 cm. Geeignet für Wanderfahrer mit Wildwassererfahrung in Einerkajaks und Canadiern. Wegen niedriger Wassertemperatur sind Neoprenanzüge und Schwimmwesten dringend anzuraten. Auf den weitläufigen Kiesbänken befinden sich Nistplätze seltener Vogelarten (Flußregenpfeifer, Gänsesäger u. a.); im Frühsommer nicht unnötig landen oder betreten! Idealer Ausgangspunkt Campingplatz Häselgehr. Pkw-Begleitung bedingt möglich. Kontakt an wenigen Brücken. Busverbindung durchs Lechtal. Herrliche Wanderungen in die Nebentäler.

Zeltmöglichkeiten
Häselgehr (mit Einsetzstelle), Zeltgelegenheiten am Fluß.

Sehenswertes
Holzgau: Marktplatz, freskengeschmückte Häuser, Friedhofskapelle (Fresken, 15. Jh.).
Elbigenalp: Pfarrkirche (15. Jh., Taufstein), Martinskapelle (got. Fresken), Holzschnitzerschule.
Häselgehr: Kleinglockengießerei, Häuser mit Lüftlmalereien.
Weißenbach a. L.: Schöne Bürgerhäuser.
Reutte: Rathaus, Franziskanerkloster (Heimatmuseum), Bürgerhäuser (Fresken), Burgruine Ehrenberg.

Karten, Kanu-Literatur
Generalkarte Österreich 1:200 000, Blatt 8; Haupka-Wanderkarte 1:100 000, Nr. 8; KOMPASS-Wanderkarte 1:50 000, K 24, K 4; Österreich-Karte 1:50 000, Blatt 114, 115, 143. DKV-Auslandsführer, Band 1; Kanu-Wanderführer für Bayern (DKV); Dinter, Kajakfahrten zwischen Donau u. Inn; Steidle, Wildwassertouren in den Alpen.

21

Ohře (Eger)

Zufluß der Elbe (Labe)

Kynšperk n. O. – Kadaň
96 km
kleine Ferienfahrt

Mit ihrem 5600 km² großen Einzugsgebiet entwässert die Ohře die gesamten Südhänge des westlichen Erzgebirges (Krušné hory) sowie das nördliche Gebiet des Kaiserwaldes und des Vulkanmassivs Doupovské vrchy. Am Schneeberg bei Weißenstadt in Deutschland das Licht der Welt erblickend, wird sie kurz nach Erreichen der böhmischen Grenze bei Skalka zu einem mehrere Kilometer langen See aufgestaut, um anschließend als kleines Flüßchen an der altehrwürdigen Stadt Cheb (Eger) vorbeizueilen. Unterhalb der Stadt schlängelt sich die Ohře mit vielen Mäandern durch eine flache Wiesenlandschaft bis nach Kynšperk n. O., wo sie die Braunkohlenpfanne von Sokolov (Falkenau) erreicht. Teils im künstlichen Betonflußbett an den riesigen Braunkohle-Tagesabbaustätten vorbeigeführt, sägt sie in die Nordausläufer des Kaiserwaldes (Slavkovský les) bei Loket ein tiefes Tal, dessen landschaftlicher Höhepunkt die romantische Felsengruppe Svatošské skály ist. In Karlovy Vary (Karlsbad) wird das quirlige Flüßchen Teplá mitgenommen, und eingeengt zwischen dem Erzgebirge und dem Doupovské vrchy eilt die Ohře mit einer flotten Strömung spritzig durch das felsige Tal nordostwärts nach Klášterec n. O. Unterhalb der königlichen Stadt Kadaň versanken vor wenigen Jahren die wilden Stromschnellen des Kaadener Bogens (Kadaňský oblouk) im Stau des Nechranicer Sees, der sich bald zu einem beliebten Wassersportzentrum entwickelte. Im Unterlauf mäandert der Fluß wenig reguliert

In fröhlichen Farben leuchten die Bürgerhäuser von Cheb.

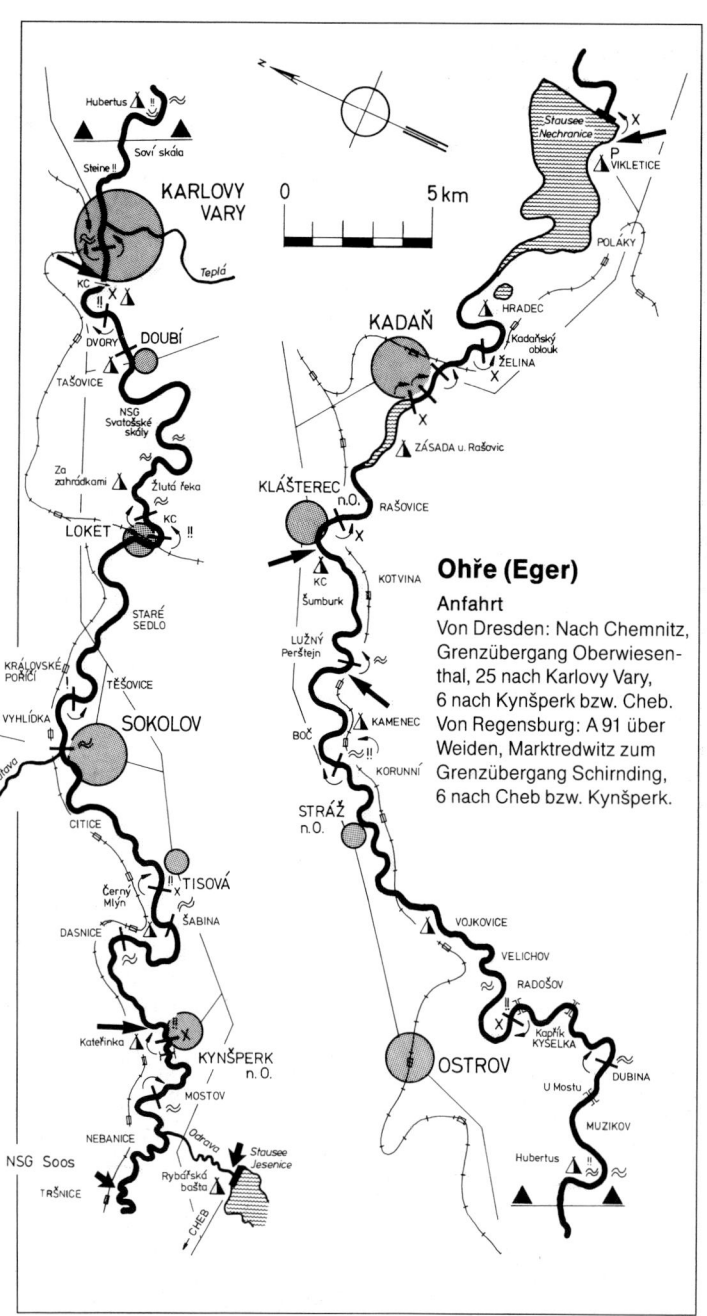

Ohře (Eger)

Anfahrt

Von Dresden: Nach Chemnitz, Grenzübergang Oberwiesenthal, 25 nach Karlovy Vary, 6 nach Kynšperk bzw. Cheb. Von Regensburg: A 91 über Weiden, Marktredwitz zum Grenzübergang Schirnding, 6 nach Cheb bzw. Kynšperk.

durch ein weites, landwirtschaftlich genutztes Flachtal an Žatec, dem weltbekannten Hopfenanbauzentrum, vorbei. Das liebliche, frühbarocke Schloß Libochovice sowie die unrühmlich bekannte Festung Terezín (Theresienstadt) streifend, fließt die Ohře nach einem 300 km langen Weg bei Litoměřice (Leitmeritz) linksufrig der breitströmenden Elbe zu.

Unser Wandervorschlag betrifft den wassertechnisch sowie landschaftlich abwechslungsreichen und von tschechischen Kanuten oft befahrenen Flußabschnitt zwischen Kynšperk und Kadaň. Bei entsprechendem Wasserstand (Pegel Karlovy Vary mindestens 60 cm) können wir die Fahrt schon in Cheb oder in Tršnice beginnen, was manche Kanuten, die mit dem Zug anreisen, auch tun. Eine Besichtigung der Altstadt von Cheb ist sehr lohnend. In den letzten Jahren wurden hier viele Häuser restauriert, und die überwiegend in rotgelben Farbtönen gehaltenen barocken Fassaden lassen sogar bei regnerischem Wetter eine sonnige Stimmung aufkommen.

Am Bootshaus der TJ Cheb, unweit der Eisenbahnbrücke, können wir unsere Kajaks einsetzen und erreichen über fünf teils zerstörte Wehre in einer Tagesetappe Kynšperk, wo sich die ersten Wälder und Steilhänge dem Fluß nähern. Nach dem hohen Steilwehr (links umtragen) liegt am Ende des Mühlenkanals der kleine Zeltplatz Kateřinka. Wenn er im Frühjahr noch geschlossen sein sollte, holen wir uns die Schlüssel beim freundlichen Verwalter im Haus neben dem Wehr.

Am nächsten Morgen gewöhnen wir uns mit den ersten Paddelschlägen an die flotte Strömung, die uns unter die neue Straßenbrücke schiebt. Mächtige Baumkronen überschatten das noch schmale Flußbett, und die niedrige Stufe bei Dasnice bereitet unseren beladenen Kanus keine Schwierigkeiten. Auch die Durchfahrt am Schrägwehr von Šabina meistern wir ohne Schaden. Oft üben im Wehrschwall Jugendgruppen, die auf der großen Zeltwiese für zwei, drei Tage ihr Lager aufschlagen, bevor sie den Fluß weiter hinunterpaddeln.

Die Idylle des heilen Flußtals wird leider bald unterbrochen. Nach den nächsten 2 km nähern wir uns den hohen Schornsteinen des Braunkohlekraftwerks in Tisová, dessen gelbbraune Rauchschwaden oft die Luft verpesten. Das Steilwehr wird links umgangen, und anschließend treibt eine gute Strömung unsere Boote durch die betonierte Flußbettrinne, die nach ein paar Kilometern bei Sokolov endet. So wird hier der Fluß fast unmerklich an den bis zu 200 m tiefen Braunkohle-Tagesabbaustätten vorbeigeleitet. Erst beim Aussteigen aus den Booten sieht man, wie die Landschaft umgewühlt wurde,

doch die ersten neu aufgeforsteten und rekultivierten Flächen geben einen Grund zur Hoffnung.

Nach der Steinwurfstufe in Královské Poříčí, wo wir unsere Kanus durchtreideln, sehen wir die großen Anlagen des Chemo-Kombinats von Těšovice und die hohen Wohnblöcke der neuen Siedlungen von Sokolov. Bald umgibt uns ein tief eingeschnittenes Tal; die Ohře hat ihr natürliches Flußbett wieder gefunden. Die Strömung läuft fast glatt, doch lauern verstreute Felsblöcke tückisch unter dem Wasserspiegel. Wehe dem Kanufahrer, der das leichte Wirbeln und Kräuseln der Wasserfläche nicht richtig deutet!

Eine Straßenbrücke überspannt den Fluß, und wir paddeln leise durch das einsame Tal bis zum Zeltplatz Split vor der Stadt Loket (Ellbogen). Ein Ruhetag nach der langen Etappe tut gut, und der Besuch in der hoch über dem Fluß liegenden Altstadt und Burg ist eine willkommene Abwechslung. Schon Goethe saß hier gerne auf der Stadthotelterrasse über dem Wasser und lauschte abends dem rauschenden Wehr.

Dieses hält für uns eine etwas schwierige Umtragestelle bereit; die Boote werden ca. 100 m rechts über einen glitschigen Waldpfad getragen. Beim nächsten Wehr am Bootshaus schieben wir die beladenen Kanus über die Wehrkrone hinunter (bei Mittelwasser befahrbar). Kurz nach der Brücke liegt im Außenbogen (Vorsicht beim Anlanden!) der Zeltplatz Za zahrádkami (»Nach dem Gärtchen«), gegenüber die Osada Žlutá řeka (Ferienhauskolonie »Gelber Fluß«).

Es folgt einer der schönsten Flußabschnitte. Mit spritzigen Stromschnellen, begrenzt von schroffen Waldhängen, zieht die Ohře ihre enge Kehren. Vor uns taucht die bizarre Felsenturmgruppe Svatošske skály auf – in der Fantasie der Einheimischen einen versteinerten Hochzeitsfestzug mit Braut, Bräutigam und Gästen darstellend. Ein

Anlegestelle am urigen Gasthof (Hospoda) Dubina.

5 km langer Waldlehrpfad führt über die schwankende Hängebrücke, unter der Forellen im Wasser stehen, hinauf in das weitverzweigte Felsenlabyrinth.

Bei Starý Loket, einer slawischen Wallburg, die man vor 40 Jahren auf einer Felsnase über dem Fluß entdeckte, öffnet sich das Tal zum Karlsbader Becken. Das niedrige, doch gefährliche Wehr in Doubí umgehen wir links, und im Stadtteil Thunice können wir zelten (nach dem nächsten Wehr, privater Zeltplatz im Garten über der Straße). Karlovy Vary sollten wir einen Tag widmen, um das Flair des mondänen Kurorts zu genießen. Seit 1989 zeigt sich die Stadt wieder weltoffen, und die Kurhäuser, Parks und Kolonnaden leuchten in ihrer alten Pracht.

An den Brücken nach der Teplá-Mündung passen wir auf: 1991 Baustellen. Kurz nach der Kläranlage beginnt eine schöne Wildwasserstrecke. Im Flußbett verstreute Felsblöcke verlangen unsere Aufmerksamkeit, und die spritzigste Stromschnelle wartet am Flußknick beim Erholungsheim Hubertus.

Auch auf den nächsten Kilometern ändert sich der Flußcharakter nicht. Am alten Kurbad Kyselka winkt von der Brücke ein buntes Schild »Bufet Kapřík« (Karpfen-Büfett) den durstigen und hungrigen Kanufahrern zu; sogar eine Anlegestelle ist vorhanden. Viele nutzen das Angebot, sofern sie nicht schon vorher, trotz des dort patrouillierenden gästefeindlichen Schwans, die urige Flößerkneipe in Dubina aufgesucht haben.

Bei Radošov warten eine alte, überdachte Holzbrücke und ein nicht befahrbares Wehr. Neben dem Sportplatz in Vojkovice können wir herrlich einsam zelten. Die Wirtin des kleinen Gasthofs am Bahnhof kocht ein hervorragendes Gulasch, zu dem das Bier nach einem anstrengenden Paddeltag besonders gut schmeckt.

Um fast 500 m überragen die im Süden nahegerückten Vulkankuppen der Duppauer Höhen den Fluß, und so paddeln wir morgens durch das schattige Tal und peilen vorsichtig die enge Durchfahrt an der Steinwurfstufe bei Boč an. Die Ohře zeigt sich noch einmal von ihrer besten Seite, bevor sie sich, beruhigt durch den Stau am neuen Wehr, dem weißleuchtenden, neugotischen Schloß in Klášterec n. O. nähert. Am Anfang des großen Schloßparks liegt das Kanuclub-Gelände, gleich daneben eine Bootsausleihstelle.

Manche beenden hier die Wanderfahrt, doch wir paddeln nach einer Schloßbesichtigung weiter. Es erwarten uns zwar mehrere Umtragestellen, doch landschaftlich bietet die Strecke noch allerhand. Nach dem ausgedehnten Stau der Kaadener Stufe dominieren links die hohen, aus dem 14. Jahrhundert stammenden Festungsmauern der Altstadt von Kadaň, die uns ein noch weitgehend gut erhaltenes Bild mittelalterlicher Baukunst bietet.

In Želina überwinden wir unser letztes Wehr und paddeln anschließend durch das ruhige Wasser des berühmten Kadaňský oblouk (Kaadener Bogen), wo früher die Ohře in schäumenden Stromschnellen das felsumsäumte Flußbett über rundgeschliffene Basaltblöcke und Stufen in großem Gefälle herunterrauschte, bevor der Stausee Nechranice dieses Naturschauspiel in seinen Fluten begrub. Heute kreuzen Jollen und neuerdings auch Surfer über die breite Wasserfläche des Sees, und der Zeltplatz bei Vikletice bietet auch uns einen angenehmen Aufenthalt nach der anstrengenden Kanutour.

Charakter, Tips

Von Cheb bis Kynšperk gemächlich strömendes Wanderflüßchen. Danach wird die Landschaft gebirgig, der sandige Flußgrund steinig, und die Strömung nimmt zu. Unterhalb Karlovy Vary wildwassertechnische Schmankerl bis Schwierigkeitsstufe WW II. Viele Wehre sind bei Mittelwasser gut befahrbar, manche durchbrochen. Landschaftlich sehr abwechslungsreich; überraschend, wie wenig das zerstörte Industriegebiet bei Sokolov optisch, vom Boot aus gesehen, stört. An windstillen Tagen Luftbelastung durch Kohlenstaub und SO_2 (sog. Katzendreckgestank), doch das dürfte sich in den nächsten Jahren ändern. Das Flußwasser ist verhältnismäßig wenig verschmutzt, man hätte hier Schlimmeres erwartet (Juni 1991). Für eine Befahrung ab Cheb sollte der Pegel in Karlovy Vary (unterhalb der Teplá-Mündung) mindestens 60 cm anzeigen (ideal 100 cm). Ab Kynšperk im allgemeinen bis Ende Juni befahrbar; ab Talsperre Nechranice bis zur Mündung ganzjährig auch mit Faltbooten. Pkw-Begleitung fast durchgehend möglich. Sehr gute Eisenbahnverbindung zwischen Kadaň und Cheb.

Zeltmöglichkeiten

Cheb (Stausee Jesenice, Stausee Skalka), Kynšperk n. Ohří (Kateřinka), Šabina, Loket (KC nach Anfrage, Za Zahrádkami), Doubí, Karlovy Vary, Drahovice (Hubertus), Radošov, Vojkovice, Kamenec, Klášterec n. Ohří (KC nach Anfrage), Zásada u Rašovic, Hradec (Kadaňský oblouk), Vikletice (Stausee Nechranice).

Sehenswertes

Cheb: (Eger), guterhaltene Altstadt mit got., renaiss. u. bar. Bürgerhäusern, Marktplatz mit Häuserkomplex Špalíček, Wallensteins Sterbehaus (1634), bar. Rathaus, Rolandsbrunnen, Herkulesbrunnen, Zitadelle (urspr. roman. Burg), Kirche Sv. Mikuláš (13. Jh.), Minoritenkloster, ehem. Klarissenkloster, Dominikanerkloster, Spitalkirche (14. Jh.), Kunstgalerie, Museum,

NSG Soos (Schlammvulkanismus, Mofeten) u.v.a.
Sokolov: Empireschloß (Museum), Stadtkirche (17. Jh.), Renaissance-Rathaus, Barockschloß Pátek (Archiv), riesiger Braunkohletagesabbau um die Stadt herum, Královské Poříčí – Altslawische Festung, got. Kirche (14. Jh.).
Loket: Ehem. königliche Stadt, mächtige Ringmauern mit zwei Toren, am Stadtplatz got. u. bar. Häuser, Kirche St. Václav (bar.), Rathaus, Pestsäule (1718), roman. Burg (13. Jh.), Porzellan-Manufaktur Haidinger-Epiag (1805), Kettenbrücke, Goethe-Denkmal.
Karlovy Vary: (Karlsbad), Heilbad, klasizist. Kolonnade, Marktkolonnade (mit Relief Karl d. IV.), Kurpark, Pfarrkirche Maria-Magdalena (Dientzenhofer), Theater, Schloßturm, Neues Thermalhaus, Hotel Pupp, Museum, Glashütte Moser (Glasverkauf), Kunstgalerie, Filmfestivals, Becher-Likör-Brennerei u.v.a.
Kyselka: Mineralquellen, Heilbad, Mattoni-Denkmal, Badhäuser (19. Jh.).
Klášterec n. Ohří: Renaissanceschloß (neugot. Umbau, Porzellanmuseum), engl. Schloßpark (mit 300 Baumarten), frühbar. Kirche, Bierbrauerei, Pestsäule (1698), Friedhofskirche (18. Jh.), Porzellanmanufaktur Thun (1794).
Radošov: Bar., überdachte Holzbrücke (18. Jh., 66 m lang).
Kadaň: Spätgot. Stadtbefestigungsring mit Türmen, Schießscharten und Toren, got. Rathaus, Henkerstraße, Barockkirche Sv. Alžběta (18. Jh.), Franziskanerkloster (15. Jh., Museum, Lapidarium), Klosterkirche mit got. Gewölben, Grabmal des Fürsten Jan z Lobkovic, Dreifaltigkeitssäule, Altstadtkern, NSG Úhošt, Stausee Nechranice.

Karten, Kanu-Literatur

Autokarte 1 : 200 000, Blatt 3 Západočeské Lázně; Touristische Karte 1 : 100 000, Nr. 1 Krušné hory-západ, Nr. 2 Západočeské lázně.
Čs.řeky-kilometráž (Kanu-Wanderführer der ČSFR); DKV-Auslandsführer, Band 5.

22

Berounka

Zufluß der Vltava

Chrást – Praha (Braník)
124 km
Ferienfahrt

Im Stadtbereich der westböhmischen Industriestadt Plzeň entsteht durch den Zusammenfluß von Mže und Radbuza die fast 140 km lange Berounka, wobei Radbuza kurz vorher die vom Böhmerwald kommende Úhlava vereinnahmt. Gestärkt mit dem Wasser der Úslava, verläßt die Berounka östlich der Stadt die flache Pilsner Mulde und dringt in engen Kehren in den Královecký-Höhenzug ein, um hier zuerst von rechts die Klabava und nachher linksufrig das kleine Flüßchen Střela aufzunehmen. Durch ein enges, felsiges Tal schlängelt sich die Berounka durch die Křivoklátská Vrchovina (Hügelland), ändert hier ihre bisherige Nordostrichtung in Südost bis kurz vor Beroun, wo sich das Tal kesselartig weitet. Anschließend sägt sie wieder einen engen Canyon durch die Kalksteinplatte des Böhmischen Karstes, der bald in ein flaches, beidseitig von niedrigen Hügeln gesäumtes Tal übergeht, das den Fluß schließlich bis zu seiner Mündung in die Vltava bei Zbraslav begleitet.

Schon in der Steinzeit war das Tal der Berounka besiedelt, wie Ausgrabungen bei Kazín belegen. Später kamen keltische Stämme, und im 6. Jahrhundert folgten die Slawen. Auch die Adeligen und Könige des Mittelalters liebten das wilde Tal, und so säumen heute viele Burgruinen und Schlösser den Flußlauf. Nach dem ersten Weltkrieg, in den Jahren der großen Wirtschaftskrise, kam die Prager Jugend, die hier Vergessen

und Romantik suchte. So entstanden damals die ersten Osady (Blockhaussiedlungen), denen als Vorbild die Trapper- und Goldgräberhütten aus dem Norden Kanadas dienten. Die Tradition des »Tramping« wird hier bis heute aufrechterhalten, und so begegnen wir an Wochenenden Mädchen und Jungen mit Tornistern, Schlafdecken und Gitarren, die zu Fuß oder in Kanus durch das Tal ziehen. Abends erklingen dann am Lagerfeuer zum Rauschen des Flusses alte und neue »Trampslieder«.

Am Zeltplatzgelände unterhalb der Brücke zwischen Dolany und Chrást finden wir eine gute Einsetzstelle. Wir können die Boote auch bei Chrást in die Klabava einsetzen, um nach einigen Kilometern in die Berounka zu gelangen. Zwei zerfallene Wehre bei Telín und am Valentovský Mlýn bereiten uns bei gutem Wasserstand keine Schwierigkeiten. Bei Nadryby und unterhalb von Darová begegnen wir den letzten handgetriebenen Autofähren am Fluß.

Das Tal wirkt recht einsam, und bis Liblín berührt keine Straße und kein Dorf den Fluß; nur wenige Mühlen haben sich hier angesiedelt. Vor einer engen Flußbiegung erblicken wir rechts, hoch am Felshang, Libštejn, eine Ruine der im 30jährigen Krieg zerstörten Burg. Unten am Wehr müssen wir sowieso aus den Booten, und so nutzen wir die Pause zum Hinaufwandern, um dann den schönen Blick ins Tal zu genießen.

In einer vollkommenen Schleife umrunden wir Liblín, von links fließt uns das muntere Flüßchen Střela zu, und an der Straßenbrücke rutschen wir eine harmlose Steinstufe hinunter. Bald erscheint die Zeltwiese Na bejkovně, aus deren Quelle wir uns mit Wasser versorgen können. Unterhalb der Burg Krašov, die im 18. Jahrhundert zur Sommerresidenz des Abtes des Zisterzienserklosters Plasy ausgebaut wurde, breitet sich ein Naturreservat mit seltener Flora wie alten Eiben aus.

An den Resten der aus dem 13. Jahrhundert stammenden Kirche St. Peter und Paul vorbeipaddelnd, erreichen wir, nachdem wir vorher die Wehre von Zvíkovec und Čílá bezwungen haben, die Ortschaft Skryje. Hier gibt es ein kleines, aber interessantes geologisches Museum. Ebenfalls empfehlens-wert ist eine Wanderung zum NSG Skryjská Jezera sowie zur Burgruine Týřov.

Bizarre Felsgebilde wie der Teufelsfels und Fürstenfels begleiten uns am Fluß ab Týřovice, gleichzeitig schließt sich linksufrig ein schmales, wenig befahrenes Sträßchen an. Auf einer Halbinsel, nur 3 km von der Burg Křivoklát entfernt, liegt der bekannte Campingplatz Višňová. Hier sollten wir einen Tagesaufenthalt einplanen, um die mächtige Königsburg mit ihren vielen Sammlungen zu besichtigen. Im Sommer finden im Burghof Konzerte mit mittelalterlicher Musik statt.

Ab Křivoklát wirkt das Tal nicht mehr so einsam; viele bunte Wochenendhäuser sowie eine Eisenbahnstrecke begleiten den Fluß. Fast jede Ortschaft hat einen mehr oder weniger gut ausgestatteten Zelt-

Im Einerkajak durch das blühende Tal der Berounka.

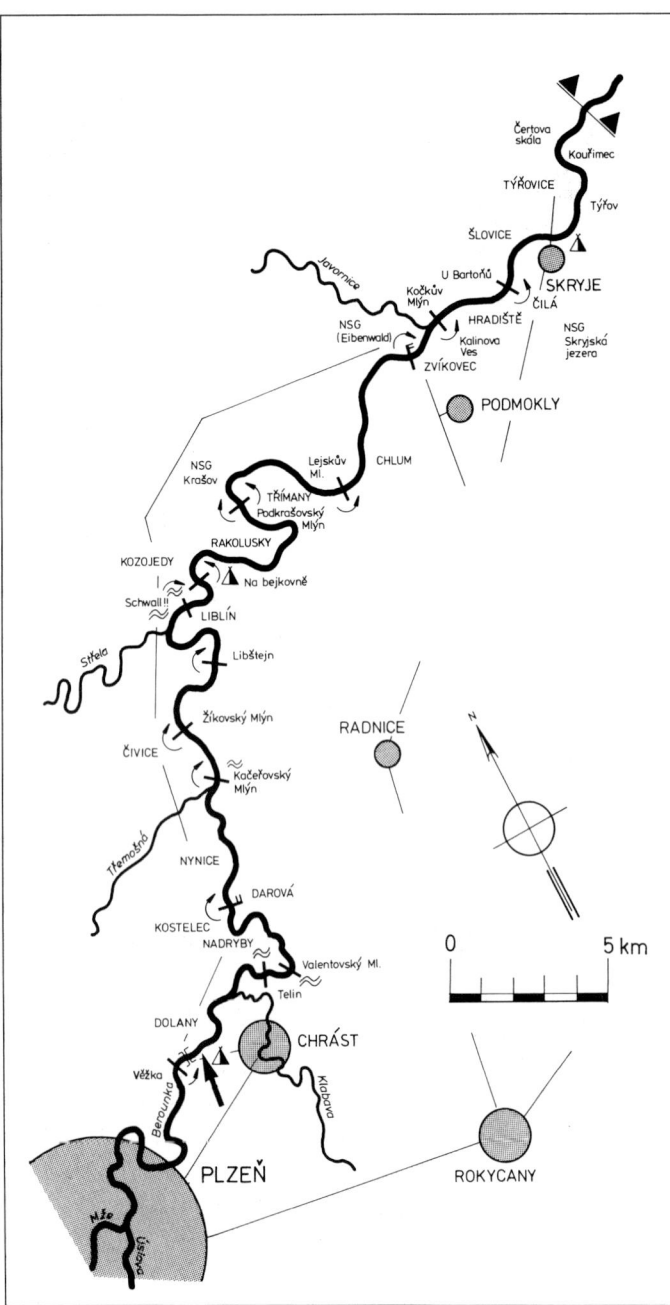

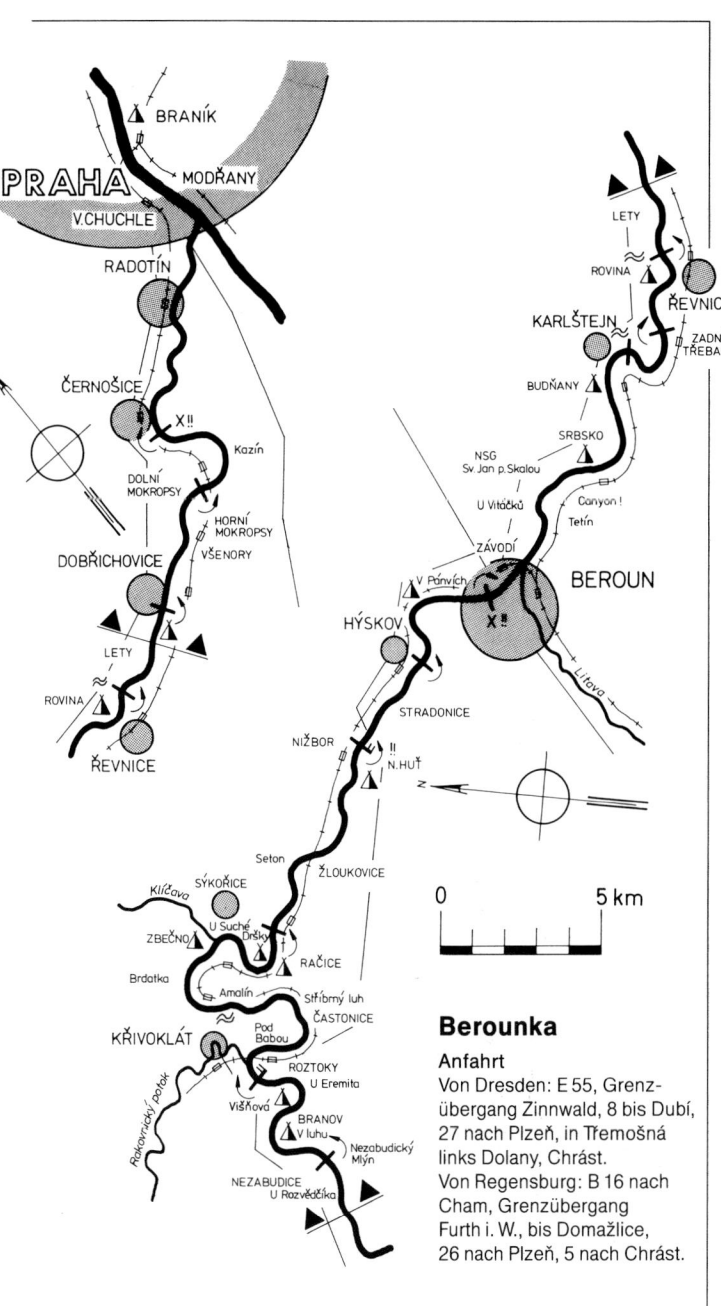

Berounka

Anfahrt
Von Dresden: E 55, Grenz-
übergang Zinnwald, 8 bis Dubí,
27 nach Plzeň, in Třemošná
links Dolany, Chrást.
Von Regensburg: B 16 nach
Cham, Grenzübergang
Furth i. W., bis Domažlice,
26 nach Plzeň, 5 nach Chrást.

platz, und an schönen Wochenenden ist es hier sehr lebendig. An den Wehren baden Kinder, und am Ufer oder im Fluß stehen Angler mit ihren langen Ruten.

Am Nižborer Wehr tragen wir die Boote um; in der Floßgasse liegen gefährliche Stahlträger. Vielleicht wandern wir auch hinauf zum Hradiště bei Stradonice, wo man vor Jahren eine 80 ha große keltische Siedlung entdeckte.

Nach Beroun sägt der Fluß einen kurzen Canyon in den Kalkstein des Böhmischen Karstes, und es lohnt sich, am Zeltplatz Srbsko anzulegen. Von hier aus führen Rundwanderwege zu dem in Felsen versteckten ehemaligen Klosterkomplex Sv. Jan pod Skalou sowie auch zu den sehenswerten Tropfsteinhöhlen bei Koněprusy. Direkt am Fluß liegt der beliebte Klettergarten der Prager Bergsteiger.

Karlštejn, die berühmteste Burg Böhmens, erblicken wir vom Boot aus nur ganz kurz. Eine Straße führt zum Burgtor hinauf, und im Sommer kommen täglich Hunderte von Besuchern, um die Schätze Kaiser Karl IV. zu bewundern.

Das erste der zwei Wehre können wir bei entsprechendem Wasserstand befahren, am zweiten wird derzeit noch gebaut. Bei Řevnice geben die steilen Uferhänge den Fluß frei, und anschließend schlängelt sich die Berounka fast wie ein Aulandfluß durch das flache Tal. Die Hänge sind mit unzähligen Wochenendhäusern und Villen reicher Prager Bürger zersiedelt. Es folgt das flache Wehr am leuchtend gelben Schloß von Dobřichovice und ein zweites vor der Eisenbahnbrücke in H. Mokropsy.

In der nächsten Flußbiegung zeigt sich der sagenumwobene Fels Kazín, wo Steinzeitmenschen ihre Spuren hinterlassen haben. Gegenüber liegt das kleine Wirtshaus Na lavičkách, und an der Personenfähre wartet ein grüner Wassermann, um mit einem Glockenzeichen die Abfahrt bekanntzugeben. Pappeln begleiten uns nach der Pontonbrücke am Wehr in Radotín, und kurz danach schließt sich die Berounka linksufrig der Vltava an. Hier paddeln wir noch bis zum Campingplatz in Praha-Braník, wo wir in Bahnhofsnähe unsere Wanderfahrt beenden.

Einer der letzten handbetriebenen Autofähren begegnen wir bei Nynice.

Charakter, Tips

Gemächlich strömender Wanderfluß, der in nordöstlicher Richtung in einer abwechslungsreichen Hügellandschaft ein enges, bewaldetes und teils felsiges Tal durchfließt. Der nur mäßig verschmutzte Fluß ist ganzjährig, auch für Anfänger, befahrbar; doch im Sommer muß man mit Umtragestellen rechnen, auch an Wehren, die bei gutem Wasserstand überwiegend befahrbar sind. Für eine Fahrt ab Pilsen sollte der Pegel an der Prager Brücke 60 cm anzeigen, in Křivoklát 50 cm und in Beroun 60 cm. Im Abschnitt bis Skryje Pkw-Kontakt nur an Brücken möglich, anschließend Straßen in Flußnähe. Ab Křivoklát gute Eisenbahnverbindung bis nach Praha-Braník.

Zeltmöglichkeiten

Plzeň (Intercamp), Ostende (Bílá Hora), Chrást (vor der Brücke bei Dolany), Rakolusky (Na bejkovně), Skryje, Kouřimec, Nezabudice (V luhu), Křivoklát (Višňová), Zbečno, Sýkořice (U suché držky), Račice, Nižbor, Beroun (V Pánvích), Srbsko, Budňany (Karlštejn), Řevnice, Dobřichovice, Černošice (Kanuclub, nach Anfrage), Praha-Braník (Autocamping).

Sehenswertes

Plzeň (Pilsen): Historische Altstadt, Marktplatz mit got., renaiss. u. bar. Bürgerhäusern, Renaissance-Rathaus (16. Jh., von Giovanni de Statia), Bartholomäuskirche (Turm 102 m), ehem. Franziskanerkloster (13. Jh.), Landesmuseum, Brauereimuseum, Kunstgalerie, Planetarium, Botanischer Garten u.v.a.
Druztová: Barockisierte Friedhofskirche (urspr. 14. Jh.), Kapelle, Ruine Vížka (Věžka) – Aussicht!
Nadryby: Volksarchitektur, Kapelle (1725), Reste keltischer Festungen.
Nynice: Kreuzgrundrißkapelle (1701).
Liblín: Barockschloß mit Kirche; Libštejn: got. Burgruine; Borek: Volksarchitektur (Holzblockbauweise).
Krašov: Frühgot. Burgruine (13. Jh.), NSG (alte Eibenbestände).

Zvíkovec: Frühbar. Kirche (1666), Schloß (Jugendheim).
Skryje: Geologisches Museum, NSG Skryjská jezírka (Felsschlucht, Trilobitenfundstelle), Denkmal J. Barrande (Geologe); Týřov: got. Burgruine (13. Jh.).
Křivoklát: Spätgot. Königsburg mit sehenswerter Einrichtung u. Sammlungen, Kunstgalerie, Naturreservat.
Nižbor: Glasfabrik Bohemia, Barockschloß (urspr. Burg 13. Jh.), Barockkirche (17. Jh.); Stradonice: großes keltisches Oppidium.
Beroun: Historischer Altstadtkern mit Resten der Stadtmauer, Türmen und Toren, barockisierte Kirche, neugot. Kapelle »Am Brunnen«, Museum; Sv. Jan pod Skalou: ehem. Klosterkomplex (11. Jh.), Tropfsteinhöhlen Koněprusy (7 km).
Tetín: Altslawische Siedlung, Burgruine der Fürstin Ludmila (10. Jh.), mehrere Kirchen (11.–17. Jh.), NSG Felsenflora.
Karlštejn: Nationales Kulturdenkmal, got. Burg, gegründet von Kaiser Karl IV. (1348) zur Aufbewahrung der Krönungskleinodien und Staatsurkunden, Burgkapelle.
Dobřichovice: Renaissanceschloß mit Kapelle u. bar. Plastiken; Kazín: Siedlungsfunde aus der Steinzeit, nach Sage Burg der Fürstin Kazi.
Radotín: NSG Radotíner Tal.
Praha (Prag): Prager Burg, Hradčany, Kathedrale Sv. Vít, Karlsbrücke, mehrere wunderschöne Paläste, Strahovkloster, Stadtteil Kleine Seite mit Bürgerhäusern, Kirchen, Altstadt: Altstädter Ring, Altes Rathaus mit Orloj, Kirche Sv. Týn, Rotunde Sv. Kříž, Nationalgalerie, Neustadt: Nationaltheater, Václavské náměstí (Wenzelsplatz), Museum, Vyšehrad, Vítkov u.v.a.

Karten, Kanu-Literatur

Autokarte 1:200 000, Nr. 8, 4;
Touristenkarte 1:100 000, Nr. 3, 9, 21.
Čs.řeky-kilometráž (Kanuwanderführer der ČSFR); DKV-Auslandsführer, Band 5; Fahrtenbericht im Kanusport (DDR–Kraeplin 1977).

23

Úhlava (Angel)

Zufluß der Radbuza	*Nýrsko – Plzeň (Mündung)* *88 km* *4–6-Tage-Fahrt*

An den niederschlagsreichen Westhängen des 1214 m hohen Panzíř, am Hauptkamm des Böhmerwaldes (Šumava), liegt das Quellgebiet der Úhlava, die gemessen an ihrer Länge und dem fast 1000 km² großen Einzugsgebiet der bedeutsamste aller Zuflüsse der Radbuza ist. Durch mehrere Bergbäche und den Abfluß vom geheimnisumwobenen Černé Jezero (Schwarzer See) gestärkt, wurde sie bei Zelená Lhota, oberhalb Nýrsko, aufgestaut, um den von ihr früher regelmäßig verursachten Überschwemmungen Herr zu werden. Bei Úborsko die Andělice und die Chodská Úhlava

Nach der Besichtigung des Wasserschlosses von Švihov legen wir ab.

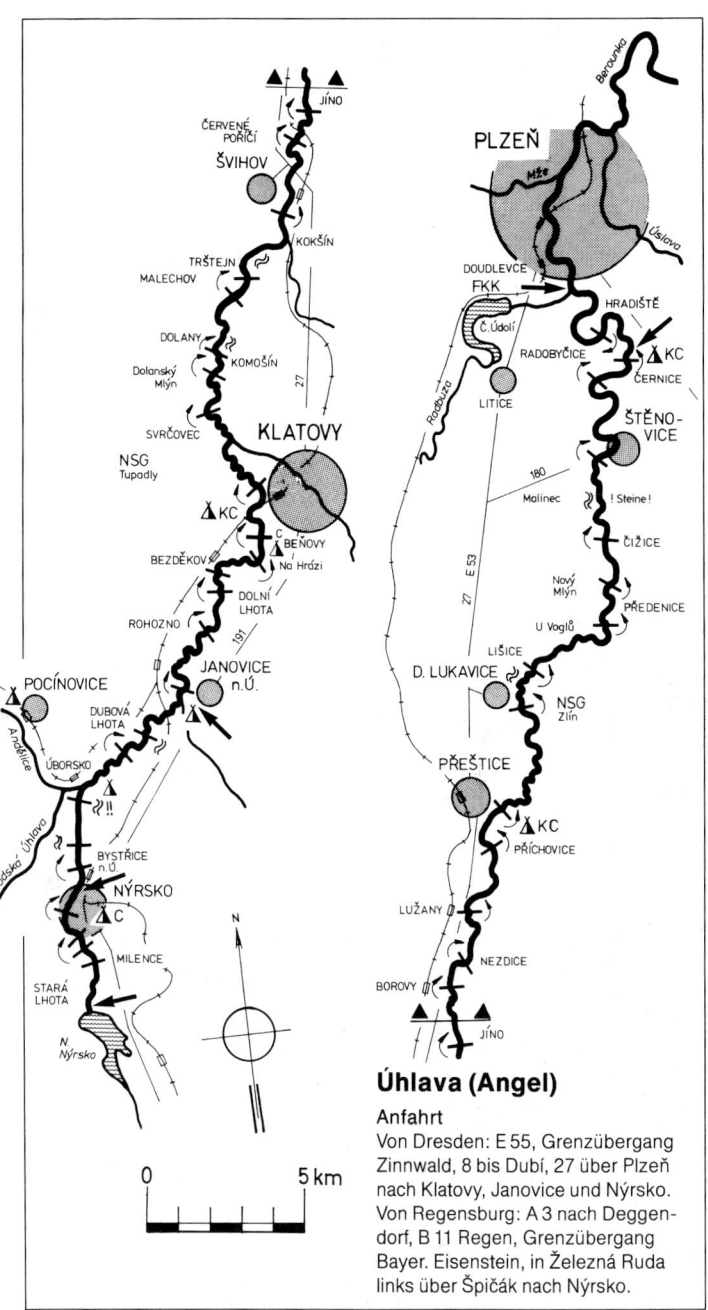

Úhlava (Angel)

Anfahrt

Von Dresden: E 55, Grenzübergang Zinnwald, 8 bis Dubí, 27 über Plzeň nach Klatovy, Janovice und Nýrsko. Von Regensburg: A 3 nach Deggendorf, B 11 Regen, Grenzübergang Bayer. Eisenstein, in Železná Ruda links über Špičák nach Nýrsko.

mitnehmend, eilt die Úhlava an der vieltürmigen Stadt Klatovy vorbei und versorgt einige Kilometer nordwärts die Wehrgräben der alten Wasserburg Švihov. Eine reizvolle, offene Talmulde durchpendelnd, erreicht sie das Renaissanceschlößchen Lužany, um kurz nach Přeštice das schon 700 Jahre alte romanische Kirchlein von Vícov in ihren Gewässern spiegeln zu lassen. Zwischen den Bergkuppen der Vysoká und der Hlava springt die Úhlava in einem steinigen Flußbett bis nach Štěnovice, wo sich das schmale, liebliche Tal öffnet. Mehrere Mühlen antreibend, nähert sich der Fluß in weiten Bögen Plzeň, um sich dort der vom Westen kommenden Radbuza anzuschließen.

Als gernbesuchtes Wanderflüßchen bietet die Úhlava schon ab Nýrsko fast ganzjährig eine flotte Fahrt. Neben dem Campingplatz am Schwimmbad setzen wir die Boote ein und müssen in Nýrsko mehrmals an Wehren umtragen. Allgemein beginnt die Wanderfahrt unterhalb der Straßenbrücke von Hadrava; nicht weit flußabwärts ist der Pegel, an dem wir den entscheidenden Wasserstand ablesen können.

Mit ein paar Paddelschlägen verschwinden die kleinen Häuschen und Gärtchen des alten Nýrsko, und der quirlige Fluß zieht die Kanus unter einem dichten Erlen-Kronendach zum Wehr bei Bystřice, an dem wir aus den Booten steigen, um rechts umzutragen. Dafür dürfen wir bei Mittelwasser das nächste Wehr hinunterrutschen. Ab hier schlangelte sich bis in die sechziger Jahre die Úhlava in vielen Mäandern durch eine flache Senke, die sie alljährlich im Frühjahr überflutete. Heute schiebt uns eine schnelle Strömung durch das begradigte Flußbett über mehrere

kleine, harmlose Stufen (Vorsicht an der letzten – hier Rücksog möglich!) bis nach Úborsko am Zusammenfluß mit der Chodská Úhlava.

Wer erst hier die Fahrt beginnen möchte, kann das Auto am kleinen Bahnhof abstellen und unterhalb der Straßenbrücke einsetzen; anschließend läuft die Úhlava wieder in ihrem ursprünglichen Flußbett. Spritzig, scharfe Kehren und ab und zu eine kleine Überraschung in Form einer überhängenden Weide oder Erle bietend, eilt das Flüßchen von Mühle zu Mühle, von Wehr zu Wehr über Janovice und Bezděkov in nördlicher Richtung davon. Hinter uns verschwinden am Horizont die blauen Umrisse des Böhmerwaldkammes, im Norden baut sich die markante, vieltürmige Silhouette der Stadt Klatovy auf, und vom bewaldeten Berg Hůrka leuchtet uns ein barockes Kirchlein.

Vor der Stadt wurde das Flußbett neu ausgebaggert und etwas begradigt. Am Kanuclubgelände legen wir an und können hier nach Anfrage übernachten. Einen Tag sollten wir Klatovy schon widmen. Es ist die Stadt der sehenswerten Kirchen, Türme, barocken Häuser und Nelken, die schon seit fast 200 Jahren gezüchtet werden (im Juli alljährlich Nelkenschau).

Anderntags sehen wir mit etwas Glück unter der Tajanover Brücke noch Gänse im Fluß baden, dann schlängelt sich die Úhlava, nachdem sie zuvor von rechts den Drňák (Rasenbach) aufgenommen hat, eilig davon. Gegenüber von Dolany schaut die Burgruine Komošín ins liebliche Tal, das sich vor Švihov weit öffnet. Hier können wir im Kanal bis an die mächtigen Wehrmauern der Anfang des 16. Jahrhunderts erbauten Wasserburg heranpaddeln und an einer geführten Besichtigung teilnehmen.

Pappelreihen und Weiden begleiten den zwischen Feldern und Wiesen mäandernden Fluß, und über mehrere Wehre schieben wir die Boote herüber. Vielleicht machen wir eine kurze Pause am Schloß Lužany, um das dortige Literaturmuseum zu besuchen. Spätnachmittags am Bootshaus in Přeštice angekommen, dürfen wir nach Absprache auf dem Gelände zelten. Frühzeitig, noch im fahlen Sonnenlicht, paddeln wir am nächsten Morgen durch die vielen Flußschlingen am romantischen Kirchlein von Vícov vorbei und sehen den Störchen vom Lukavicer Schloß bei ihrer Morgenjagd zu. Vor Lišice beginnt der schönste Streckenabschnitt; spritzige, kleine Stromschnellen schaukeln die Kajaks durch das schmale Flußbett, das sich eng dem Bergmassiv Vysoká anschmiegt. Das Wehr U Zduřelce (»Beim Geschwollenen«) sollte man entsprechend dem hier hängenden Schild nur bei Dunkelheit befahren; wir tragen lieber um. An romantischen Wochenendhäuschen stehen schön geschnitzte Totempfähle der »Eingeborenen«, und unter der Neuen Mühle liegt auf einer Insel das Klubhaus des KČT (Klub der tschechischen Touristen).

Nach Čižice folgt das Kamenné moře, ein fast 3 km langer, steiniger Abschnitt, für dessen Befahrung gutes Mittelwasser fließen muß (60 cm am Pegel Radbuza in Plzeň). In Štěnovice, wo im 14. Jahrhundert eine mittelalterliche

Eines der vielen Schrägwehre – hier in Štěnovice.

Burg die wichtige Furt über den Fluß schützte, zwingt die Bergkuppe Val die Úhlava zu einer großen Westschleife, doch unbeirrt erreicht der Fluß das nördlich liegende Dorf Radobyčice, dessen Schrägwehr befahrbar ist.

Hier oder 2 km weiter am Kanubootshaus in Plzeň-Černice bietet sich die Möglichkeit, die Wanderung zu beenden. Bei mittlerem Wasserstand können wir noch weitere 7 km bis in die Radbuza paddeln (bei Niedrigwasser liegt die Schleife um Hradiště trocken), wo wir links, auf dem Wiesengelände nach der Mündung, unsere Kanus aus dem Wasser ziehen. Ganz in der Nähe finden wir den Bahnhof von Plzeň-Doudlevce.

Charakter, Tips

Einer der meistbesuchten Kajakflüsse Westböhmens. Von Nýrsko bis Klatovy in einem flachen, nachher im teils tiefer eingeschnittenen Tal flott strömendes Wanderflüßchen mit sauberem Wasser. Die regelmäßige Wasserabgabe vom Stausee erlaubt eine fast ganzjährige Befahrung ab Nýrsko (hier Pegel mindestens 40 cm). Wegen der vielen, wenn auch niedrigen Wehre sind Einer-Kunststoffboote ohne Gepäck zu empfehlen (sportliche Wanderfahrer). Nicht alle Zeltplätze liegen direkt am Fluß. Wildes Zelten und das Abstellen der Autos ist flußabwärts von Štěnovice nicht erlaubt (Wasserschutzgebiet 1. Ordnung). Zwischen Nýrsko und Přeštice gibt es eine Eisenbahnstrecke, mit der wir erst wieder in Plzeň-Doudlavce Kontakt haben. Pkw-Begleitung teils möglich (viele Brücken). Ab Nýrsko und Přeštice jährlich Kanuregatten.

Zeltmöglichkeiten

Nýrsko, Pocínovice, Janovice n. Ú., Klatovy (KC), Přeštice (KC), Plzeň-Černice (KC).

Sehenswertes

Nýrsko: Pfarrkirche (14. Jh.), frühbar. Rathaus, Jüdischer Friedhof (15. Jh.), Burgruine Pajrek, Gedenkstätte der NS-Opfer, Talsperre; Bystřice n. Ú.: neugot. Schloß (nicht zugänglich), Kapelle (17. Jh.), Okula-Brillenfabrik.
Pocínovice: St.-Anna-Kirche (1806), Chodisches Freidorf.
Janovice n. Ú.: Frühgot. Kirche (13. Jh., barockisiert), Volksarchitektur (Holzblockhäuser).
Klatovy: Teils erhaltene got. Stadtwehrmauern, Marktplatz, Renaissance-Rathaus (16. Jh.), Schwarzer Turm (76 m hoch), bar. Jesuitenkirche (Domenico Orsi 1675, mit Katakomben), Jesuitenkolleg und Seminar, bar. Apotheke Zum weißen Einhorn, frühgot. Pfarrkirche mit weißem Turm, Dominikanerkirche, Theater, Nelkenzucht, Museum, NSG Tupadelské skály (Felsengruppe) u. a.
Švihov: Spätgot. Wasserburg mit Wehrmauern (15. Jh.), Barockkirche Sv. Václav, Jüdischer Friedhof (18. Jh.), roman. Friedhofskirche.
Přeštice: Bar. Pfarrkirche (K. J. Dientzenhofer), Pestsäule (1676), am Marktplatz Statuen St. Kilian, Benedikt u. Nepomuk; Vícov: roman. Kirche St. Ambrosius (13. Jh.); Lužany: Renaissanceschloß (Literaturmuseum).
Dolní Lukavice: Barockschloß (1708, Haydn wirkte hier 1758–1760 als Kapellmeister), Schloßpark, bar. Pfarrkirche (urspr. 13. Jh.), NSG Zlin (Flora).
Štěnovice: Barockschloß (Ortsverwaltung), Klosterkirche (1753).
Plzeň: Siehe Tour 22.

Karten, Kanu-Literatur

Autokarte 1 : 200 000, Blatt 8 Jihozápadní Čechy; Touristische Karte 1 : 100 000, Nr. 21 Plzeňsko, Nr. 22 Šumava/Klatovsko, Vodácká mapa ČSFR 1 : 500 000 (Wassersportkarte). Čs. řeky-kilometráž (Kanu-Wanderführer der ČSFR); DKV-Auslandsführer, Band 5.

24

Otava

Zufluß der Vltava

Im Herzen des Böhmerwaldes (Nationalpark Šumava), nur wenige Kilometer südlich des kleinen Bergstädtchens Rejštejn, entsteht durch den Zusammenfluß der kristallklaren Gebirgsbäche Vydra und Křemelná, deren Quellgebiete weit oben in den Hochmooren des Hauptkamms liegen, die »goldbringende« Otava. Schon vor Jahrhunderten suchte man in den schroffen, schwer zugänglichen Berghängen nach dem Edelmetall, und noch heute zeugen sogenannte Sejpky, lange, künstliche Sand-hügelreihen entlang der Flußufer, von der Goldwäscherei. Ab Rejštejn braust die Otava im steinigen Flußbett durch ein wildes, tief eingeschnittenes Waldtal bis nach Sušice, wo sich ihr Lauf etwas beruhigt. Das Tal wird breiter, und in einem großen Bogen weicht der Fluß der mächtigen Burgruine Rabí aus, um bei Horažd'ovice mit einem scharfen Knick seine bisherige Nordostrichtung in Südost abzuändern. Als Grenze zwischen den Ausläufern des Böhmerwald-Vorgebirges (Šumavské Podhoří) und

Entlang der Hinterhöfe von Horažd'ovice.

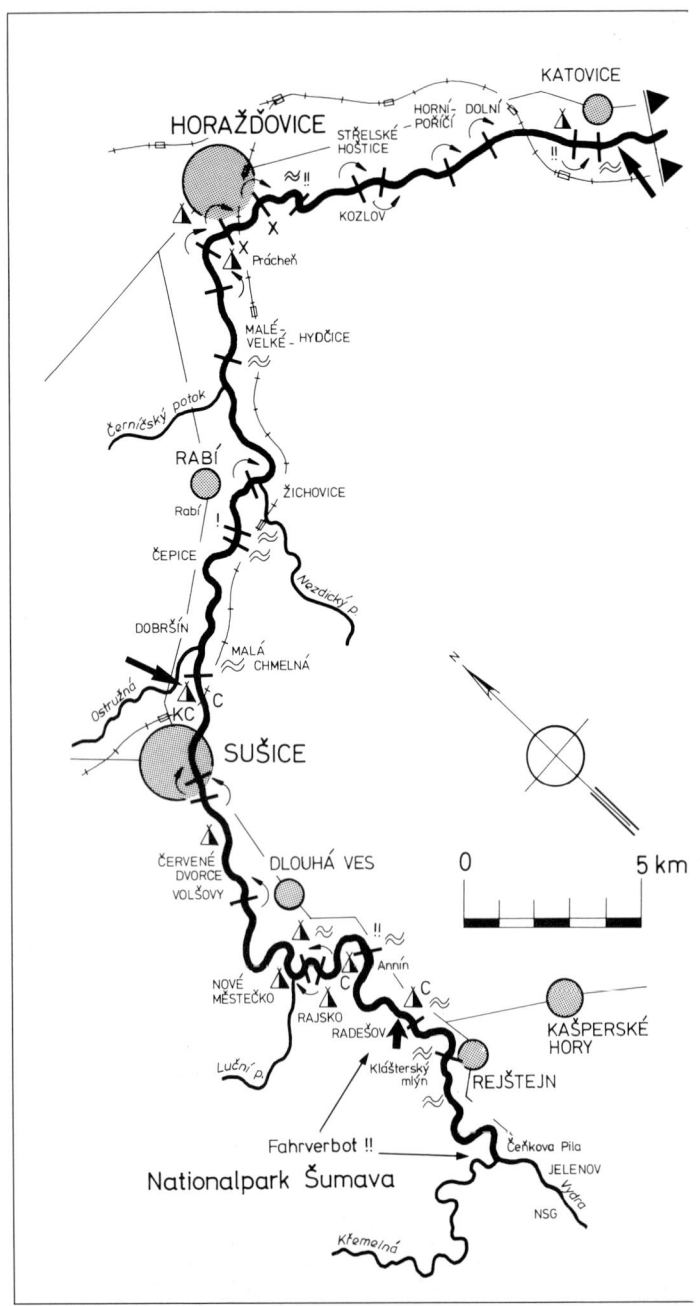

Jarošov n.Než. – im Quellbach Žírovnice setzen wir ein (Tour 27 – Nežárka). ▷

Das Wehr unter der Burgruine Rabí ist mit Einern befahrbar (Tour 24 – Otava).

Bei Niedrigwasser müssen wir vorsichtig die richtige Fahrrinne suchen (Tour 34 – Bečva). ▷

Auf der Labe vor dem Děčíner Schloß (Tour 29).

Überhängende Travertinwände bei Loukovec (Tour 30 – Jizera).

Lužnice – an der Ortschaft Majdalena vorbei (Tour 26). ▷

An mancher Steinwurfbarriere tragen wir lieber um (Tour 34 – Bečva).

Am Kloster Vyšší Brod grüßt der Hl. Nepomuk (Tour 25 – Vltava).

Am Schrägwehr vor dem Schloß Dobřichovice (Tour 22 – Berounka).

Die Fahrt durch die Floßgasse unter Schloß Rožmberk wird aufmerksam verfolgt (Tour 25 – Vltava).

Morgenstimmung im Kanuzeltlager (Tour 26 – Lužnice).

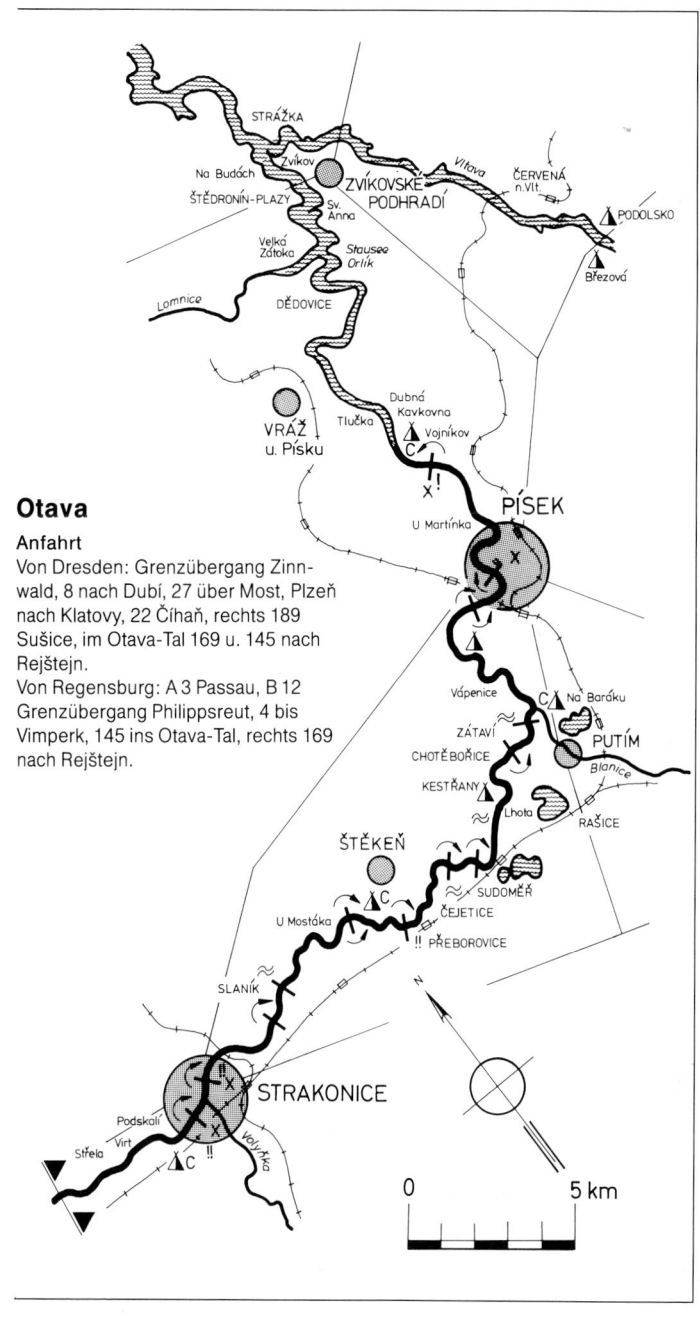

STRÁŽKA

Na Budách

ŠTĚDRONÍN-PLAZY

Zvíkov

Sv.
Anna

Vltava

ČERVENÁ
n.Vlt.

ZVÍKOVSKÉ
PODHRADÍ

PODOLSKO

Velká
Zátoka

Stausee
Orlík

Březová

Lomnice

DĚDOVICE

VRÁŽ
u. Písku

Tlučka

Dubná
Kavkovna

Vojníkov

U Martínka

PÍSEK

Otava

Anfahrt

Von Dresden: Grenzübergang Zinn-
wald, 8 nach Dubí, 27 über Most, Plzeň
nach Klatovy, 22 Číhaň, rechts 189
Sušice, im Otava-Tal 169 u. 145 nach
Rejštejn.
Von Regensburg: A 3 Passau, B 12
Grenzübergang Philippsreut, 4 bis
Vimperk, 145 ins Otava-Tal, rechts 169
nach Rejštejn.

Vápenice

Na Baráku

ZÁTAVÍ

PUTÍM

CHOTĚBOŘICE

Blanice

KESTŘANY

Lhota

RAŠICE

ŠTĚKEŇ

SUDOMĚŘ

U Mostáka

ČEJETICE

PŘEBOROVICE

SLANÍK

N

STRAKONICE

Podskalí

Volyňka

Střela
Vírt

0   5 km

◁ *Die Svitava bei Adamov ist ein Waldflüßchen (Tour 35).*

den kuppigen Blatener Hügeln fließt die Otava, von Zeit zu Zeit durch niedrige Wehre aufgestaut, an Wiesen und kleinen Wäldchen vorbei. In Strakonice schließt sich ihr die von Süden kommende, flotte Volyňka an. In der Niederung bei Sudoměř, wo 1420 ein großes Kreuzritterheer vom listigen, einäugigen Hussitenführer Žižka kläglich geschlagen wurde, steuert die Otava, in weiten Schleifen pendelnd, die Stadt Písek an. Eine mehrbogige, 750 Jahre alte Sandsteinbrücke engt den Fluß unter der Altstadt ein, bevor sie ihn in nördlicher Richtung weiterziehen läßt. Das schmale Felsental der Otava, das sie in früheren Jahren bis zu ihrer Mündung unter der Burg Zvíkov in wilden Stromschnellen durcheilte, verschwand in einem 20 km langen, vielverzweigten See, der durch das Aufstauen der Vltava bei Solenice entstanden ist (Stausee Orlík).

Kanuferien auf der Otava sollten eigentlich nicht gleich mit einer Flußfahrt beginnen. Vielmehr sollten wir zuerst durch die wilden Täler der Quellflüsse Křemelná und Vydra wandern und in ein oder zwei Tagen die geheimnisvolle Hochmoorlandschaft im Schatten der Bergriesen Luzný und Roklan (Lusen und Rachel) zwischen den Bergdörfern Srní, Modrava und Kvilda im Herzen des Nationalparks Šumava durchstreifen. Erst dann können wir bei Radešov (WW II–III und Wassertemperatur auch im Sommer nicht über 10–12 °C, Wildwasser-Ausrüstung erforderlich!) in die Kajaks steigen und die schäumenden Wellen über Felsrippen, an Rundlingen und scharfkantigen Granitblöcken vorbei bis nach Annín oder in einer Tagesetappe sogar bis nach Sušice hinunterpaddeln. Am Campingplatz Annín setzen erfahrene Kanuwanderer

auch beladene Boote ins Wasser, doch im Sommer zwingt der niedrige Wasserstand viele Wanderer, ihre Fahrt erst in Sušice zu beginnen (unterhalb des Bahnhofs an der Eisenbahnbrücke, wo auch gezeltet wird).

Ein paar Paddelschläge nach dem Start schaut uns die Stromschnelle am Floßgassenauslauf unter der Brücke neugierig über den Süllrand, und eine schnelle Strömung reißt die Boote mit. Die lieblichen Ufer flitzen vorbei, und nach dem Dorf Čepice, wo ein Kanu-Landeszentrum entsteht, hüpfen wir über zwei harmlose Stufen. Vor uns leuchtet auf einer Bergkuppe die weitläufige Ruine der einst mächtigen Burg Rabí, bei deren Belagerung im Jahre 1421 der Heerführer Žižka erblindete, bevor seine Hussiten die Burg eroberten. Ein Rundgang durch die größtenteils renovierte Burganlage ist interessant und der Blick ins Tal lohnend.

Am neuen Wehr nach der Flußschleife tragen wir die Kanus über Treppchen um. Vor uns liegen 7 km glatt ablaufendes Wasser; die Wehrreste bei Hydčice machen sich kaum bemerkbar. Am Ufer begegnen wir Frauen, die ihre noch ihre Wäsche im weichen Moorwasser der Otava spülen. Rechts begleitet uns die Hügelkette von Kozník und Svitník, an deren Hängen im NSG Pučanka seltene, wärmeliebende Pflanzen wachsen.

Die Burgruine Prácheň signalisiert die Nähe von Horažd'ovice, wo sich der Fluß nach Südosten wendet. Links am Sportplatz können wir zelten; von hier ist es, über die steilen Treppen der Schloßterrassen, nicht weit in die Altstadt, die mit mehreren Sehenswürdigkeiten aufwartet. Im Mühlgraben wurden über Jahrhunderte mit Erfolg Flußperlmuscheln gezüchtet, und erst die Verschmutzung durch Industrieabwässer in den fünfziger Jahren bedeutete das Ende dieser einträglichen Zucht.

Hohe Treppen und steile Uferabrisse erschweren das Umtragen der Boote an den Wehren der Stadt. Danach folgen zwei Betonstufen, die wir lieber nicht befahren; der Rücksog kann bei gutem Wasserstand gefährlich werden. In einer Flußbiegung huscht das liebliche Dorf Střelské Hoštice vorbei, und links sehen wir die Burgruine Střela. Am Überfallwehr vor Strakonice rechts paddelnd, erreichen wir den Zeltplatz, der 2 km vor der Stadt liegt. In den Räumen des Burg- und Klosterkomplexes, dessen dunkle Wehrmauern sich finster über dem Fluß abheben, ist eine sehenswerte Kunstgalerie untergebracht.

Am Wehr unterhalb der Burg tragen wir links um, genauso wie am Wehr am Hallenbad, das trotz seiner niedrigen Höhe Gefahr birgt. Von Pappeln begleitet, schlängelt sich die Otava durch die Niederung zwischen Štěkeň und Putim. Vor den Wehren läßt die Strömung zwar nach, doch es gibt immer wieder spritzige Einlagen, wenn wir die harmlosen Stufen vor Sudoměř und vor der Blanice-Mündung hinunterrutschen.

Vor Vápenice dringt der Fluß in das Gestein der Táborer Höhen ein und bildet eine wunderschöne, felsumsäumte Schleife, an deren Innenseite sich ein Zeltplatz versteckt. Am Ufer entlang führt ein Wanderweg nach Písek, das im Mittelalter eine der bedeutendsten Städte in Südböhmen war. Viele historische Gebäude sind schon restauriert, und man bemüht sich, der Stadt ihre alte Schönheit zurückzugeben. Einen günstigen Abbauplatz bei eventuellem Fahrtende finden wir am Fußgängersteg über die Insel.

Bei einer Weiterfahrt erwarten uns noch zwei Wehre. Das schöne Stadtpanorama mit der alten Sandsteinbrücke bleibt zurück, und nach einer Linkskehre erscheint vor uns ein enges Tal. Die Strömung läßt endgültig nach, wir überwinden das letzte Wehr und paddeln durch das ruhige Gewässer, an dessen Ufern mehrere Erholungsheime liegen. Nach jeder der vielen Biegungen wartet der Stausee mit einer neuen Szenerie auf. Bald nach der spätgotischen St.-Anna-Kapelle, die sich auf einer schmalen Halbinsel erhebt, überspannt hoch über uns die neue Straßenbrücke das Tal.

Wir umrunden die Königsburg Zvíkov, die den Zusammenfluß der Otava mit der Vltava überwacht, und verabschieden uns von dem

Eine Floßfahrt auf der Otava (Floßgasse in Sušice).

Fluß, der seinen Besuchern so verschiedene Landschaftsbilder bietet. Bis nach Červená n. Vlt., wo wir aus den Booten steigen, erwartet uns noch eine 12 km lange Paddelstrecke.

Charakter, Tips
Landschaftlich und wassertechnisch abwechslungsreicher Wanderfluß. Auf 106 km befahrbar, wobei der 4 km lange Abschnitt zwischen Radešov und Annín (Pegel Rejštejn) als WW II–III einzuordnen ist. Ab Camping Annín bis Sušice sehr schnell strömendes, leichtes Wildwasser (Tagesetappe). Bei Gepäckfahrten wird allgemein an der Eisenbahnbrücke unterhalb des Bahnhofs in Sušice gestartet (ab hier auch für wenig erfahrene Wanderfahrer und Faltboote geeignet); von dort bis zur Mündung 4–6 Tage. Ab Sušice sind fast alle Wehre mit Floßgassen versehen, doch nur wenige befahrbar. Schwierige Umtragestellen an Wehren in Horažd'ovice, Strakonice und Písek. Wasser im Oberlauf sehr sauber (neue Kläranlage für Sušice im Bau), ab Horažd'ovice mäßig verschmutzt. Wichtiger Pegel: Katovice (für Abschnitt oberhalb Sušice mindestens 60 cm; Sušice bis Mündung mindestens 50 cm, hier fast ganzjährig befahrbar). Durchgehende Pkw-Begleitung bis Písek möglich, nachher nur wenige Kontaktstellen. Eisenbahnverbindung von Červená n. Vlt. über Písek bis Sušice, weiter nach Rejštejn, Busverbindung.

Zeltmöglichkeiten
Autocamp. Antigl, Radešov, Annín, Rajsko, Nové Městečko, Červené, Dvorce, Sušice (nahe Bahnhof), Hydčice, Horažd'ovice, Katovice, Strakonice (Podskalí), Štěkeň, Kestřany, Putim (Na baráku), Písek (Za Vápenici), Vojníkov, Podolsko (Vltava).

Sehenswertes
Rejštejn: Ehem. königliche Bergstadt (Goldabbau), spätgot. Kirche, Jugendstilvilla, Nationalpark Šumava (ab 1991), Burgruine Kašperk, Städtchen Kašperské-Hory
Sušice: Altstadt, Marktplatz, teilweise erhaltene got. Ringmauern, Pfarrkirche (14. Jh.), Friedhofskirche Jungfrau Maria, Kapuzinerkloster mit St.-Felix-Kirche, frühbar. Kapelle, Dekanat (Museum, 15. Jh.), Streichholzfabrik Solo, Aussichtsturm am Svatobor, Rabí (mächtige Burgruine, 14. Jh.).
Horažd'ovice: Renaissanceschloß (Museum), Minoritenkloster (16. Jh.), frühgot. Pfarrkirche, Schloßpark, Pestsäule (1723), got. Stadtmauern mit dem Prager und Unteren Tor, Burgruine Prácheň, Loreta.
Strakonice: Burg- und Klosterkomplex (13. Jh., Museum, Galerie), roman./got. Kirche, Turm Rumpál, Johanniterkonvent, Spital (17. Jh.), Rathaus mit Sgrafitti (Aleš), Renaissancekirche St. Marketa, alljährlich Dudelsackfestival, Fez-Fabrik (19. Jh.).
Štěkeň: Sterbeort des Böhmerwald-Dichters K. Klostermann, Barockschloß, Kirche (1670).
Putim: Rom./got. Kirche, spätgot. Pfarrhaus, NSG-Stará Blanice (Fischlaichplätze).
Sudoměř: Denkmal Jan Žižka aus Trocnov.
Písek: Altstadt mit got., renaiss. u. bar. Häusern, Laubengänge, älteste Steinbrücke Böhmens (13. Jh., mit bar. Statuen), frühgot. Burgreste, bar. Rathaus, frühgot. Pfarrkirche, bar. Dominikanerkirche, Kirche Sv. Václav (bar. De Maggi), Museum, Theater.
Zvíkov: Spätroman. Königsburg mit Arkadenpalais auf einem Felssporn über dem Stausee Orlik. (nationales Kulturdenkmal).

Karten, Kanu-Literatur
Autokarte 1 : 200 000, Nr. 9 Jižní Čechy; Touristische Karte 1 : 100 000, Nr. 22 Šumava/Klatovsko-Strakonicko, Nr. 24 Střední Povltaví.
Čs. řeky-kilometráž (Kanu-Wanderführer der ČSFR); Špaček u. a.: Jedeme na vodu (Beschreibung und Fotos); DKV-Auslandsführer, Band 5.

25

Vltava (Moldau)

Zufluß der Elbe (Labe)

Lenora – Červená n. Vlt.
215 km
Ferienfahrt

Hören wir Moldau, dann denken wir an die Musik von Smetana und an Böhmen, das kleine, von hohen Bergen umschlossene Land im Herzen Europas. Wir denken an Prag, an seine unzähligen Kirchtürme, und vor unseren Augen schwebt das bekannte Bild der mächtigen Königsburg Hradčany mit der Karlsbrücke, die schon fast 650 Jahre den Moldaustrom überspannt. Viele Menschen, Fischer, Müller, Schiffs- und Kaufleute sowie Flößer, verdankten ihre Existenz dem Fluß, den sie vernünftig zu nutzen verstanden. Vor ein paar Jahrzehnten kamen auch die ersten Wassersportler hierher, erlagen schnell dem romantischen Zauber der Moldau, in der sie bis heute einen der schönsten Flüsse Mitteleuropas sehen. Wie ein blaues, beidseitig in grüne Waldkissen eingebettetes Band, verbunden durch einen breiten Fächer von anmutigen Zuflüssen, entwässert die Moldau die Hälfte des böhmischen Landes. Mächtige Burgen, reiche Klöster und Schlösser sowie historische Städte säumen ihren 400 km

Vor uns taucht Schloß Rožmberk auf.

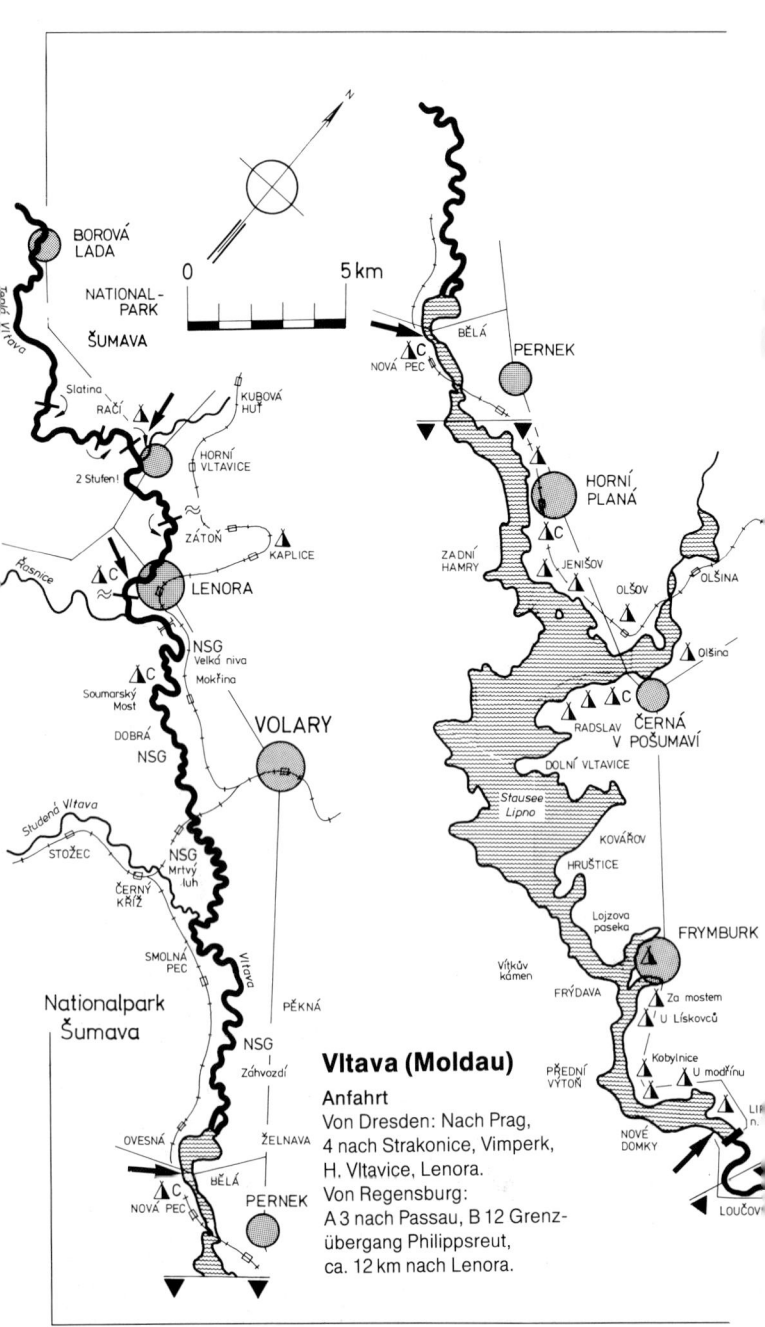

Vltava (Moldau)

Anfahrt

Von Dresden: Nach Prag, 4 nach Strakonice, Vimperk, H. Vltavice, Lenora. Von Regensburg: A 3 nach Passau, B 12 Grenzübergang Philippsreut, ca. 12 km nach Lenora.

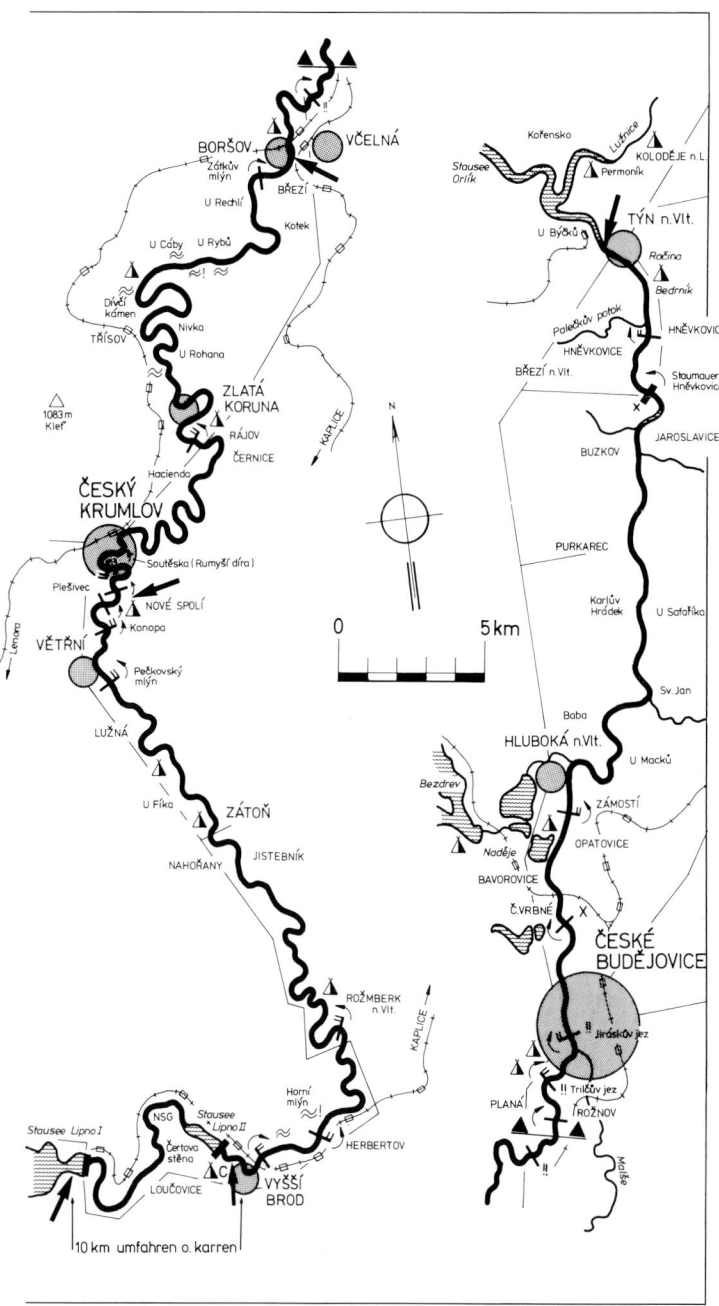

langen Weg in das Herz Böhmens, nach Prag. Gleich einer eitlen Frau schmückt sich hier die Moldau mit den steinernen Halsbändern der vielen Prager Brücken und verläßt die Hauptstadt in nördlicher Richtung, um sich unter den Weinbergen von Mělník mit der vom Riesengebirge heraneilenden Elbe (Labe) zu vereinigen.

Inmitten des Böhmerwaldes, an der europäischen Wasserscheide zwischen dem Schwarzen Meer und der Nordsee, nur wenige Kilometer von der Moldauquelle entfernt, beginnt im Glasbläserstädtchen Lenora (Eleonorenheim) unsere Wanderfahrt. Doch bevor wir starten, sollten wir zum Urwald am Boubín hinaufwandern. Die fast 60 m hohen und 400 Jahre alten Baumriesen lassen uns ahnen, wie der Böhmerwald vor Jahrhunderten ausgesehen haben mag.

Im Sommer leuchten auf dem großen Zeltplatz in Lenora die vielen bunten Zelte der Jugendgruppen, die hier traditionell ihre zwei- bis dreiwöchigen Kanuwanderlager beginnen. Überwiegend Canadier und die in der ČR oft gefahrenen Pramice (Kähne) mit bis zu sieben Mann Besatzung werden morgens ins dunkle, doch sehr saubere Wasser geschoben. Am schönsten ist es, die Moldaufahrt bei aufgehender Sonne zu beginnen, wenn noch leichte Nebelschwaden über den Moorwiesen liegen.

Unter der überdachten Holzbrücke (Rechle) hindurch, treiben wir wenige Kilometer flußabwärts am idyllisch in bewaldeten Flußschleifen liegenden Campingplatz Soumarský Most (Säumerbrücke) vorbei und erreichen bald das NSG Mrtvý Luh (Tote Au), ein ausgedehntes Torfmoor mit seltener Flora (nicht anlegen!). Hier vereinigt sich die von Lenora heranfließende Teplá Vltava (Warme Moldau) mit der von Haidmühle ankommenden Studená Vltava (Kalte Moldau), um nunmehr als Vltava (Moldau) in unzähligen Schleifen durch das flache, sonnendurchflutete, mit blauen Bergrücken gesäumte Hochtal dem riesigen, 1959 aufgestauten Lipnosee zuzufließen.

Gleich nach der Brücke in Nová Pec finden wir einen geräumigen Zeltplatz, wo wir Kräfte für die zweitägige Durchquerung des über 40 km langen Sees sammeln können. Der überwiegend aus Nordwest wehende Wind erleichtert die Überfahrt, doch sollten wir bei zu starker Wellenbildung in Ufernähe bleiben. Im Bergstädtchen Horní Planá (Oberplan) liegt das Geburtshaus des bekannten Böhmerwalddichters Adalbert Stifter. Auf dem fast 500 km^2 großen Stausee verkehren im Sommer mehrere Passagierschiffe der Weißen Flotte.

Nach der Überfahrt legen wir in Lipno, rechts vor dem Staudamm, an; ab hier ist das Flußbett auf einer Länge von ca. 10 km nicht befahrbar. Die Umtragestelle bewältigen wir mit einem guten Bootswagen (Teerstraße, bergab) oder nutzen in der Hochsaison das Angebot und lassen unsere Boote mit einem Lkw oder Traktoranhänger bis zum Zeltplatz in Vyšší Brod hinüberfahren. Die Besichtigung der sagenumwobenen, bizarren Felsformation Čertova Stěna (Teufelswand) sollten wir uns nicht entgehen lassen, genausowenig wie einen Klosterbesuch, bevor wir am nächsten Tag durch ein tief eingeschnittenes Waldtal gegen Český Krumlov weiterpaddeln.

Das erste Wehr nach dem Zeltplatz ist mit Vorsicht links in der Floßgasse auch mit beladenen Booten befahrbar. Am Wehr Horní Mlýn in Herbertov tragen wir kurz um, doch die Wildwasserübungsstrecke soll-

Am beliebten Campingplatz Soumarský Most unterhalb Lenora.

ten wir ausprobieren. Nach mehreren Flußschleifen zeigt sich die Burg Rožmberk. Sie ist der Stammsitz des mächtigen Fürstengeschlechts der Rosenberger, deren Wappen, die fünfblättrige rote Rose, bis ins 17. Jahrhundert in halb Böhmen zu finden war. Die spritzige Floßgasse unter der Burg bewältigen die Unentwegten mittig, doch mancher geht dabei im wahrsten Sinne des Worts baden. In einer Kehre umrunden wir Rožmberk und paddeln in nördlicher Richtung an kleinen Zeltplätzen vorbei.

Das Schild »Vodácká hospoda u Fíka« (Paddler-Gasthaus beim Fík) lockt zum Anlegen. Bald laben wir uns am guten Bier und den gegrillten Würstchen. An der großen Papierfabrik in Větřní, deren Abwässer jahrelang den Fluß stark belasteten (ab 1992 neue Kläranlage, Abfluß unterhalb Krumlov) wurde eine neue, gut funktionierende Bootsgasse gebaut; flott rutschen die Kanus durch den langen, engen Kanal hinunter. Nach dem »bunten Felsen«, wo uns eine steinige Floßgassenausfahrt erwartet, legen wir rechtsufrig am Zeltplatz in Nové Spolí, einer Vorstadt von Krumlov, an.

Mindestens einen Tag sollten wir einplanen, um die weitläufige Burg- und Schloßanlage (zweitgrößte in Böhmen), die Terrassen-

Mit Spaß meistern wir die spritzige Bootsgasse in Větřní.

gärten, das Theater, die Kirchen und die vielen profanen Gebäude anzuschauen. Die engen, verwinkelten Gäßchen versetzen uns um Jahrhunderte zurück.

Die beiden Wehre umgehen wir anderntags rechtsseitig, dann gilt es, die Boote 80 m weit durch eine Felsenenge, das »Mauseloch«, umzutragen oder durch die neue Floßgasse des renovierten Wehres zu paddeln, um die schöne Fahrt durch die mittelalterliche Stadtkulisse nicht zu versäumen. Ein gewundenes, felsumsäumtes Waldtal (hier leider etwas verunreinigtes Wasser) führt uns zum Zisterzienserkloster Zlatá Koruna, dessen Wehrmauern eine sehenswerte Basilika aus dem 13. Jahrhundert

sowie herrliche gotische Kreuzgänge verbergen. Der Kiosk am kleinen Zeltplatz bietet eine angenehme Einkehr.

Anschließend wird die Vltava sehr lebhaft, und spritzige Schwallstrekken begleiten uns bis nach Březí. Doch vorher zeigt sich in einer scharfen Flußkehre, hoch auf einem Felsen, die gotische Burgruine Dívčí Kámen. Unterhalb liegt eine Kanuzeltwiese. Von hier lohnt sich eine Wanderung zum Berg Klet (1083 m). Oben angelangt, genießen wir einen Rundblick, der vom Grenzkamm des Böhmerwalds bis in das flache Land des Budweiser Kessels reicht.

Nach dem Wehr in Březí (links umtragen) öffnet sich bei Boršov das

Tal (Kanugasthof Brejšek), und die Flußufer sind teils reguliert. Vorsicht ist am Trilčův-Wehr vor Budějovice angebracht; hier liegen Steine im Floßgassenauslauf. Nicht weit davon finden wir den komfortablen Campingplatz Stromovka, wo wir unsere Kanus mit dem Bootswagen hinrollen können. Vielleicht erlaubt man uns nach Anfrage, die Zelte auf dem Sportplatzgelände oder am Kanubootshaus aufzustellen. Die alte Königsstadt Budějovice (Budweis) begrüßt uns mit dem größten mittelalterlichen Stadtplatz Böhmens, einem herrlichen barocken Rathaus und schönen Straßenzügen in der restaurierten Altstadt.

Vor der Schwimmbadinsel schließt sich der Moldau die saubere Malše an. Am Jiráskův-Wehr können wir links durch die langgezogene Floßgasse (sofern offen) hinunterrutschen. Dann strömt die Vltava in einem neuen Flußbett. In České Vrbné können wir unsere Bootsbeherrschung zwischen den Torstangen der Slalomstrecke ausprobieren. Am Wehr bei Hluboká (1991 Baustelle) lohnt es sich, anzulegen und das romantische Tudorschloß Hluboká zu besuchen. Dort gibt es eine Galerie mit südböhmischen gotischen Plastiken, eine Waffensammlung sowie einen Wildpark.

Kurz nach Hluboká ist es mit der Strömung am Fluß vorbei. Fast 15 km lang ist der neue Stausee Hněvkovice, der etliche Stromschnellen und Wehre unter sich begraben hat. Doch eine schöne, bewaldete Landschaft entschädigt uns für die Schinderei, im stehenden Wasser paddeln zu müssen.

An der Talsperrmauer tragen wir rechts über die Rampe um und befahren kurz danach ein niedriges Wehr (Steine!). Mit guter Strömung landen wir in Týn n. Vlt., einer der ältesten Siedlungen in Südböhmen. Hier macht sich schon der Rückstau des Stauwerks Orlík bemerkbar, und manche Gruppe beendet am Flößerdenkmal ihre Wanderfahrt.

Bei genügend Zeit paddeln wir aber über den stillen, fjordähnlichen, 60 km langen See, an der Mündung der Lužnice vorbei, bis zur Stahlbetonbrücke in Podolí, die mit einem einzigen Bogen den Wasserspiegel überspannt. 2 km flußabwärts erreichen wir rechtsufrig unser Ziel, den Zufahrtsweg zum Bahnhof Červená n. Vlt. Dieser liegt zwischen Týn n. Vlt. und Praha (Prag) als einziger Bahnhof in Flußnähe und bietet eine gute Verbindung zurück nach Lenora.

Wenn wir jedoch Schweißperlen auf der Stirn nicht scheuen und gern auch mal über ruhige Gewässer paddeln, können wir über die »Großen Sklavenseen« – fünf aufeinanderfolgende Stauseen – bis nach Praha weiterfahren (lange Umtragestellen, Bootswagen erforderlich!).

Viele Zelt- und Bademöglichkeiten sowie die wunderschöne Umgebung, die zu kurzen Wanderungen mit Ausblicken auf die Seen lockt, versüßen diesen stromlosen Flußabschnitt. Am Bootshaus Kotva oder am Campingplatz in Praha-Braník, nahe dem Bahnhof, endet unsere Kanuferientour, die uns vom rauhen Grenzgebirge bis in Böhmens Mitte führte.

Charakter, Tips

Von Lenora bis zum Lipnosee stark mäanderndes Flüßchen, dann 40 km Stausee. Ab Damm 10 km umfahren

oder -karren. Unterhalb Vyšší Brod leicht sportlicher Wanderfluß, mit vielen Stromschnellen durch ein tief eingeschnittenes Waldtal eilend. Ab Hluboká nur noch wenig Strömung, bis Praha (Prag) ausschließlich Stauseen. Kurz nach Krumlov Wasserverunreinigung (Papierfabrik Větřní, ab 1992 neue Kläranlage). Manche Wehre haben Floßgassen, hier Vorsicht mit beladenen Booten! Sportlich ist die Strecke bis Týn n. Vlt. in acht Tagen zu bewältigen, doch sind zwei Wochen nicht zuviel. Zelten ist nur auf ausgewiesenen Plätzen erlaubt; während der Hauptferien (Juli/August) sind die Zeltplätze gut belegt (Schulklassen). Viele beenden die Fahrt in Budějovice, doch es ist lohnend, bis nach Červená n. Vlt. durchzupaddeln. Hier gute Eisenbahnverbindung über Písek, Strakonice und Vimperk zurück nach Lenora. Pkw-Begleitung größtenteils möglich. Wichtige Pegel: Lenora (mindestens 55 cm bis zum Lipno-Stausee) und Vyšší Brod (mindestens 90 cm bis Č. Budějovice); ab Lenora ist die Vltava fast ganzjährig befahrbar. Seit 1991 befindet sich die Obere Moldau im neuen Nationalpark Šumava; Befahrensregelungen sind zu erwarten.

Zeltmöglichkeiten

Horní Vltavice, Lenora, Soumarský Most. Am Lipnosee: Nová Pec, Horní Planá, Jenišov, Olšov, Olšina, Černá v Pošumaví, Radslav, Frymburk – ab hier bis Lipno linksufrig mehrere Plätze. Weiter in Vyšší Brod, Rožmberk, Zátoň, U Fíka, Č. Krumlov (Nové Spolí), Zlatá Koruna, Dívčí Kámen, Boršov, Č. Budějovice, Hluboká, Bedrník, Permoník (Lužnice), Podolsko.

Sehenswertes

Lenora: (Eleonorenheim), Glasbläserei, überdachte Holzbrücke, NSG Boubín-Urwald, Nationalpark Šumava (Böhmerwald).
Volary: (Wallern), bar. Kirche, alpenländische Holzhäuser, NSG Mrtvý Luh (Tote Au).
Horní Planá: Pfarrkirche (13. Jh.), got. Pranger, Geburtshaus Adalbert Stifters.
Frymburk: Spätgot. Kirche, Pranger, Pestsäule, Brunnen (1676).
Vyšší Brod: Zisterzienserkloster

(13. Jh., Bibliothek, Postmuseum, Kunstgalerie), Rathaus (16. Jh.), Spital, Pfarrkirche, Bürgerhäuser am Stadtplatz, NSG Čertova stěna (Teufelswand).
Rožmberk: Städtchen mit got. Bürgerhäusern, frühgot. Kirche, Burgturm Jakobínka, Untere Burg (regotisiert, Kunstsammlungen), Neues Schloß (Ausbildungsstätte), engl. Park.
Český Krumlov: Mittelalterliches Stadtreservat, Straßenzüge mit got. u. renaiss. Bürgerhäuser, Dekanskirche Sv. Vít, Jesuitenseminar, Museum, Rathaus, Brauerei, Minoritenkloster (14. Jh.), Stadtmauer, Budweiser Tor, mächtiges Schloß mit Rundturm und mehrstöckiger Wehrbrücke (Am Mantel), Rokokotheater u. v. a.
Zlatá Koruna: Kloster mit sehenswerter Bibliothek (13. Jh.), Dívčí Kámen (got. Burgruine), Berg Klet mit astronomischem Observatorium.
České Budějovice: (Budweis), Altstadt mit rechtwinkeligem Grundriß, großer Stadtplatz, von Laubengängen umsäumt, Bürgerhäuser mit schönen Fassaden, bar. Rathaus (Martinelli), Samsonbrunnen, Schwarzer Turm, ehem. Dominikanerkloster, Zeug- u. Salzhaus, Nikolauskirche, Brauerei (Budvar) u. v. a.
Hluboká n. Vlt.: Neugot. Tudorschloß (Umbau 19. Jh.), Kunstgalerie, Teich Bezdrev, Tierpark.
Týn n. Vlt.: Frühgot. Kirche (barockisiert), Friedhofskapelle (17. Jh.), Rathaus, Barockschloß (Museum), Stadtmuseum (Keramik, Flößerei), Grabstätte Matěj Kopecký (tschechischer Puppenspieler).

Karten, Kanu-Literatur

Autokarte 1:200 000, Nr. 9 Jižní Čechy; Touristische Karte 1:100 000, Nr. 23 Šumava/Prachaticko, Nr. 26 Orlická přehrada, Nr. 27, Táborsko, Nr. 28 Českobudějovicko, Nr. 29 Lipenská přehrada.
Čs. řeky-kilometráž (Kanu-Wanderführer der ČSFR); Špaček u. a.: Jedeme na vodu (Flußbeschreibung mit Fotos); DKV-Auslandsführer, Band 5; Fahrtenberichte Kanu-Sport (10/91, 1/92).

26

Lužnice (Lainsitz)

Zufluß der Vltava (Moldau)

Suchdol n. Luž. – Týn n. Vlt.
127 km
Ferienfahrt

In den Neuburger Bergen, an den regenreichen Waldhängen des 1054 m hohen Tischberges in Österreich als Lainsitz entspringend, bietet uns die bei den tschechischen Kanuten sehr beliebte Lužnice auf ihrem fast 150 km langen Weg durch das liebliche Südböhmen eine unendliche Fülle an malerischen Stimmungen und Landschaftsbildern. Zwischen Nová Ves und der Gemeinde Majdalena eine pfannenartige, von schüt-teren Kiefern- und Birkenwäldern bewachsene, flache Moorniederung durchfließend, speist die Lužnice nach der Flußteilung vor Třeboň eine Reihe von ausgedehnten, im 16. Jahrhundert künstlich angelegten Fischteichen, die diesen Landstrich bis nach Veselí n. Luž. prägen und ausgleichend auf das Klima wirken. Das links abzweigende, ursprüngliche Flußbett, auch Stará řeka (Alter Fluß) genannt, führt uns durch den größten

Vorbereitungen für die Wanderfahrt auf der Lužnice am Zeltplatz Suchdol n. Luž.

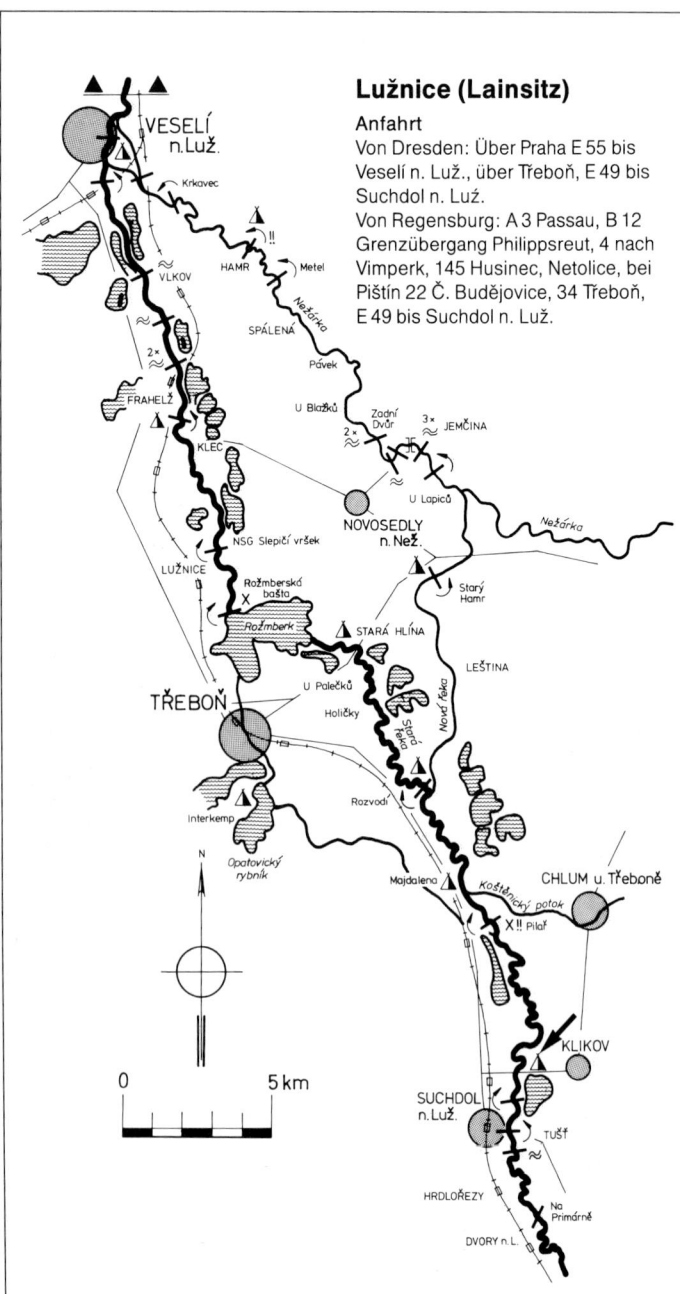

Lužnice (Lainsitz)

Anfahrt

Von Dresden: Über Praha E 55 bis Veselí n. Luž., über Třeboň, E 49 bis Suchdol n. Luž.

Von Regensburg: A 3 Passau, B 12 Grenzübergang Philippsreut, 4 nach Vimperk, 145 Husinec, Netolice, bei Pištín 22 Č. Budějovice, 34 Třeboň, E 49 bis Suchdol n. Luž.

VESELÍ n. Luž.

Krkavec

HAMR · Metel

VLKOV

SPÁLENÁ

Nežárka

Pávek

U Blažků · Zadní Dvůr · 3× JEMČINA

FRAHELŽ

2×

KLEC

U Lapiců

NOVOSEDLY n. Než.

Nežárka

NSG Slepičí vršek

Starý Hamr

LUŽNICE

Rožmberská bašta

Rožmberk

STARÁ HLÍNA

LEŠTINA

U Palečků

Holičky

Stará řeka

Nová řeka

TŘEBOŇ

Rozvodí

Interkemp

Opatovický rybník

N

Majdalena

Koštěnický potok

CHLUM u. Třeboně

X !! Pilař

0   5 km

KLIKOV

SUCHDOL n. Luž.

TUŠŤ

HRDLOŘEZY

Na Primárně

DVORY n. L.

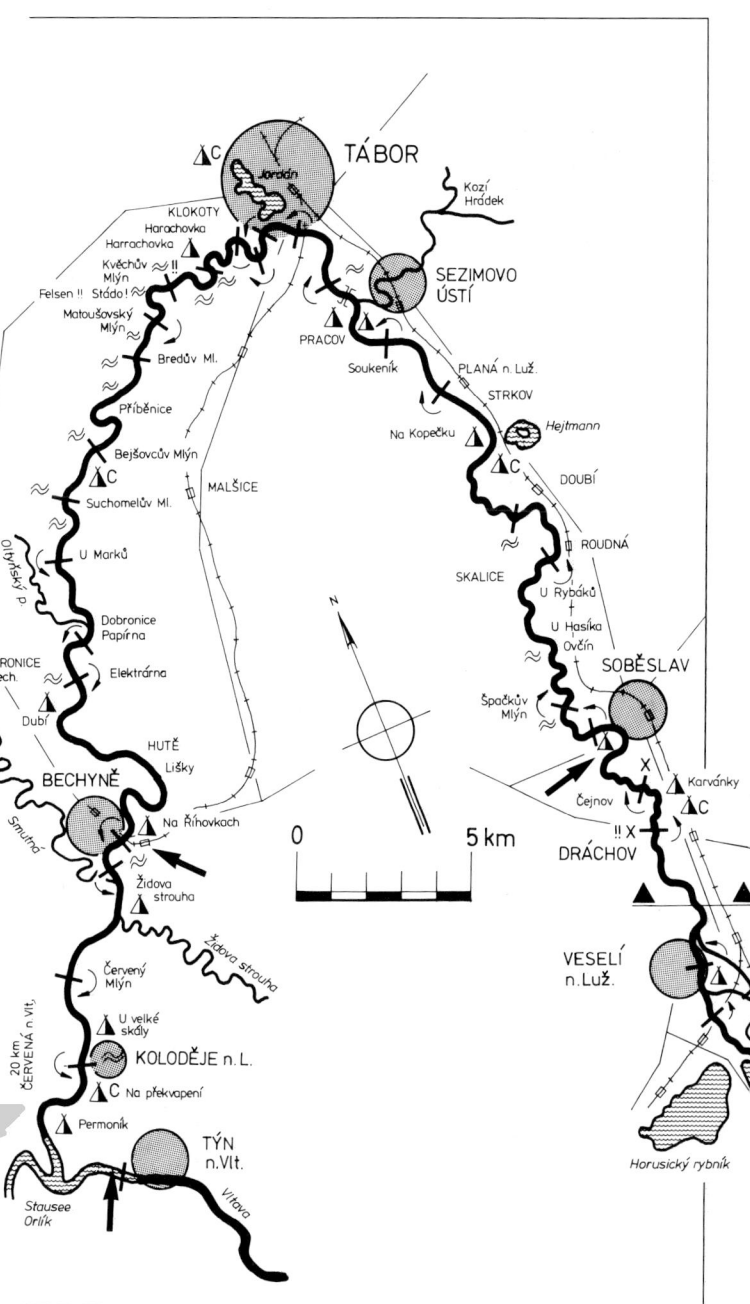

TÁBOR

Jordán

Kozí Hrádek

KLOKOTY
Harachovka
Harrachovka
Kvěchův ≈ !!
Mlýn
Felsen !! Stádo ! ≈
Matoušovský
Mlýn ≈

SEZIMOVO
ÚSTÍ

PRACOV

Soukeník

PLANÁ n. Luž.

STRKOV

≈ Bredův Ml.

≈ Příběnice

Na Kopečku

Hejtmann

≈ Bejšovcův Mlýn

△C

MALŠICE

DOUBÍ

△C
Suchomelův Ml.

≈
U Marků

ROUDNÁ

SKALICE

U Rybáků

U Hasíka
Ovčín

SOBĚSLAV

Dobronice
Papírna

d. KYSYA10

BRONICE
ech.

△
Dubí

Elektrárna

Špačkův
Mlýn

HUTĚ
Lišky

BECHYNĚ

△
Na Řihovkach

0   5 km

X
Čejnov

Karvánky

△C

Smutná

Židova
strouha
△

!! X
DRÁCHOV

▲   ▲

Červený
Mlýn

Židova strouha

20 km
ČERVENÁ n. Vlt.

△ U velké
skály

VESELÍ
n. Luž.

△

KOLODĚJE n. L.

△C Na překvapení

△ Permoník

TÝN
n. Vlt.

Vltava

Stausee
Orlík

Horusický rybník

böhmischen Teich, den fast 500 ha umfassenden Rožmberk. Rechts zweigt der vom bekannten Teichbauer Jakub Krčín vor 400 Jahren als Hochwasserumfluter angelegte Neue Fluß (Nová řeka) ab, mündet in die von Osten kommende Nežárka und bietet auch bei sommerlichem Niedrigwasser eine recht gemütliche Bootsfahrt bis nach Veselí n. Luž., wo sich beide Flüsse vereinigen. Die Strömung läßt nach, und manche unüberlegte Regulierung beeinträchtigt die Flußromantik. Vor der alten Hussitenstadt Tábor wachsen die Uferhänge steil in die Höhe. Die Lužnice gräbt sich durch die Granit- und Gneisplatte des Táborer Höhenzuges in vielen Windungen ein enges, tief eingeschnittenes Tal. Unter der vieltürmigen Wallfahrtskirche von Klokoty ändert sie ihre bisher nördliche Fließrichtung nach Südwest. Mit einer spritzigen Strömung eilt die Lužnice am eindrucksvollen Stadtpanorama von Bechyně vorbei und schließt sich, wenige Kilometer unterhalb Týn n. Vlt., der hier zu einem langgezogenen See aufgestauten Vltava an.

Einige beginnen ihre Wanderfahrt schon in Nová Ves, doch wir wollen unsere Boote in Suchdol n. Luž., dem Mekka der tschechischen Kanuwanderer, ins Wasser schieben. Am Bahnhof vorbeifahrend, erblicken wir einen Berg der dort gelagerten Kanus, mindestens 100 können es sein. Am weitläufigen Zeltplatz neben der Brücke ist es zur Ferienzeit sehr lebendig und eng, und es kann dann eine Weile dauern, bis wir Platz finden. Abends wird am Lagerfeuer viel gesungen und bis spät in die Nacht erzählt. Doch es lohnt sich, morgens zeitig aufzustehen und die Kanus ins Wasser zu lassen, bevor der große Pilgerstrom beginnt. So können wir relativ einsam die Morgenstimmung in der urigen Flußlandschaft genießen.

Außer engen Kehren verlangen auch mehrere umgestürzte Bäume, die das halbe Flußbett versperren, eine gute Bootsführung, doch auch der Anfänger kommt bei der gemütlichen Strömung schnell zurecht. Am lebensgefährlichen Wehr Pilař legen wir rechtzeitig an und tragen die Boote kurz links um. Vor ein paar Jahren konnte man von hier aus durch den links abzweigenden Goldenen Kanal (Zlatá stoka) zur historischen Stadt Třeboň paddeln, doch leider ist heute die Befahrung nicht mehr erlaubt.

Darum bleiben wir der Lužnice treu, lassen uns am romantischen Kirchlein Maria Magdalena (Zeltplatz Majdalena) vorbeitreiben und erreichen nach einigen Kilometern die Wasserscheide Rozvodí. Bei mittlerem Wasserstand (ca. 15–20 cm über der linken Wehrkrone) können wir die Fahrt auf dem Alten Fluß (Stará řeka) durch den Teich Rožmberk bis nach Veselí n. Luž fortsetzen. Bei Niedrigwasser sowie bei zu hohem Wasserstand wählen wir den Weg rechts am Neuen Fluß (Nová řeka), der uns durch einsame Gegend mit guter Strömung weiterträgt.

Das Wehr in Starý Hamr umgehen wir rechts, bevor wir das liebliche Flüßchen Nežárka erreichen. Bis nach Veselí n. Luž sorgen harmlose Stufen und unbefahrbare Wehre für Abwechslung. Durch ein seichtes Tal nähern wir uns der Stadt, wo sich beide Flußabschnitte vereinigen. Hier liegt zwischen den Flußarmen ein Zeltplatz (1992 noch bestehend), wo wir unsere Freunde treffen, die sich für eine Fahrt auf dem Alten Fluß entschieden haben. Diese Fahrt ist bei entsprechendem Wasserstand sehr romantisch und, weil das Anlegen und Zelten im NSG Stará řeka nicht erlaubt ist, auch etwas anstrengend – müssen wir doch die 12 km bis zum Zeltplatz Stará Hlína durchpaddeln.

Hier sollten wir einen Ruhetag einplanen, um Třeboň zu besuchen. Nachher, beim Überqueren des großen Rožmberks, können uns an windigen Tagen steile Wellen anfallen; eine dicht schließende Spritzdecke macht sich bezahlt. Diese Strecke wie auch den anschließenden Flußabschnitt sollten wir wochentags befahren, weil an Sonn- und Feiertagen vom Kraftwerk fast nie Wasser abgegeben wird. Doch bei ausreichendem Wasserstand machen die Stufen zwischen Frahelž und Vlkov viel Spaß.

Unterhalb Veselí paddeln wir auf der teils regulierten Lužnice an der weit sichtbaren gotischen Kirche von Dráchov vorüber und ziehen wegen der gefährlichen Bootsgasse vor dem Wehr (vier tödliche Unfälle!) die Boote aus dem Wasser. (Nach der Brücke Zeltplatz, 200 m links ein Wirtshaus.) An vielen schmucken Ferienhäusern entlang nähern wir uns der Stadt Soběslav, wo am Flußbad eine gute Zeltmöglichkeit besteht. Die Besichtigung des Marktplatzes, der gotischen Kirche sowie ein gepflegtes Abendessen im Flußrestaurant Na hvížd'álce sollten wir uns nicht entgehen lassen.

An der Špaček-Mühle unterhalb der Stadt teilt das Wehr den Fluß. Bei gutem Wasserstand befahren wir das glatte, langgezogene Wehr im linken Flußarm, die reizende Insel Svákov rechts hinter uns lassend. Die Landschaft wird wellig, und über Planá, Sezimovo Ústí gelangen wir in die Hussitenstadt Tábor, deren Fülle an Sehenswürdig-

Am frühen Morgen schon ziehen die ersten Kanufahrer am Zeltplatz in Suchdol n. Luž. vorbei.

keiten mindestens einen Tag Aufenthalt fordert. Vielleicht können wir nach Absprache am Kanuvereinsgelände vor der Eisenbahnbrücke übernachten. Besser ist es jedoch, die fünf städtischen Wehre zu überwinden und am schönen Kanuzeltplatz Harachovka die Zelte aufzubauen.

Außer der weitläufigen Altstadt sollten wir die sehenswerten Katakomben unterm Rathaus und die gotische Hauptkirche mit ihrem reichgegliederten Diamantgewölbe besichtigen. Auch eine Wanderung zur vieltürmigen Wallfahrtskirche Klokoty sowie eine Besteigung des Burgturmes Kotnov, von dessen Aussichtsplattform uns ein besonders schöner Blick über die Stadt und in das tief eingeschnittene Flußtal erwartet, sollten wir einplanen.

Nach Tábor beschleunigt die Lužnice ihren Lauf, einzelne Stromschnellen tauchen auf, und an den durchbrochenen Wehren der Kvěch- und Beneš-Mühle können wir unsere Wildwasserkünste ausprobieren. Mit viel Aufmerksamkeit meistern wir die verblockte Durchfahrt durch das berüchtigte Steinfeld Stádo (Herde), wo schon mancher Kanufahrer mit seinem vollbeladenen Boot baden ging. In einer engen Flußschleife umrunden wir die Burgruine Příběnice und fahren vorsichtig durch die Schwallstrecke des zerstörten Bcjšovec Wehrs, um linksufrig am bekannten Zeltplatz Lužničanka zu landen. Eine Paddelpause bei einem kühlen Budweiser Bier, auf der Terrasse des Restaurants genossen, wird uns gut tun.

Vor der mächtigen Ruine der Burg Dobronice weitet sich das Tal aus. Wir erreichen die interessante Kettenbrücke, die von der Moldau hierhergebracht und neu aufgebaut wurde. Das Tal verengt sich wieder, die Strömung wird flotter, und stellenweise liegen riesige rundgeschliffene Findlinge im Flußbett.

Bald erreichen wir den ruhigen Zeltplatz Na Říhovkach. Am Wehr unter der hohen Eisenbahn- und Straßenbrücke tragen wir rechts um (vom Kanugelände führt ein Weg zum Bahnhof) und erblicken vor uns die eindrucksvolle Silhouette der mittelalterlichen Stadt Bechyně, bekannt durch ihre Heilquellen und Keramiktradition.

Hoch über dem nächsten Wehr thront auf einem schmalen Felssporn zwischen dem Flüßchen Smutná und der Lužnice das hell leuchtende Schloß, einst Junggesellensitz des legendären Fürsten Petr Vok von Rožmberk. Wir paddeln am wichtigen Wasserpegel vorbei; für eine Befahrung zwischen Tábor und Flußmündung sollte er mindestens 100 cm anzeigen. Kurz danach erreichen wir die bizarren Felsgebilde am linken Zufluß Židova strouha, (Judenkanal); hier liegt auch ein kanufreundlicher Campingplatz.

Bei der Roten Mühle (Červený mlýn) tragen wir nochmal um und sehen bald Koloděje n. Luž vor uns, das letzte Städtchen am Fluß. Bis hierher reicht in der Regel der Rückstau des Moldaustauwerks Orlík. Das Wehr liegt dann unter dem Wasser, und so gelangen wir nach 4 km hindernisfrei zur Mündung in die Vltava. Wollen wir nicht schon in Koloděje unsere Fahrt beenden, bieten sich uns zwei Varianten an: Bei gutem Wasserstand paddeln wir ca. 2 km links nach Týn n. Vlt. Oder wir nehmen die Herausforderung an und fahren ca. 20 km durch den landschaftlich sehr ansprechenden Stausee Orlík bis nach Červená n. Vlt., um dort von einem wunderschönen Wanderfluß Abschied zu nehmen.

Charakter, Tips

In einem sehr ursprünglichen Flußbett zuerst mäßig strömender Aulandfluß, ab Tábor bis Mündung ein tiefes, felsumsäumtes Waldtal durchfließend. Hier etliche spritzige Schwallstrecken, durchbrochene, befahrbare Wehre und Steine im Fluß. Praktisch ganzjährig mit allen Bootstypen befahrbar; günstig liegende Zeltplätze erlauben eine individuelle Aufteilung der Tagesetappen, die man nicht zu lang planen sollte (Sehenswürdigkeiten). Durchgehende Pkw-Begleitung nur teilweise möglich, dafür günstige Bahnverbindung zwischen Bechyně und Suchdol n. Luž. Der Pegel in Bechyně sollte für eine Befahrung im oberen Abschnitt 80 cm anzeigen, ab Tábor 100 cm (Ansage in den Rundfunknachrichten). Die Befahrung des sicher bekanntesten und beliebtesten Wanderflusses Böhmens, an dem sich alljährlich immer wieder »alte Hasen« sowie auch Anfänger erfreuen, ist durch einen Erlaß (Statut) geregelt. Diese Vorschrift vom 1. 6. 1989, betreffend Naturschutz, Anfahrt, Zelten, Paddeln und Baden im Bereich der Lužnice und der Nežárka, ist als reich bebildertes Faltblatt auf jedem Campingplatz am Fluß sowie bei den Stadtverwaltungen und in Tourist-Büros erhältlich.

Zeltmöglichkeiten

Suchdol n. Luž., Majdalena, Rozvodí, Stará Hlína, Frahelž, Veselí n. Luž., Dráchov, Karvánky, Soběslav, Planá (Strkov), Sezimovo Ústí, Tábor (KC, Harrachovka), Bečice-Lužničanka, Dobronice, Bechyně-Na Říhovkách, Židova strouha, Koloděje n. Luž.-U Velké skály, Na překvapení, Permoník, Týn n. Vlt., Červená n. Vlt. (Podolsko). Wildes Zelten im Landschaftsschutzbereich der Lužnice und Nežárka ist nicht erlaubt und wird geahndet.

Sehenswertes

Suchdol n. Luž.: Kirche Sv. Mikuláš (14. Jh.).
Chlum u Třeboně: Barockschloß mit Park, bar. Marienkirche, Glaswerk.
Třeboň: Altstadt mit Stadtmauern,

Toren u. Türmen, got. Kirche St. Ilja, Augustinerkloster, Renaissanceschloß, Archiv, Museum, Rathaus (1566), Bürgerhäuser, Brunnen (16. Jh.), Grabstätte der Fürsten Schwarzenberg, Teich Rožmberk (500 ha), Teich Svět.
Veselí n. Luž.: Frühgot. Kirche, Spätrenaissance-Rathaus, Stadtmuseum, Festung Talir (13. Jh.).
Soběslav: Reste der got. Stadtmauer, Rundturm, got. Kirche St. Peter u. Paul, Spitalkirche Sv. Vít (14. Jh.), renaiss. u. bar. Bürgerhäuser am Marktplatz, Ethnographisches Museum, NSG Nový Rybník, Reste der altslawischen Festung Svákov.
Sezimovo Ústí: Empirekirche, Sommersitz des zweiten Staatspräsidenten Dr. Beneš (Grabstätte), Burgruine Kozí Hrádek (Jan Hus).
Tábor: Altstadt mit Teilen der Stadtbefestigung, got. Rathaus, got. Kirche, Hussiten-Museum, Žižka-Denkmal, Theater, unter der Stadt ein ausgedehntes Netz von Katakomben, Kotnov-Rundturm; Klokoty: bar. Kirchenkomplex St. Maria, Burgruine Příběnice.
Bechyně: Heilbad (Rheuma), Franziskanerkloster, Renaissanceschloß, zweischiffige Pfarrkirche (16. Jh.), bar. Friedhofskirche, Rundturm, Synagoge (Feuerwehrmuseum), bar. Bürgerhäuser, Kunstakademie (Keramik), Galerie; Koloděje n. Luž.: Renaissanceschloß mit Barockkapelle.

Karten, Kanu-Literatur

Autokarte 1 : 200 000, Blatt 9 Jižní Čechy; Touristenkarte 1 : 100 000, Nr. 27 Táborsko, Nr. 28 Českobudějovicko; Vodácka mapa Lužnice (Wassersportkarte mit ausführlicher Flußbeschreibung u. 16 Einzelkarten); Vodácká mapa ČSFR (Wassersportkarte der ČSFR); Faltblatt »Statut rekreační oblasti povodí řek Lužnice a Nežárky« (Erlaß über das Erholungsgebiet an den Flüssen Lužnice und Nežárka) mit Karte.
Čs. řeky-kilometráž (Kanu-Wanderführer der ČSFR); DKV-Auslandsführer, Band 5.

27

Nežárka

Nebenfluß der Lužnice

**Jarošov n. Než. –
Veselí n. Luž.
56 km
3–4-Tage-Fahrt**

Durch den Zusammenfluß der Kamenice mit der Žirovnice, deren Quellgebiete im Pacovský-Hügelland und in den Mooren des Böhmisch-Mährischen Berglands liegen, entsteht bei Jarošov die Nežárka, ein ruhiges, liebliches Flüßchen, dessen Markenzeichen seine vielen Wehre sind. Zuerst durch eine offene, wenig bewaldete, flache Talmulde in südwestlicher Richtung fließend, empfängt die Nežárka unter dem weitläufigen Schloß der alten Königsstadt Jindřichův Hradec (Neuhaus) den Hamerský potok (Hammerbach). Durch weitere Wehre im enger werdenden Tal aufgestaut, wendet sich das Flüßchen bei Stráž n. Než. gemächlich nach Nordwesten. Nur wenige Kilometer flußabwärts der kleinen Stadt fließt linksufrig die Nová řeka zu, die, vor 400 Jahren als Entlastungskanal angebaut, das überschüssige Wasser von der Lužnice mitbringt. Zunächst etwas reguliert, dann in vielen Mäandern pendelnd, setzt die Nežárka, erst zwischen ausgedehnten Forstgebieten, ab Hamr von Wiesen begleitet, ihren Weg in die Doppelstadt Veselí n. Luž fort, um sich hier der nach Norden fließenden Lužnice anzuschließen.

Der gleichmäßige Wasserstand erlaubt eine Befahrung bis weit in den Sommer, und so können wir überwiegend noch zur Ferienzeit am Sportplatz in Jarošov unsere Kajaks und Canadier ins Wasser setzen. Vor der Wegbrücke bei Čejná erwartet uns das erste Wehr, und nachher nimmt die Nežárka für mehrere Kilometer den Charakter eines Waldflüßchens an. Ein Erlen- und Eichengürtel sowie teils felsige Steilufer säumen das klare Gewässer. Bald ziehen wir das Boot über die flachen Steine des Wehres Vrzák (»Quietscher«).

Die Gutshöfe von Strejchov bleiben rechts liegen, und vor der Eisenbahnbrücke in Jindřichův Hradec schließen sich uns weitere Kanufahrer an: nicht weit vom Bahnhof, über dem Wehr, liegt eine gut zugängliche Einsetzstelle. Links schieben sich langsam die mittelalterliche Stadtkulisse und das mächtige Schloß an uns vorbei. Aus dem Stadtteich Vajgar fließt der Hamerský potok zu. Wenn wir Glück haben, ist das hohe städtische Walzenwehr offen; dann rutschen wir ohne auszusteigen über eine kleine Stufe hinunter, doch der Wasserstand über dem offenen Wehr ist dann sehr knapp.

Das nächste Wehr Na šindelně läßt nicht lange auf sich warten, und 1 km später steigen wir wieder aus den Booten. Es ist uns schon zur Routine geworden: Aussteigen, die schwere Gepäcktonne, die wasserdicht verpackten Schlafsäcke, Zelt, Kocher und den Wasserkanister aus dem Boot reichen, unterm Wehr ablegen, das 35 kg schwere Boot aus dem Wasser ziehen, umtragen, alles wieder ordentlich verstauen – bei uns dauert es 15 Minuten. Manchmal bricht dabei ein Fingernagel ab, man rutscht auf einem glatten Stein aus

An vergessenen Weilern vorbei fließt die Nežárka oberhalb Jindřichův Hradec.

und es gibt blaue Flecken – doch das alles gehört eben mit zum Kanuwandern. An Kiesbänken unter den Wehren werden auch gerne Vesperpausen gemacht, dabei das Tagebuch ergänzt und die Karten mit dem weiteren Flußverlauf studiert.

Wir paddeln weiter, und die niedrigen Häuser des langgezogenen Dorfes Lásenice begleiten uns zur Vaněk-Mühle. Anschließend hat sich die Nežárka ein enges, felsumsäumtes Tal gegraben. Malerische alte Mühlengebäude und die vielen Blumen in den kleinen Gärten am Flußufer strahlen eine seltsame Ruhe aus; es entsteht der Eindruck, als sei hier die Zeit stehengeblieben. Die Idylle wird vom Campingplatz Skalníky unterbrochen, wo wir nach einer anstrengenden Tagesetappe unsere Zelte aufbauen. Das nahegelegene Städtchen hat nicht sehr viel zu bieten – das Barockschloß wurde vor 40 Jahren in ein Kinderheim umgewandelt – und so landen wir bald im typischen Landgasthaus U Vitáčků, um unseren Durst mit dem guten böhmischen Bier zu löschen.

Am nächsten Tag erreichen wir die Mündung der Nová řeka (Neuer Fluß), der nicht mehr anzusehen ist, daß sie vor 400 Jahren als künstlicher Kanal zur Entlastung der Lužnice ausgebaut wurde. Auf dem folgenden, teils regulierten Abschnitt mit sehr guter Strömung erwarten uns mehrere kleine, befahrbare Steinbarrieren und Stufen, die jedoch etwas Aufmerksamkeit erfordern. Am Wehr Metel tragen wir rechts um. Die Holzbänke am kleinen Kiosk locken zu einer Erfrischungspause – Speckwürste, Süßigkeiten, Limo oder Bier – jeder kann nach seinem Geschmack wählen.

Unter dem Wehr beginnt die Nežárka stark zu mäandern, und wir nähern uns der Ortschaft Hamr. Kurz nach einem scharfen Rechtsknick liegt das Wehr. Es ist wichtig, rechtzeitig anzulegen, bei Niedrig-

Vorsichtig schieben wir den Canadier über das flache Wehr bei Horní Žďár.

166

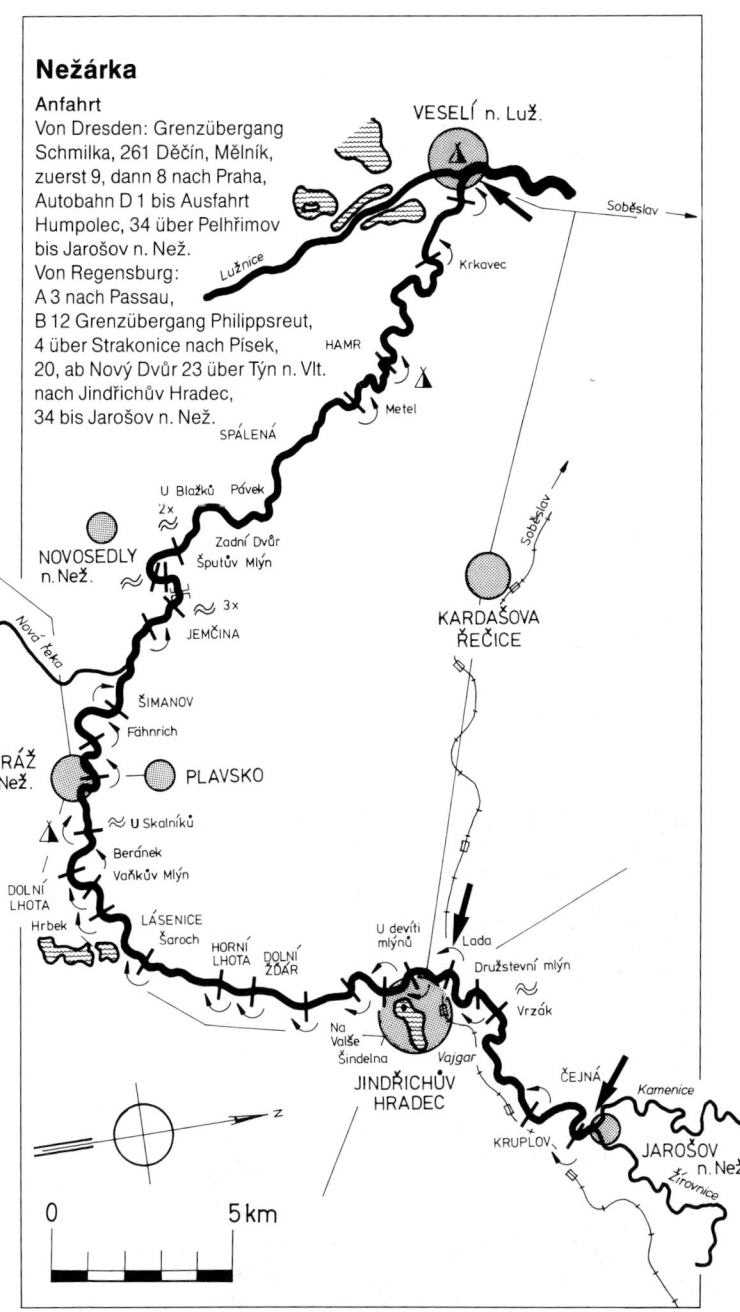

Nežárka

Anfahrt

Von Dresden: Grenzübergang
Schmilka, 261 Děčín, Mělník,
zuerst 9, dann 8 nach Praha,
Autobahn D 1 bis Ausfahrt
Humpolec, 34 über Pelhřimov
bis Jarošov n. Než.
Von Regensburg:
A 3 nach Passau,
B 12 Grenzübergang Philippsreut,
4 über Strakonice nach Písek,
20, ab Nový Dvůr 23 über Týn n. Vlt.
nach Jindřichův Hradec,
34 bis Jarošov n. Než.

VESELÍ n. Luž.

Soběslav

Lužnice

Krkavec

HAMR

Metel

SPÁLENÁ

U Blažků   Pávek
2x
Zadní Dvůr
NOVOSEDLY   Šputův Mlýn
n. Než.
3x
JEMČINA

Nová řeka

ŠIMANOV

Fähnrich

KARDAŠOVA
ŘEČICE

Soběslav

TRÁŽ
. Než.   PLAVSKO

U Skalníků

Beránek
Vaňkův Mlýn

DOLNÍ
LHOTA

Hrbek   LÁSENICE
              Šaroch
         HORNÍ   DOLNÍ
         LHOTA   ŽĎÁR

Na
Valše
Šindelna

U devíti
mlýnů   Lada

Družstevní mlýn

Vrzák

Vajgar   ČEJNÁ   Kamenice

JINDŘICHŮV
HRADEC

KRUPLOV   JAROŠOV
                n. Než
              Žirovnice

z

0   5 km

wasser links, bei höherem Wasserstand lieber rechtsufrig (Steilufer!).
Ein kleines Denkmal erinnert an die 17jährige Lenka, die hier am Wehr tödlich verunglückte.
Ca. 2 km flußabwärts entdecken wir in einer Flußschleife eine schöne Zeltwiese. In großen Bögen durch die offene Landschaft pendelnd, nähert sich der Fluß dem umgebauten Steilwehr Krkavec (Kolkrabe), wo wir links kurz die Boote umtragen. Nach der Kiesbank im Unterwasser erwarten uns mehrere steinige Stromschnellen, die wir vorsichtig durchpaddeln (rechts). Ein ausgedehntes Waldgebiet säumt das linke Flußufer, und nach der ersten Eisenbahnbrücke taucht in der Ferne der Kirchturm von Veselí n. Luž. auf.
Am letzten Wehr (rechts Bootsgasse) können wir bei Niedrigwasser auch links in den Kanal umtragen (blaue Türmchen), um so in die Lužnice zu gelangen (allerdings erwartet uns hier noch ein Wehr). Bei normalem Wasserstand bleiben wir im Hauptflußbett und paddeln bis zum Zeltplatz an der Insel, an deren Spitze sich die Nežárka mit der Lužnice vereinigt.

Charakter, Tips

Liebliches Wanderflüßchen mit sauberem Wasser, das einsam durch ein wenig ausgeprägtes, sonnendurchflutetes Tal zuerst in südwestlicher, ab Stráž n. N. in nordwestlicher Richtung pendelt. Die Freude an der Befahrung wird im oberen Abschnitt von vielen, wenn auch teils befahrbaren oder leicht zu umtragenden Wehren getrübt. Gefährlich sind nur die letzten drei Steilwehre – Metel, Hamr, Krkavec –, wo wir rechtzeitig anlegen und die Boote umtragen müssen (mehrere tödliche Unfälle). Das Zelten ist ähnlich wie bei der Lužnice durch eine Verordnung (Statut) geregelt, wildes Zelten wird nicht geduldet. Wegen der vielen Wehren ist der Abschnitt oberhalb Stráž n. N. Anfängern nur bedingt zu empfehlen (keine Faltboote). Die Nežárka ist ab Jarošov fast ganzjährig befahrbar; der Pegel nach dem Wehr Šaroch bei Horní Lhota sollte mindestens 70 cm anzeigen (Pegel Rodvínov 25 cm). Pkw-Begleitung nur teilweise möglich. Gute Eisenbahnverbindung zwischen Jarošov n. N. und Veselí n. L.

Zeltmöglichkeiten

Stráž n. N. (Camping Skalník), Novosedly n. N. (am Wehr), Hamr, Veselí n. L.

Sehenswertes

Jindřichův Hradec: (Neuhaus), Städt. Denkmalreservat, mächtiges Renaissanceschloß, Stadtmauern mit Nežárecký-Tor, am Stadtplatz mehrere spätgot., renaiss. u. bar. Bürgerhäuser, bar. Dreifaltigkeitssäule, Propstkirche mit Špalírská Kapelle (1506), Minoritenkirche mit Kloster, Jesuitenkolleg (1605) mit Kirche (1628), Jesuitenseminar (Museum), spätgot. Kirche Sv. Kateřina (15. Jh.), Klášteříček (Klösterchen, ehem. Spital, 1534), Tapisseriemuseum (Friedhofskirche), Kreismuseum u. a.
Stráž n. N.: Got. Kirche, Barockschloß (Turm 13. Jh., heute Kinderheim), Kunstgalerie in Lásenice (Landschaftsmalerei).
Jemčina: Bar. Jagdschloß.
Hamr: Spätgot. Burgfeste, Renaissancekirche.
Veselí n. L.: Siehe Tour 26.

Karten, Kanu-Literatur

Autokarte 1 : 200 00, Blatt 10 Českomoravská vrchovina; Touristische Karte 1 : 100 000, Nr. 30 Pelhřimovsko, Nr. 27 Táborcko; Statut řeky Lužnice a Nežárky, Vodácká mapa Lužnice (Kanuwanderkarte der Lužnice mit Nežárka).
Čs. řeky-kilometráž (Kanu-Wanderführer der ČSFR); DKV-Auslandsführer, Band 5.

28

Sázava

Zufluß der Vltava

**Světlá n. Sáz. –
Davle (Mündung)
144 km
Ferienfahrt**

Die Landschaft östlich von Praha bis zum Böhmisch-Mährischen Hügelland gehört wegen ihrer bewundernswerten Naturschönheiten und ihrem Reichtum an historischen Denkmälern zu den begehrtesten Urlaubsgebieten der ČR. Die Achse dieses romantischen Landstrichs bildet die über 220 km lange Sázava, einer der schönsten Flüsse Böhmens. Ihr großes Gefälle nutzten einst Mühlen, Sägewerke und Schmiedehämmer, und an ihren Ufern entstanden viele Burgen und kleine Städte. Noch bis in die fünfziger Jahre unseres Jahrhunderts gehörten Flöße und Fähren zum alltäglichen Bild. Heute lockt die romantische Sázava mit ihren ruhigen Flußschleifen, die mit felsigen Talabschnitten abwechseln, zur Erholung, zum Baden, Angeln und Kanufahren.

Hoch im Böhmisch-Mährischen Hügelland, in den bewaldeten Südhängen des 802 m hohen Kamenný Vrch als Stružný Potok entspringend, fließt sie zuerst als kleines Bächlein durch ein flaches Moorgebiet in den über 200 ha großen Teich Velké Dářko. Danach, sich schon Sázava nennend, steuert sie zuerst den Südosten an und ändert plötzlich bei der Bergstadt Žd'ár n. Sáz. die Fließrichtung nach Westen. Bei höherem Wasserstand

Das geschichtsträchtige Kloster Sázava überwacht den Fluß.

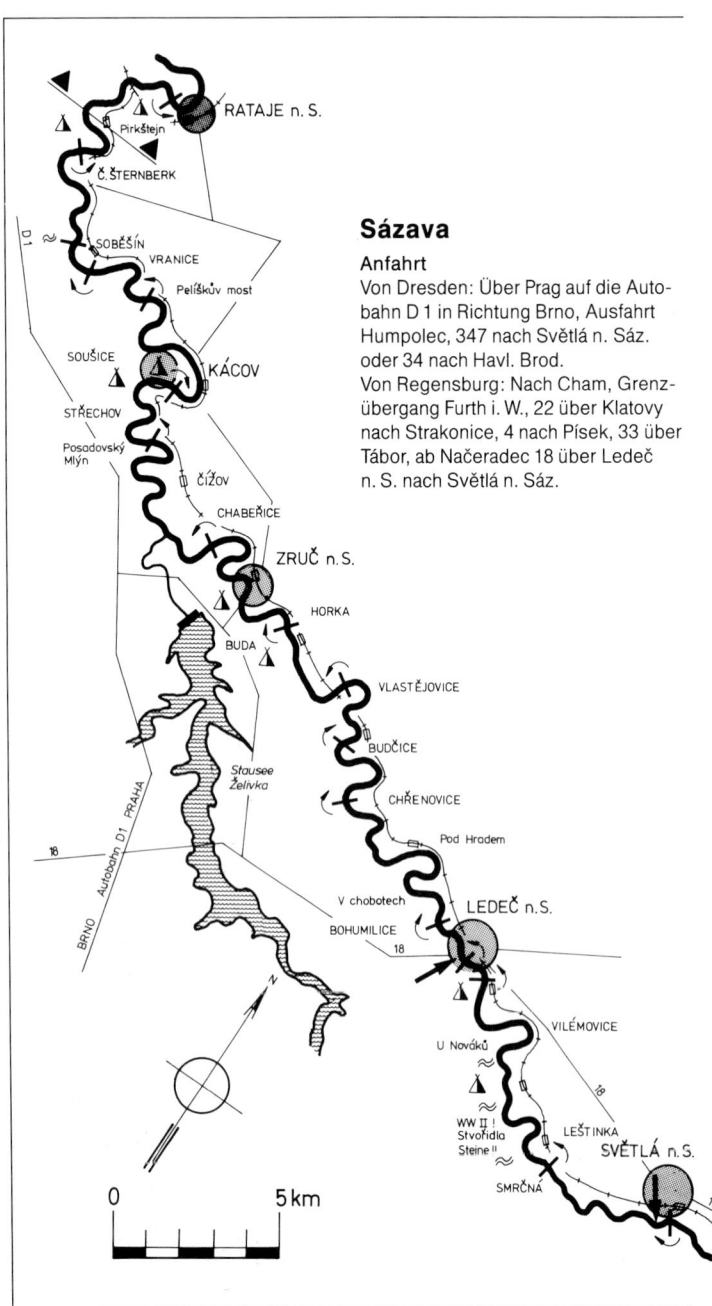

RATAJE n. S.

Pirkštejn

Č. ŠTERNBERK

D 1

SOBĚŠÍN

VRANICE

Pelíškův most

SOUŠICE

KÁCOV

STŘECHOV

Posadovský
Mlýn

čížov

CHABEŘICE

ZRUČ n. S.

HORKA

BUDA

VLASTĚJOVICE

BUDČICE

CHŘENOVICE

Stausee
Želivka

Pod Hradem

V chobotech

LEDEČ n. S.

BOHUMILICE

18

Autobahn D1 PRAHA

BRNO

18

VILÉMOVICE

U Nováků

18

WW II !
Stvořidla
Steine !!

LEŠTINKA

SVĚTLÁ n. S.

18

SMRČNÁ

N

0   5 km

Sázava

Anfahrt

Von Dresden: Über Prag auf die Autobahn D 1 in Richtung Brno, Ausfahrt
Humpolec, 347 nach Světlá n. Sáz.
oder 34 nach Havl. Brod.
Von Regensburg: Nach Cham, Grenzübergang Furth i. W., 22 über Klatovy
nach Strakonice, 4 nach Písek, 33 über
Tábor, ab Načeradec 18 über Ledeč
n. S. nach Světlá n. Sáz.

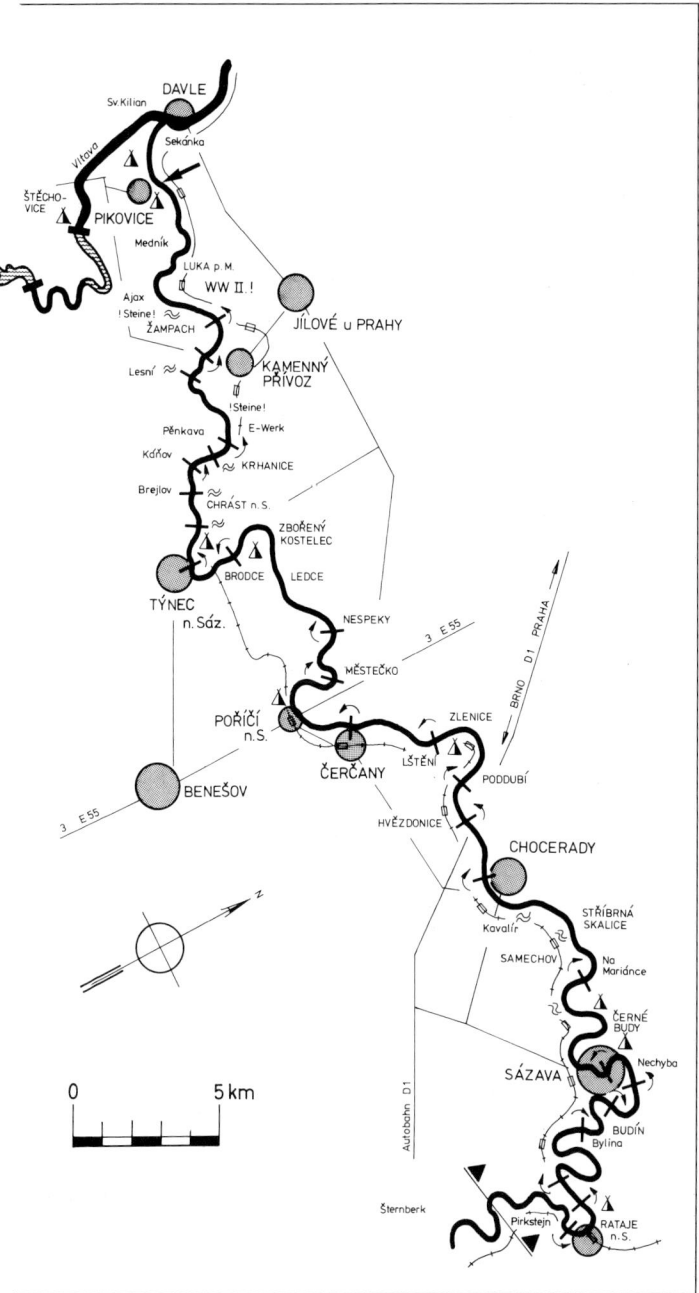

(Pegel Havl. Brod mindestens 135 cm) in Einern gut befahrbar, eilt die Sázava nun als leichtes Wildwasser durch ein Wald- und Wiesental zur flachen Iglau-Sázavaer Furche. Hier schlängelt sie sich, durch mehrere Bäche gestärkt, der alten Stadt Havlíčkův Brod entgegen.

Kajakfahrer, die mit dem Zug anreisen, finden unterhalb des Bahnhofs (ca. 200 m) eine geeignete Einsetzstelle, um in einem Paddeltag nach Světlá n. Sáz. zu gelangen, wo die Wandertour beginnt. Für wenig erfahrene Kanufahrer ist es empfehlenswert, erst am Campingplatz Stvořidla, den wir von Světlá aus auf einem kleinen Sträßchen über die Weiler Lipnička und Koňkovice erreichen, zu starten.

Die Stromschnellen der Wildwasserstrecke Stvořidla befahren wir mit leeren Booten in einem Tag; es macht Spaß, die teils mit großen runden Basaltblöcken gespickten, spritzigen Gefällstufen zu überwinden (am besten geht es in der rechten Flußhälfte). An sonnigen Wochenenden beobachtet ein sachkundiges Publikum vom Ufer aus die Kajakfahrer und belohnt manch gutes Manöver mit Beifall.

Wieder am Zeltplatz unter der Hängebrücke angekommen, beladen wir am nächsten Morgen unsere Boote und paddeln an Wiesen- und Waldhängen vorbei nach Ledeč. Hier erwarten uns zwei Wehre mit geschlossenen Floßgassen – das bedeutet umtragen! Das dritte, durchbrochene, können wir mit etwas Vorsicht befahren. Das Städtchen sollten wir kurz besuchen; auf alle Fälle lohnend ist der Aufstieg zum hoch über dem Fluß liegenden Schloß.

Es folgt eine reizvolle, kurvenreiche Strecke mit mehreren niedrigen Wehren. Spätnachmittags können wir in Buda oder noch besser am Zeltplatz Koupadlo in Zruč. n. Sáz. unsere Zelte aufschlagen. Nach einem Spaziergang zum Schloß wird uns das Abendessen im urigen Gasthof Na ostrově (»Auf der Insel«) sicher schmecken.

Das Wehr in Chabeřice (Rastplatz U starého Bobra – »Beim alten Biber«) wurde umgebaut und mit einer Bootsgasse versehen, die 1991 noch gesperrt war. Schroffe Waldhänge umrahmen den Fluß, und auf manchem Felsvorsprung hoch über der Talsohle entdecken wir kleine, romantische Blockhäuser.

Von links, verdeckt durch einen Felssporn, eilt uns die kristallklare Želivka zu (ihre aufgestauten Fluten versorgen halb Prag mit Trinkwasser), und in kleinen Stromschnellen schaukeln unsere Kanus Kácov entgegen. Vom Schloßfenster verfolgen zwei neugierige Sgrafitti-Damen aus dem Mittelalter aufmerksam unser Tun am durchbrochenen Wehr. Links an der Brücke liegt ein großer Zeltplatz.

Vielleicht paddeln wir weiter, an der Felswand Čertovka (Teufelin) vorbei, treideln oder tragen unsere Boote um mehrere Wehre herum, bis vor uns, majestätisch auf einem Felsriff thronend, die Schloßanlage Český Šternberk sichtbar wird. Hier mündet die Blanice, und kurz nach dem Wehr (über Treppen umtragen) können wir linksufrig zelten. Der nächste Campingplatz, unter der Burg Pirkštejn und dem pittoresken Städtchen Rataje n. S., ist etwas laut; hier überspannt eine Eisenbahnbrücke den Fluß, über die nachts etliche Züge donnern.

In einer vollkommenen Umlaufschleife, »Muschel« genannt, zieht der Fluß der Stadt Sázava entgegen. Dort erwartet uns das altehrwürdige Benediktinerkloster, dessen Historie eng mit dem Schicksal der tschechischen Nation verbunden ist. Das Wehr unter dem Kloster hat zwar eine Bootsgasse, doch wegen der hohen Widerwelle dürfte die Durchfahrt mit vollbeladenen Booten nicht immer gut enden.

Bei Kloučky liegt an einem Flußknick das bekannte Wirtshaus Na Mariánce, wo wir bei einem erfrischenden Bier Kräfte für die neue Floßgasse in Chocerady sammeln. Unter der Autobahnbrücke in Hvězdnice hindurch, an den gotischen Burgruinen Poddubí und Zlenice (Hláska) vorbeipaddelnd, erreichen wir dann Poříčí, wo sich das Tal etwas weitet. Es lohnt sich, mit dem Bus oder Zug nach Benešov zu fahren und das Schloß Konopiště mit seinen herrlichen Gärten zu besichtigen.

Eine gute Strömung trägt unsere Kanus weiter nach Týnec n. S. Der Zeltplatz unter der dunklen Burgruine ist beliebter Ausgangspunkt für eine Tagesfahrt auf der letzten, etwas schwierigeren Etappe bis zur Flußmündung.

Die eigentlichen Wildwasser-Schwierigkeiten beginnen nach Chrást. Die Sázava zwängt sich nun in einem eindrucksvollen Canyon durch das Granitmassiv von Jílové, in dessen Tiefen vor Jahrhunderten ergiebige Goldadern entdeckt wurden. Eine von Steinen geräumte Floßbahn erleichtert uns noch heute die Fahrt; trotzdem verlangt diese Tagesetappe die volle Aufmerksamkeit der Wanderfahrer.

Zwischen schroffen Felswänden an Žampach vorbei und die Schlucht unterm Medník durcheilend, beruhigt sich die Sázava bei Píkovice (großer Zeltplatz links nach der Brücke, günstiges Fahrtende), um sich kurz danach bei Davle der bereits ab Vrané aufgestauten Vltava anzuschließen.

Jugendausfahrt auf der Sázava.

Charakter, Tips

Diesen klassischen böhmischen Wanderfluß können wir ab Světlá n. Sáz. (ab hier fast ganzjährig befahrbar) in drei verschieden schwierige Abschnitte aufteilen:

1. Den für Wildwasserfahrer (in Einer-kajaks oder wendigen Canadiern) geeigneten, ca. 6 km langen Durchbruch – Stvořidla (WW II–III) – zwischen den Ortschaften Smrčná und Vilémovice.

Für eine Befahrung sollte der Pegel in Havl. Brod mindestens 125 cm anzeigen.

2. Den gemächlich, doch keineswegs langweilig strömenden Abschnitt von Vilémovice nach Týnec n. Sáz., der auch Anfängern zu empfehlen ist (alle Kanutypen). Viele Wehre sind mit befahrbaren Floßgassen versehen, und manche bunte Ferienhauskolonie begleitet den Fluß.

3. Bei Krhanice, unterhalb Týnec durchbricht die Sázava in einem großartigen, 16 km langen Canyon das Granitmassiv um Jílové. Die langgezogenen, teils verblockten Schwallstrecken erreichen den Schwierigkeitsgrad WW II (Pegel Poříčí mindestens 105 cm, ab 180 cm Vorsicht!).
Sportlich können wir die Sázava in sieben bis acht Tagen »durchbolzen«, doch die herrliche, abwechslungsreiche Landschaft verlangt nach zwei Wochen. Beliebt als Tagestouren sind die oben erwähnten Wildwasserstrecken: hier werden alljährlich im Mai Kanu-Regatten durchgeführt. Pkw-Begleitung fast durchgehend möglich; eine oft befahrene Eisenbahnstrecke erlaubt ein flexibles Nachholen der abgestellten Fahrzeuge.

Zeltmöglichkeiten

Dobrovitová Lhota (Stvořidla), Vilémovice (Zlatá zátoka), Buda, Zruč n. Sáz. (Koupadlo), Soušice, Kácov, Český Šternberk, Rataje n. Sáz., Sázava, Černé Budy, Zlenice, Poříčí n. Sáz., Zbořený Kostelec, Týnec n. Saz., Píkovice, Sázava-Mündung (Davle).

Sehenswertes

Havlíčkův Brod: Marktplatz, Renaissance-Rathaus, Haus des Schriftstellers Havlíček Borovský (Museum, Galerie), Dekanskirche mit der ältesten Glocke Böhmens (1300), Augustinerkloster, Bergmannskirche (13. Jh.).
Světlá n. Sáz.: Spätgot. Kirche, Neurenaissanceschloß (Landwirtschaftliche Schule), Glashütte Bohemia; Lipnice: got. Burg, Literaturmuseum (Hašek-Schwejk).

Ledeč n. Sáz.: Ehem. Burg, heute Schloß, bar. Lusthaus, got. Kirche, Mariensäule (1770), Stadtmuseum, Jüdischer Friedhof, NSG-Stvořidla.
Zruč n. Sáz.: Neugot. Schloß mit englischem Park, Kirche Hl. Kreuz (14. Jh.), Stausee Želivka.
Kácov: Bar. Schloßkomplex, Kirche Mariä Geburt, am Marktplatz Mariensäule (1730).
Český Šternberk: Burg (urspr. 13. Jh., im 17. Jh. zum Barockschloß umgebaut) mit Waffen- u. Kunstsammlungen; Juni/Juli Konzerte mit mittelalterlicher Musik.
Rataje n. Sáz.: Burgruine Pirkenštejn (14. Jh.), Renaissancekirche, Barockschloß, pittoreske Kleinstadt.
Sázava: Benediktinerkloster (11. Jh., teils Umbau neurenaiss.), roman. Kirche, Glashütte, Kavalier.
Poříčí n. Sáz.: Roman. Kirche St. Peter (11. Jh.), St.-Pavel-Kirche (13. Jh., bar. Ausstattung), NSG-Měsíční údolí.
Týnec n. Sáz.: Ehem. Empireschloß, roman. Burgruine mit Rotunde (Kunstgalerie, Steingutkeramik-Museum), Motorradwerke Jawa.
Kamenný Přívoz: Frühbar. Friedhofskirche.
Jílové u Prahy: Bar. Rathaus mit got. Turm, Alte Münzprägerei (14. Jh., Museum), Kirche Sv. Vojtěch (13. Jh.), Goldbergwerke, NSG-Medník (seltene Flora); Včelni Hrádek: spätgot. Schlößchen.
Davle: St.-Kilian-Kirche, altslawische Burgstätte Sekanka (10. Jh.), Benediktinerklosterruine auf der Insel St. Kilian.

Karten, Kanu-Literatur

Autokarte 1 : 200 000, Nr. 5 Východní Čechy, Nr. 4 Střední Čechy; Touristische Karte 1 : 100 000, Nr. 9 Okolí Prahy, Nr. 14 Posázaví, Nr. 31 Žďárské Vrchy. Wassersportkarte ČSFR 1 : 500 000.
Čs. řeky-kilometráž (Kanu-Wanderführer der ČSFR), Prospekt Flußgebiet der Sázava (1985 – Merkur Praha); DKV Auslandsführer, Band 5; Fahrtenberichte in: Der Kanusport (1982, 1985)

29

Labe (Elbe)

Nordseestrom

Mělník – Hřensko
108 km, 4–5-Tage-Fahrt
(Mělník – Dresden)
160 km, kleine Ferienfahrt

Einen 365 km langen Weg legt die Elbe von ihren Quellen in den Moorwiesen des Riesengebirges (Krkonoše) bis zur Staatsgrenze bei Hřensko zurück. Dabei entwässert sie fast ganz Böhmen in die Nordsee und ist so der mächtigste Fluß des Landes. Im oberen Abschnitt in einem schluchtartigen Tal das Gebirge durchquerend, bietet die Elbe über viele Kilometer schweres Wildwasser, auf dem alljährlich im Frühjahr auch internationale Slalom- und Abfahrtswettkämpfe stattfinden. Bei Hostinné verläßt sie die Labská soutěska (Elbschlucht), verliert ihren wilden Charakter und erreicht bei Dvůr Králové die Ostelbe-Niederung. Mehrmals ihre Fließrichtung zwischen Ost und Süd wechselnd, peilt sie bei Pardubice den Westen an. Im weiten Bogen die fruchtbare Niederung zwischen Kolín und Mělník durchfließend, empfängt sie unter dem Mělníker Weinberg die

Stolz thront Schloß Mělník mit seinen Weinbergen über dem Fluß (Einsetzstelle Ruderclub).

Vltava (Moldau) und bei Litoměřice die Ohře (Eger). Kurz danach wendet sich die Elbe in nördliche Richtung und dringt durch die felsige Enge Česká brána (Porta bohemica) in ein tiefes, vielgewundenes Tal des České středohoří (Böhmisches Mittelgebirge), wo sie von Bergkuppe zu Bergkuppe schwingend die Stadt Děčín erreicht. Die letzte Hürde, das Sandsteingebirge der Böhmisch-Sächsischen Schweiz, bewältigt die Elbe in einem großartigen Canyon, dessen bizarre Felstürme und -wände sie über die Grenze bis nach Pirna begleiten, wo sie in die Dresdner Niederung fließt. In einem einsamen, nur von wenig Städten gesäumten, flachen Urstromtal verläuft sie nun quer durch Deutschland, um nach einer fast 1200 km langen Reise ihre Gewässer bei Hamburg der Nordsee zuzuführen.

Bevor wir in Mělník, rechtsufrig an der Rampe, in der Nähe des Ruderclubs, die Boote ins Wasser setzen, sollten wir die steilen Treppen des Mělníker Weinbergs zum Schloß hinaufsteigen, die Altstadt besichtigen und auf der Terrasse des Schloßrestaurants den hiesigen Wein »Ludmila« sowie die weite Aussicht ins böhmische Land genießen.

Danach, von einer leichten Strömung getragen, erreichen wir bei Liběchov das erste Stauwehr, wo wir über Treppen links umtragen. Rechts begleiten uns die steilen Weinberge und das Schloß von Liběchov, dessen Räume ein kleines völkerkundliches Museum mit Exponaten aus Asien beherbergen. Über das linke Ufer lugt der sagenumwobene Berg Říp herüber, den die Elbe in einem großen Bogen umrundet.

Am folgenden Wehr bei Štětí tragen wir um, doch es besteht die Möglichkeit, mitgeschleust zu werden. Der Fluß wendet sich hier, am harten Travertinriegel des Berges Sovica abprallend, in südliche Richtung, und wir erreichen bald unser Tagesetappenziel, die Stadt Roudnice n. L. Schon im 14. Jahrhundert überspannte unter dem Schloßberg eine mehrbogige, gotische Brücke den Fluß.

Rechtsufrig am Sportgelände können wir übernachten und am nächsten Morgen eine Wanderung (5 km) zum Říp, dem heiligen Berg der Tschechen, unternehmen. Nach einer Legende stand auf seinem Gipfel vor ca. 1400 Jahren der Stammesfürst Urvater Čech (Tschech) und befahl seinen Leuten, sich in dieser fruchtbaren Gegend niederzulassen. Wir erfreuen uns am schönen Blick über die mit Vulkankuppen übersähte Landschaft des Böhmischen Mittelgebirges.

Zurück am Fluß, tragen wir am Wehr rechts um und steuern, getragen von der Strömung, die Insel Ostende und das barocke Kirchlein von Lounky an. Bei Křešice verlangsamt sich die Strömung, es folgt das Wehr bei České Kopisty, und bald legen wir in Litoměřice am Campingplatz Střelecký ostrov (Schützenplatzinsel) an.

Die königliche Stadt, im 16. Jahrhundert eine der wichtigsten in Böhmen und ab 1950 zum Städtischen Denkmalreservat erklärt, hat uns an historischen und urbanistischen Sehenswürdigkeiten viel zu bieten. Bei Westwind duftet die Stadt nach Malz und Hopfen, und im bekannten Bierkeller U Kalicha lassen wir uns das vorzügliche Gebräu schmecken.

Wer erst in Litoměřice die Fahrt beginnen will, findet auch außerhalb des Campingplatzes, rechts nach der Tyrš-Brücke an den Kühlhäusern, eine günstige Einsetzstelle (Labská Straße).

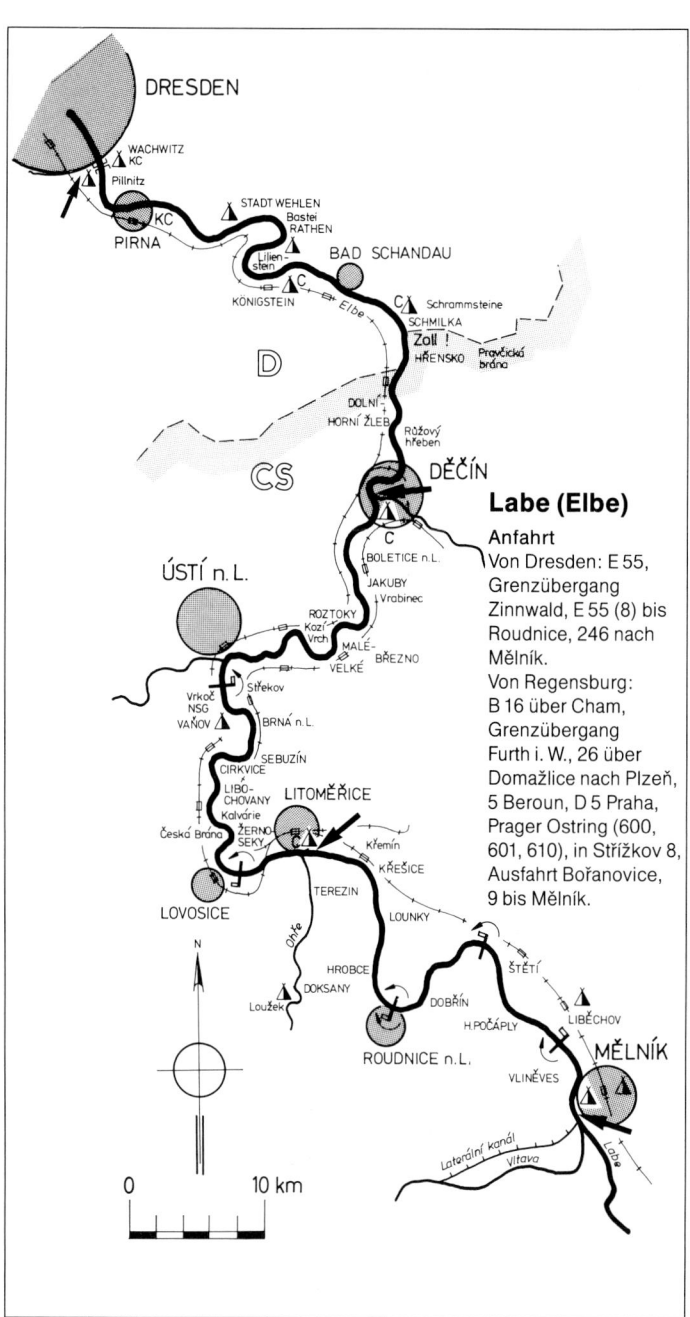

Labe (Elbe)

Anfahrt

Von Dresden: E 55, Grenzübergang Zinnwald, E 55 (8) bis Roudnice, 246 nach Mělník.

Von Regensburg: B 16 über Cham, Grenzübergang Furth i. W., 26 über Domažlice nach Plzeň, 5 Beroun, D 5 Praha, Prager Ostring (600, 601, 610), in Střížkov 8, Ausfahrt Bořanovice, 9 bis Mělník.

Vom Písečný ostrov (Sandinsel) begleitet uns das Jauchzen der Kinder, die im schönen Schwimmbad herumtoben, und bald paddeln wir am riesigen Braunkohle-Verladehafen und dem Chemiekombinat von Lovosice vorüber. Das Umtragen am Wehr (rechts, ca. 100 m, entlang der alten Floßgasse) ist schon zur Routine geworden. Bis zum nächsten Wehr sind es volle 20 km, die wir bei guter Strömung genießen können. Steil abfallende Bergkuppen treten beidseitig an den Fluß, der sich, am Kalvariaberg vorbei, durch die Porta bohemica zwängt, um nachher, rhythmisch von Steilufer zu Steilufer pendelnd, den Norden anzupeilen.

Kleine Dörfer und Feriensiedlungen beleben das enge, malerische Tal. Weniger angenehm ist der Lärm von den Straßen und Eisenbahnstrecken, die den Fluß begleiten, doch bald gewöhnen wir uns daran. Bei Vaňov liegt linksufrig ein schönes Wassersportzentrum; hier dürfen wir zelten, desgleichen auch nach Anfrage auf dem Gelände des Erholungsheims in Brná.

Auf einem dunklen Felsen dominiert hoch über der Elbe die gotische Burg Střekov, die manchen Landschaftsmaler der Romantik inspirierte. Auch Richard Wagner ließ sich von der Landschaft betören und arbeitete hier 1842 an der Vorlage zu seinem Tannhäuser.

Das Umtragen an der Schleuse ist sehr beschwerlich (rechts, ca. 250 m, Schlüssel vom Zaun beim Schleusenwart abholen, Bootswagen erforderlich); wenn es geht, sollten wir uns mitschleusen lassen (1991 Baustelle). Danach fließt die Elbe hindernisfrei und mit sehr guter Strömung bis in die Nordsee.

Kiesbänke an der Fähre von Povrly laden zur Paddelpause ein.

Das Häuserpanorama der Industriestadt Ústí n. L. und ein ausgedehntes Fabrikgelände begleiten uns mehrere Kilometer weit bis nach Neštěmice.

Nach dem felsigen Kozí Vrch wird es im Tal ruhiger. Zwischen Povrly und Malé Březno verkehrt eine Fähre; die nächste Brücke liegt 14 km weiter nördlich. Rechts zeigt sich die markante Bergkuppe Vrabinec mit der gleichnamigen Burgruine, und kurz danach sehen wir die Silhouette des Fernsehturms Velký Chlum.

Ab Boletice n. L. treten die grünen Hänge vom Fluß zurück, und wir nähern uns dem Hafenbecken von Podmokly. Nach der Eisenbahnbrücke leuchtet stolz über der Elbe das barocke Schloß von Děčín, das über 20 Jahre von der sowjetischen Armee besetzt war und jetzt

wieder restauriert wird. An der Mündung der Ploučnice, unterhalb des Schlosses, können wir anlanden (Einsetzstelle für die Fahrt nach Dresden) und unsere Boote rechts über das Brücklein zum Campingplatz am Schwimmbad karren.

Am nächsten Tag paddeln wir durch eine beeindruckende Landschaftsszenerie; steil fallen die Felswände des Rosenkammes, des Mönch und Belvedere zum Fluß hinab. Viel zu schnell sind wir an der Grenze in Hřensko, wo an der Zollstation Jiřenka rechts angelegt wird. Bald sind die Formalitäten erledigt, und freundliche Zöllner winken uns zum Abschied.

Rechts nach der Staatsgrenze liegt der Campingplatz in Schmilka, ein idealer Ausgangspunkt für Wanderungen im Gebiet der Schramm-steine. Der markante Tafelberg Lilienstein beherrscht auf den nächsten Kilometern den Horizont des Elbtals und zwingt zusammen mit der gegenüberliegenden Festung Königstein den Fluß zu einer herrlichen Schleife.

Die Elbe schwingt zum nächsten Felsgebilde, den bizarren Felstürmen der Bastei, die als breite Landschaftskulisse den Fluß bis zur Stadt Wehlen begleiten. Danach werden die Felsen rarer, die Waldhänge niedriger, und Pirna kündigt sich mit den ersten Häusern an. Es lohnt sich, anzulanden (KC) und den zierlich gegliederten Rathausturm, den Dom sowie den Marktplatz mit seinen Patrizierhäusern zu besichtigen.

Wieder in den Booten, am NSG Pillnitzer Insel vorbeipaddelnd, lassen wir unseren Blick zur

Die romantische Burg
Střekov bei Ústí n. L.

180

»indischen« Fassade des Schlosses Pillnitz schweifen, um bald danach das »Blaue Wunder«, die legendäre Stahlhängebrücke, zu unterqueren.

In Dresden beenden wir schließlich unsere Fahrt an einem der Kanu- oder Ruderbootshäuser, an den Elbwiesen oder beim Kanuverein in Radebeul.

Charakter, Tips
Zügig strömender Wanderfluß, den wir mit allen Bootstypen ganzjährig befahren können. Sehr schwankender Wasserstand mit Niedrigwasser in den Sommermonaten. Zu dieser Zeit nur sehr geringe Berufsschiffahrt; doch hat in den letzten zwei Jahren die Zahl der Motorsportboote stark zugenommen. Die Fahrtrinne ist mit roten und grünen Tonnen bzw. Schwimmstangen markiert. Vorsicht an den noch in Betrieb befindlichen Seilfähren! Die Wasserqualität läßt zu wünschen übrig, doch sind neue Kläranlagen im Bau. Der landschaftlich schönste Flußabschnitt liegt zwischen der Porta bohemica und Pirna. Pkw-Begleitung möglich. Eine gute Zugverbindung erleichtert das Abholen der Autos. Wegen Großschifffahrtsstraße besteht Kennzeichnungspflicht (Bootsname, Verein, DKV-Wimpel oder Nummer)! Bei geplantem Grenzübertritt Paß oder Personalausweis mitnehmen!

Zeltmöglichkeiten
Mělník, Litoměřice, Vaňov, Děčín; in Deutschland: Schmilka, Königstein, Rathen, Stadt Wehlen, Wachwitz (Kanuvereine in Dresden), Radebeul.

Sehenswertes
Mělník: Historischer Stadtkern mit renaiss. und bar. Bürgerhäusern, Rathaus (urspr. 14. Jh.), got. Kirche St. Peter u. Paul mit Beinhaus, Schloß (Museum, Galerie), St.-Ludmila-Kirche, Teile der Stadtmauer, Prager Tor, Weinberge (Ludmila).
Liběchov: Barockschloß (Museum asiatischer Kulturen), Pfarrkirche (17. Jh.), Schloßpark mit bar. Plastiken.
Roudnice n. L.: Augustinerkloster (14. Jh.), Kirche (barockisiert), Lobkovicer-Schloß (bar. Caratti, Orsolini), Schloßreitschule (Galerie), Kapuziner-

kloster (17. Jh.), Wachturm der Stadtbefestigung (Hláska), bar. Mühle und Brauhaus (18. Jh.), Berg Říp (Rotunde 12. Jh.).
Litoměřice: Stadtmauern, Königsburg (14. Jh., Brauerei), Rolandsstatue (1539), St.-Štěpán-Kirche (frühbar., Gemälde Lukas Cranach d. Ä.), bischöfliche Residenz, frühbar. Kanonikerhäuser, bischöfliches Konsistorium (1735), Domplatz, roman. Pfarrkirche, St.-Václav-Kirche (1716), Jesuitenkirche (1731), Sterbehaus des Dichters Mácha, Städtisches Theater (1822), Terezín/Theresienstadt (Nationalgedenkstätte).
Lovosice: Renaissanceschloß (Ausbildungsstätte), Barockkirche, Bürgerhäuser (Empire).
Ústí n. L.: Spätgot. Pfarrkirche, ehem. Dominikanerkirche (1731, Ausstellungs- und Konzerthalle), NSG Vrkoč (Felsengebilde), Burg Střekov (14. Jh.).
Děčín: Renaissanceschloß (16. Jh.), Schloßgarten mit Terrassen (Rosengarten), frühbar. Kirche Hl. Kreuz, spätgot. Brücke über die Ploučnice mit bar. Statuen, ehem. Jagdschloß (1735, Schiffahrts-Museum), Zoologischer Garten, Schäferwand, Podmokly-Schloß, Landschaftsschutzgebiet Děčíner Hochland (Sandsteinwände, Türme, Felsenstädte).

Karten, Kanu-Literatur
Autokarte 1 : 200 000, Nr. 1 Severní Čechy; Touristische Karte 1 : 100 000, Nr. 8 Mělnicko/Slánsko, Nr. 5 České Středohoří, Nr. 4 Českosaské Švýcarsko; Wassersportkarte ČSFR 1 : 500 000.
Čs. řeky-kilometráž (Kanu-Wanderführer der ČSFR); DKV-Auslandsführer, Band 5; Deutsches Flußwanderbuch (DKV), DKV-Gewässerführer für Ostdeutschland

30

Jizera (Iser)

Nebenfluß der Elbe (Labe)

***Podspálov – Mladá Boleslav
62 km
3–4-Tage-Fahrt***

Die Jizera, ein fast 165 km langer, rechtsufriger Zufluß der Elbe, entspringt am Südhang des 1124 m hohen Smrk (Tafelfichte) im Osten der Jizerské Hory (Isergebirge). Nach Durchqueren des Hochmoors Jizerská slať bildet die Jizera auf 17 km Länge die Staatsgrenze zu Polen und steuert noch im Bereich des Nationalparks Krkonoše (Riesengebirge) an der Mumlava-Mündung die südliche Richtung an. In ununterbrochenen Stromschnellen durcheilt sie in einem tief eingeschnittenen Waldtal den Železnobrodský-Höhenzug. Bei Nová Ves, wo sich ihr die Jizerka anschließt, ändert die Jizera mit einem scharfen Knick ihren Lauf und strömt westwärts durch Semily und Železný Brod, um in einem großen Bogen nochmal ihre Fließrichtung zu korrigieren. Unterhalb der Stadt Turnov beruhigt sich ihr quirliger

Als Wiesenfluß erleben wir die Jizera unterhalb Turnov.

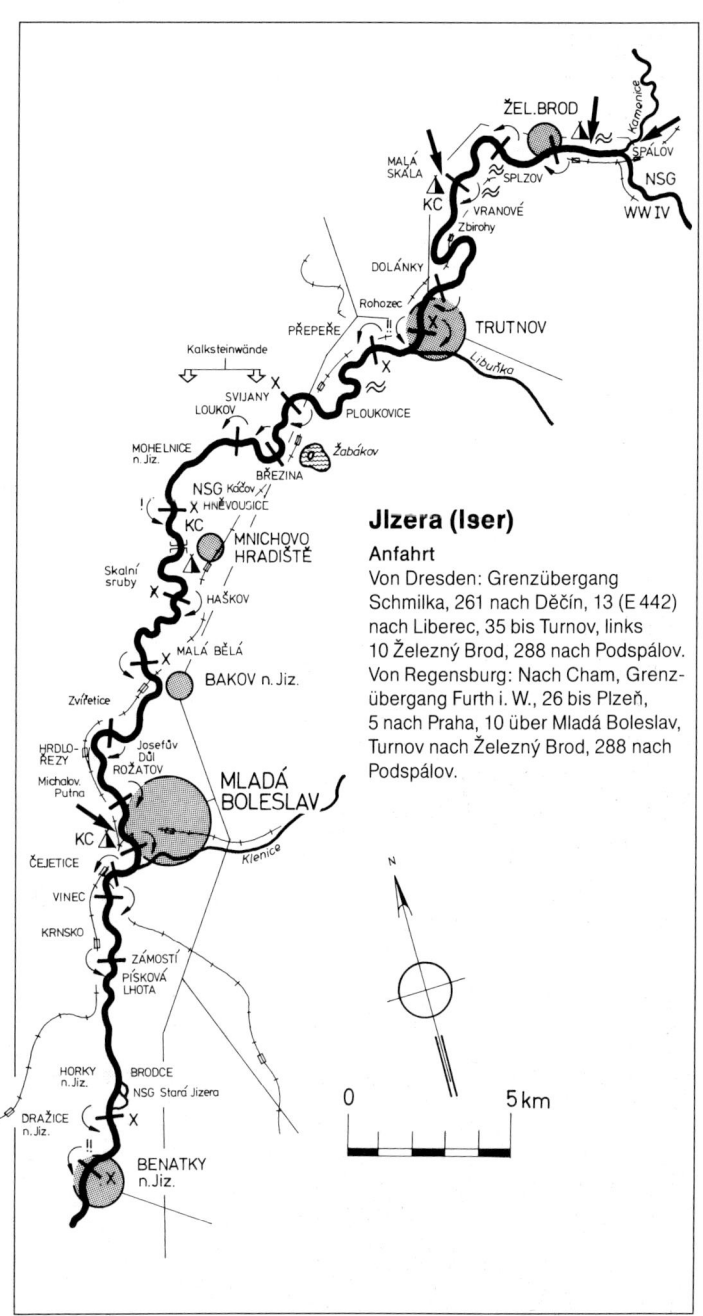

Jizera (Iser)

Anfahrt

Von Dresden: Grenzübergang Schmilka, 261 nach Děčín, 13 (E 442) nach Liberec, 35 bis Turnov, links 10 Železný Brod, 288 nach Podspálov. Von Regensburg: Nach Cham, Grenzübergang Furth i. W., 26 bis Plzeň, 5 nach Praha, 10 über Mladá Boleslav, Turnov nach Železný Brod, 288 nach Podspálov.

0   5 km

N

Lauf, und sie schlängelt sich etwas gemächlicher durch das Turnauer Hügelland. Dann, in einem immer breiter werdenden Tal an Ml. Boleslav vorbei, fließt sie schließlich bei Toušeň der Elbe zu.

In den Frühjahrsmonaten, nach der Schneeschmelze, erweisen die besten Wildwasserfahrer der schäumenden Jizera ihre Referenz, und manche Flußabschnitte, die die Wertung WW V auf der Schwierigkeitsskala erreichen, gehören zu den schönsten und technisch interessantesten in der Tschechischen Republik.

Für Kanuwanderer ist die Jizera ab Podspálov, wenige Kilometer flußaufwärts von Železny Brod, bis in den Frühsommer befahrbar. Hier können wir unweit der Chata Spálov (kleines Hotel), am Parkplatz oberhalb der Brücke, die Autos stehen lassen und in die Kamenice einsetzen. Etwas bequemer geht es am kleinen Zeltplatz, ein paar hundert Meter unterhalb des Zusammenflusses der Jizera mit der Kamenice.

Die eckige Stromschnelle Paraplíčko (»Schirmchen«) läßt unsere Kajaks etwas schaukeln, und flott geht die Fahrt durch das bewaldete Tal. Bald zeigen sich die ersten Häuser von Železný Brod; am Stadtwehr tragen wir um. Die am Fluß angesiedelte Stadt entstand an einer alten Furt. Dank reicher Erzvorkommen entwickelte sich schnell eine eisenverarbeitende Industrie; später siedelten sich bedeutende Glashütten an.

Eine weitere günstige Einsetzstelle finden wir neben dem Parkplatz am Glaswerk; hier dürfen wir nach Absprache auch die Autos abstellen. Über die runde Krone des nachfolgenden Wehres an der Plátěná osada können wir in Einern gefahrlos hinunterrutschen. Danach folgt die enge Flußschleife von Splzov.

Anschließend paddeln wir der Mittagssonne entgegen. Silbrig blendet uns die Wasserfläche, und die glänzenden Wellen verdecken manchen Stein, der knapp unter der Oberfläche lauert.

Nach der Brücke in Malá Skála folgt ein Wehr mit Floßgasse (je nach Wasserstand befahrbar). Rechts auf der Insel liegt der Campingplatz, ein Ausgangspunkt für Wanderungen zur Felsenstadt Suchá Skála, die am »Goldenen Steig des Böhmischen Paradieses« liegt. Das Flußbett wurde hier neu ausgebaggert, und der Wasserentzug am Wehr macht uns im Hochsommer etwas zu schaffen.

Doch bald kehrt das Wasser zurück, und durch die wunderschöne, felsumsäumte Doppelschleife von Rakousy paddelnd, nähern wir uns dem Wehr in Dolánky (1991 Baustelle). Rechts aus dem Waldhang leuchtet das Schloß Hrubý Rohozec und kündet uns Turnov, die Stadt der berühmten Edelsteinschleifer, an.

Links vor dem Wehr (schwierige Umtragestelle) liegt das Kanubootshaus, wo wir nach Absprache übernachten können. Am nächsten Morgen unternehmen wir einen lohnenden Ausflug durch das Libuňka-Tal zu den bizarren Sandstein-Felstürmen der Felsenstadt Hrubá Skála (grüne und rote Wegemarkierungen).

3 km nach dem Turnover Wehr tragen wir nochmal die Boote um, und eine angenehme Strömung zieht uns zwischen Pappeln und Weiden in großen Mäandern an Svijany vorbei (Wehr, links umtragen) nach Březina, wo wir den 400 Jahre alten Holzglockenturm der gotischen Kirche besichtigen.

Nach dem Wehr begleiten uns über mehrere Kilometer exotisch wirkende, weit überhängende Travertinwände, in deren vom Wasser und Wind erodierten Höhlen und Nischen schreiende Dohlen nisten. Mit spritzigen Stromschnellen gespickt, pendelt der Fluß im breiten Tal von Felswand zu Felswand. Die Schloßruine Zásadka bewacht die Mündung der Mohelka, und nach dem nächsten Wehr erwartet uns ein interessantes geologisches Gebilde. Hier hat der Fluß eine enge, gewundene Rinne in die Travertinschichten geschliffen, und bei niedrigem Wasserstand können die scharfen Felsränder unvorsichtigen Faltbootfahrern zum Verhängnis werden. Wasseramseln und Störche zeugen von ausgewogener Ökologie, und mit etwas Glück begegnen wir im einsamen Tal dem seltenen Schwarzstorch, der irgendwo im großen Waldkomplex der Felsenstadt Příhrazy noch ungestört nisten kann.

Kurz nach der Straßenbrücke in Mnichovo Hradiště können wir zelten (vor der Brücke Pfadfinder-Kanuverein), um am nächsten Tag das barocke Schloß mit der Wallenstein-Bibliothek, dem Goldenen Kabinett und der Kunstgalerie zu besichtigen.

Südlich der Stadt mäandert die Jizera an der Korbflechterstadt Bakov n. J. vorbei, und wir tragen an den hohen Wehren von Haškov (1991 Baustelle) und M. Bělá unsere Boote um. Rechts taucht die Schloßruine Zvířetice auf, und in der Nähe des romantischen Schlößchens in Josefův Důl steigen wir nochmals aus den Booten. Bald danach winkt uns von rechts

Auf den Sandbänken nach dem Wehr Dolánky machen wir Rast.

der finster dreinschauende Turm der Burgruine Michalovice (Michalovická Putna), und wir nähern uns dem Ziel: der Altstadt von Mladá Boleslav (Jungbunzlau), die sich am Zusammenfluß der Jizera mit der Klenice auf einem Felssporn erhebt. Rechts nach der Eisen-bahnbrücke steht das Bootshaus des Kanuvereins; hier können wir unsere Kajaks liegen lassen. Vom Bahnhof Čejetice, den wir ca. 1 km flußabwärts finden, fahren wir mit dem Zug zurück nach Železný Brod oder Podspálov, um unsere Autos abzuholen.

Charakter, Tips

Ab Camping Malá Skála bei Železný Brod fast ganzjährig befahrbarer, teils gut strömender Wanderfluß, der auch weniger geübten Wanderfahrern zu empfehlen ist. Im Abschnitt Podspálov – Malá Skála einzelne mittelschwere Wildwasserstellen (bis WW II); hier nur bis ca. Ende Mai befahrbar. An allen Wehren müssen die Boote umgetragen werden (schwierig in Turnov und am hohen Wehr vor Benátky n. J.), darum sind Kunststoffboote zu empfehlen. Flußabwärts vor Turnov einsame Ufer, nur wenige offizielle Zeltmöglichkeiten. Lohnende Wanderungen zu den Fel-senstädten bei Turnov und Mnichovo Hradiště. Pkw-Begleitung bis Turnov durchgehend möglich, nachher Kon-takt an Brücken. Zwischen Ml. Boleslav und Železný Brod günstige Eisenbahn-verbindung. Wasserstand für eine Wanderfahrt: Pegel Železný Brod min-destens 110 cm.

Zeltmöglichkeiten

Podspálov, Malá Skála (Vranové), Turnov (KC nach Anfrage), Mnichovo Hradiště, Mladá Boleslav; sonst auf Wiesen nach Absprache mit den Eigentümern.

Sehenswertes

Železný Brod: Barockkirche St.-Nepo-muk-Pfarrkirche, Museum, Volksarchi-tektur, Glashütte.
Malá Skála: Burgruine, Aussichtsturm, Barockschloß, Grabstätte der Schrift-stellerin Jarm. Glazarová.
Turnov: Marktplatz, Renaissance-Rat-haus (16.–19. Jh.), Kirche Sv. Mikuláš (14. Jh.), bar. Pfarrhaus, Franziskaner-kloster mit Kirche (17. Jh.), Museum

(Geologie, Mineralogie), Felsenstädte Hrubá Skála, Klokočské skály, got. Schloß Hrubý Rohozec.
Březina: Teich Žabakor, Urnenfelder (5. Jh. v. Chr.), got. Kirche St. Vavřín (13. Jh.) mit Holzglockenturm (1654).
Mohelnice n. J.: Roman. Kirche, Schloßruine Zásadka.
Mnichovo Hradiště: Historischer Stadt-kern mit bar. u. empire Bürgerhäusern, bar. Kirche St. Jakub, Mariensäule, Barockschloß (1703, Canevalle) mit Bibliothek, Kapuzinerkloster (1690), St.-Anna-Kapelle mit Wallensteins Grabstätte, Museum, Stadtgalerie, Felsenstädte Na Mužském, Příhrazy.
Bakov n. J.: Bartoloměj-Kirche (16. Jh.), bar. Friedhofskirche, Drei-faltigkeitssäule (1729), Schloßruine Zvířetice (13.–16. Jh.).
Mladá Boleslav: Renaissanceschloß (Borgorelli), Rathaus (1559), neuro-man. Rathaus, frühbar. Jüdische Schu-le, spätgot. Wasserwerk, Stadtmauern, Jugendstil-Theater, Barockkirche Hl. Maria, Renaissancekirche (Konzert-saal), Minoritenkloster (1633), Jüdi-scher Friedhof, Škoda-Werke; Micha-lovice-Burgruine (Putna) u. a.
Benátky n. J.: Renaissanceschloß (Sgraffiti), Schloßkirche, Wasserturm (16. Jh.), bar. Rathaus, Stadtmuseum (Tycho de Brahe, Keppler), bar. Bür-gerhäuser.

Karten, Kanu-Literatur

Autokarte 1 : 200 000, Nr. 2 Krkonoše; Touristische Karte 1 : 100 000, Nr. 13 Český ráj a Poděbradsko.
Čs. řeky-kilometráž (Kanu-Wanderfüh-rer der ČSFR); DKV Auslandsführer, Band 5.

31

Orlice (Divoká Orlice)

Zufluß der Labe (Elbe)

Kostelec n. Orl. – Hradec Králové
48 km, 2–3-Tage-Fahrt

Die Quelle der ganzjährig ab Kostelec n. Orl. befahrbaren Divoká Orlice liegt auf polnischem Gebiet, in den Hochmooren unter dem Südwesthang des 833 m hohen Biesiec (Wilder Mann). Auf einer Länge von 30 km bildet sie, als herrlicher Wildbach ein sonniges, breites Gebirgstal durchfließend, die Staatsgrenze zwischen der ČR und Polen und teilt so das Orlické Hory (Adlergebirge) und die Góry Bystrzyckie. Bei Lesica wendet sie sich nach Süden und durchbricht in einer engen Felsenschlucht, Zemská Brána (Landestor) genannt, das Adlergebirge und wird kurz danach von der Talsperre Pastviny zu einem mehrere Kilometer langen Bergsee aufgestaut.

Einbooten am Pegel Týniště n.O.

Unterhalb des Ausgleichsbeckens ändert die Divoká Orlice in einem scharfen Knick ihre Fließrichtung und eilt nun westwärts durch die liebliche Stadt Žamberk. Vor Litice sägt sie ein tiefes Tal in den harten Granitriegel des Chlum-Massivs und tobt sich im Liticer Bogen mit mächtigen Stromschnellen aus, bevor sie im Talkessel unterhalb Potštejn das Flüßchen Zdobnice aufnimmt. Danach fließt sie schon als ruhiger Wanderfluß mit teils regulierten, sandigen Ufern Týniště n. Orl. entgegen, wo sie zusammen mit der Tichá Orlice die eigentliche Orlice bilden. Diese zieht von Wiesen und Weiden gesäumt mit gemütlicher Strömung und vielen Mäandern in westlicher Richtung weiter durch eine flache Talmulde nach Hradec Králové (Königsgrätz), wo sie im Stadtpark in die Elbe (Labe) mündet.

Bei gutem Wasserstand könnten wir unsere Wanderfahrt schon in Potštejn beginnen, doch auf den folgenden 10 km müßten wir an fünf Wehren unsere Boote umtragen. Beim Einsetzen in Kostelec n. Orl. erwartet uns eine 48 km lange, gemütliche Wanderfahrt mit nur zwei Wehren, die uns aus den Booten zwingen. Darum bauen wir nahe dem Schwimmbad am Hotel U splavu unsere Faltboote auf und lassen sie ins Wasser. Gleich daneben liegt der schöne Campingplatz Svazarm, wo wir günstig übernachten können. Die Autos bleiben am Parkplatz stehen, der Bahnhof ist gleich in der Nähe.

Am südlichen Stadtrand entlang paddeln wir im begradigten Flußbett, das in regelmäßigen Abständen mit niedrigen Steinbarrieren verbaut ist, die jedoch immer einen Bootsdurchlaß haben. Rechts bleiben das Schloß und der sehenswerte Englische Park liegen, und die ersten Flußschleifen ziehen

uns dem ausgedehnten Waldkomplex Černý les (Schwarzwald) entgegen. Von rechts fließt uns die Kněžná zu; ein Teil ihres Wassers wurde in den Náhon (Mühlenkanal) abgezweigt und erreicht die Orlice erst in Týniště.

Völlig einsam, umgeben von einem Weiden- und Erlengürtel, pendelt unser Flüßchen in gemütlicher Strömung weiter in westlicher Richtung durch die flache Talmulde. Nur zwei Brücken überspannen das Gewässer, und erst der Weiler Světlá nähert sich den Ufern. Kurz vor der Eisenbahnbrücke vereinigt sich die Divoká mit der Tichá Orlice; nun heißt der Fluß Orlice.

Es folgt das erste Wehr, an dem ein kleines Kraftwerk betrieben wird. Wir tragen ca. 50 m rechts um. Alles ist hier noch idyllisch, auf einem abgebrochenen Pappelstamm nistet der Storch, wir sahen ihn schon vorher auf den Wiesen herumstelzen. Es klingt unwahrscheinlich, aber beim Baden fanden wir im sandigen Flußbett sogar Flußkrebse!

Ein großer Bogen führt uns entlang der Stadt Týniště n. O. Kurz nach der Brücke von Borohrady (Pegel) befindet sich die beliebte Einsetzstelle U Krbů. Nach Anfrage im nahen Kanuwander-Wirtshaus (Albrechtice, Vodácká hospoda) können wir hier eine Nacht zelten.

Im anschließenden Abschnitt bildet die Orlice unzählige Kehren, wobei sie sich teilweise weit von der Straße entfernt. Am Forstgebiet U Králova stolu (Beim Königstisch) locken kleine sandige Uferstrände zum Sonnen und Verweilen. Nach der Heuernte kann man hier sein Zelt für eine Nacht aufstellen und einen einsamen Abend am Fluß erleben. An der Brücke vor Třebechovice sollten wir anlegen und die 2 km hinaufspazieren, um wenig-

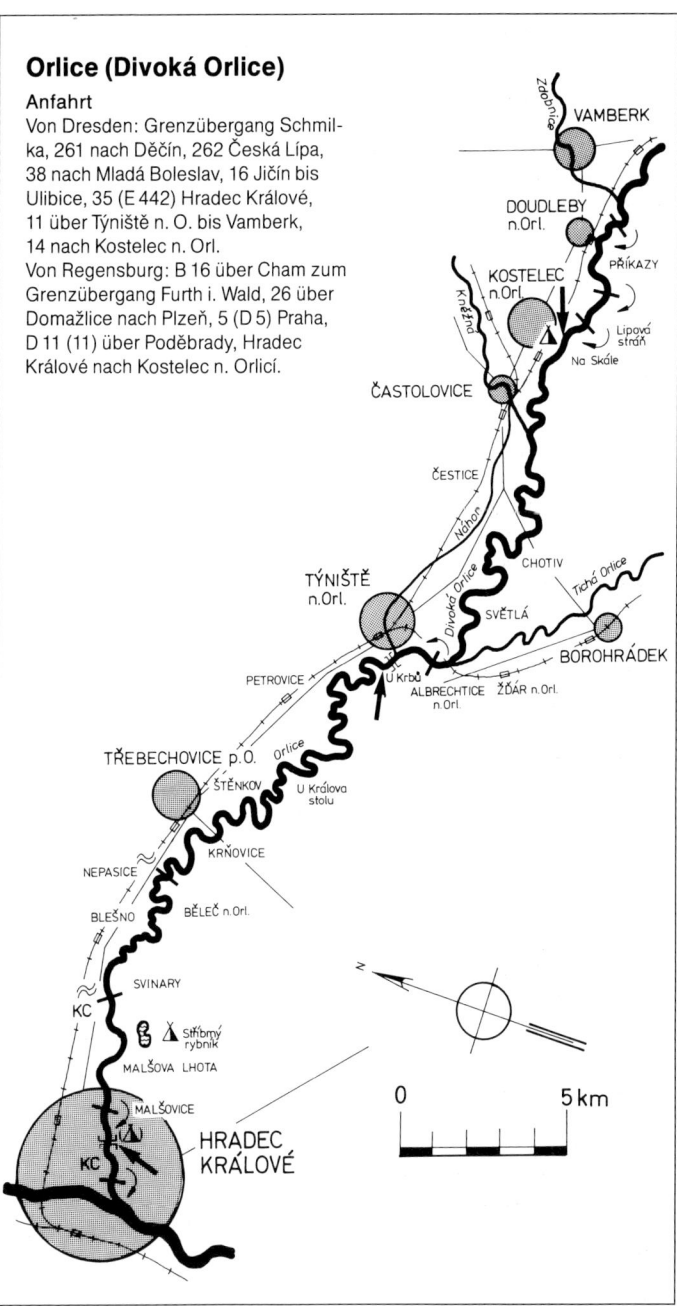

Orlice (Divoká Orlice)

Anfahrt

Von Dresden: Grenzübergang Schmilka, 261 nach Děčín, 262 Česká Lípa, 38 nach Mladá Boleslav, 16 Jičín bis Ulibice, 35 (E 442) Hradec Králové, 11 über Týniště n. O. bis Vamberk, 14 nach Kostelec n. Orl.
Von Regensburg: B 16 über Cham zum Grenzübergang Furth i. Wald, 26 über Domažlice nach Plzeň, 5 (D 5) Praha, D 11 (11) über Poděbrady, Hradec Králové nach Kostelec n. Orlicí.

stens das weltbekannte Bethlehem, eine sehr seltene holzgeschnitzte Krippe mit über 400 Figuren, anzusehen.

Auch im weiteren Verlauf pendelt die Orlice westwärts durch ausgedehnte Feuchtwiesen bis nach Svinárky, wo uns nach der Straßenbrücke ein aufgelassenes Wehr erwartet. Es wurde vor Jahren von abgehenden Eisschollen durchbrochen und nicht mehr erneuert. Rechts im alten Mühlengebäude ist das Bootshaus des Kanuvereins.

Eine bewohnte Parklandschaft begleitet uns nach Malšova Lhota, wo sich am Teich Stříbrný rybník ein vielbesuchter Campingplatz ausbreitet. Mit gemächlicher, nachlassender Strömung nähern wir uns der ehemaligen Königsstadt Hradec Králové und beenden am Wehr (links umtragen) im Stadtteil Malšovice, vor der Fußgängerbrücke, unsere Wanderung. Von hier sind es ca. 1,5 km zum Bahnhof Slezské Předměstí, und auch mit dem Auto ist die Abbaustelle gut erreichbar.

Bei einer Weiterfahrt in die Elbe erwartet uns im Stadtpark noch ein Wehr; wir tragen wieder links um und erreichen nach ca. 600 m die Mündung.

Charakter, Tips

Lieblicher, ab Kostelec ganzjährig auch für Anfänger leicht zu befahrender Wanderfluß, der mit mäßiger Strömung, nur wenig reguliert, in vielen Mäandern eine flache, wenig bewaldete Talmulde in westlicher Richtung durchfließt. Der Pegel in Týniště n. O. sollte mindestens 60 cm anzeigen. Kleine Sandbänke und sauberes Wasser locken zu Badepausen; die nur wenigen Wehre sind teils durchbrochen und befahrbar, teils ohne Schwierigkeiten zu umtragen. Pkw-Begleitung möglich, doch Flußkontakt nur an Brücken. Zwischen Hradec Králové und Kostelec günstige Eisenbahnverbindung.

Zeltmöglichkeiten

Potštejn, Kostelec n. O. (Camping U splavu), Týniště n. O. (für eine Nacht geduldet, Wiese an der Brücke), Svinárky (KC), Camping Stříbrný rybník, Hradec Králové (KC).

Sehenswertes

Potštejn: Burgruine mit Kapelle (14. Jh.), Barockschloß, Empirokirche, herrliche Lindenallee.

Doudleby n. O.: Vierflügeliges Renaissanceschloß (Spitzenklöppelmuseum, Sgraffiti, Kachelöfen), Englischer Park.

Kostelec n. O.: Empireschloß, Schloßpark (42 ha), Barockschloß, spätbar.

Pfarrkirche, barockisiertes Rathaus, Mariensäule (18. Jh.), Reste der Stadtmauer; Častolovice: Renaissanceschloß, spätbar. Pfarrkirche.

Týniště n. O.: Got. Pfarrkirche (1788, barockisiert), Keramikmuseum, frühbar. Rathaus, Musikinstrumentenbau.

Třebechovice p. O.: Barockkirche, Kirche am Berg Oreb, Třebechovicer Bethlehem (holzgeschnitzte Krippe, 7 x 3 m, Kapucian).

Hradec Králové: Ehem. königliche Stadt, historischer Stadtkern mit mehreren got., renaiss. u. bar. Bürgerhäusern, got. Dom Sv. Duch (Hl. Geist, Backsteingotik), got./renaiss. Weißer Turm (mit zweitgrößter Glocke Böhmens), frühbar. Jesuitenkirche (1666, Lurago), Jesuitenkolleg mit Gymnasium, bar. Bischofsresidenz (Kunstgalerie), Renaissance-Rathaus, Kirche St. Kliment (urspr. 11. Jh.), Museum, spätbar. Kirche St. Antonin, Theater, Puppentheater, Sternwarte u. v. a.

Karten, Kanu-Literatur

Autokarte 1 : 200 000, Blatt 5 Východní Čechy; Touristische Karte 1 : 100 000, Nr. 16 Hradecko, Nr. 18 Orlické Hory. Čs. řeky-kilometráž (Kanu-Wanderführer der ČSFR); DKV Auslandsführer, Band 5.

32

Moravice mit Opava

Nebenflüsse der Odra

Kružberk – Děhylov
34 km + 26 km
3–4-Tage-Fahrt

In fast 1100 m Höhe liegt die Quelle der Moravice, die im Großen Kessel zwischen dem Kamzičník (1420 m) und der Vysoká Hole (1464 m) im Hrubý Jesenik (Altvatermassiv) entspringt. In überwiegend südöstlicher Richtung durch ein herrliches Gebirgstal im steinigen Flußbett hüpfend, wird die Moravice bei Kružberk mit einer 33 m hohen Betonmauer zu einem

10 km langen See aufgestaut, der zur Trinkwasserversorgung der Stadt Ostrava dient. Unterhalb der Talsperre durchfließt die Moravice eines der schönsten und wildesten Flußtäler der ČR. Bei Hradec n. M. verläßt sie das Tal, in dem sie auf knapp 30 km 125 Höhenmeter verloren hat, und vereint sich östlich der Stadt Opava (Troppau) mit dem Fluß Opava (Oppa).

Typisch für das Flußtal der Moravice sind die schönen Ferienhäuser.

Nur wenige Kilometer von der Quelle der Moravice entfernt, am Südhang des 1491 m hohen Praděd (Altvater), erblickt die Bílá Opava (Weiße Oppa) das Licht der Welt, einer der drei Quellflüsse der Opava. In Vrbno p. P. (Würbenthal) vereinigen sich alle drei zur Opava, die südöstlich nach Heřmínovy bei Bruntál fließt, um nach einem Knick in nordöstlicher Richtung Krnov (Jägerndorf) zu erreichen. Hier peilt sie endgültig den Südosten an und bildet über mehrere Kilometer die Staatsgrenze zwischen der ČR und Polen. In ein steinernes Korsett gezwängt, durcheilt sie die schlesische Stadt Opava, nimmt sich der von links ankommenden Moravice an und pendelt anschließend gemütlich, mehrmals durch Wehre aufgestaut, durch die flache Hlučíner Talmulde, um sich bei Ostrava-Poruba mit der Odra (Oder) zu vereinigen.

Wenn wir zu Ostern im Rahmen der Kanu-Rallye die Moravice befahren, gibt es keine Probleme mit dem Abholen der abgestellten Autos; ein Bus pendelt zwischen Start und Ziel, und es ist ein sportlicher Spaß, im Pulk die vielen Stromschnellen, Stufen und Wehre zu durchpaddeln.

Für eine kleine Gruppe ist es günstig, den bei Podhradí am Fluß liegenden Campingplatz U Pepína als Basislager zu wählen. Dank der Busverbindung über Vítkov können wir unsere in Kružberk abgestellten Autos abholen, doch am zweiten Tag müssen wir ein Auto in Hradec stehen lassen. Unsere Einerkajaks, die auf der Moravice die idealen Boote sind, können wir gleich unter der Staumauer einsetzen; hier erwartet uns ein durchbrochenes Wehr (Vorsicht: Pfeilerreste!) oder direkt unter der Brücke in der Ortschaft Kružberk die Fahrt beginnen.

Eine gute Strömung zieht uns in die erste Flußschleife. Viele kleine Stufen und Steinbarrieren mit engen Durchlässen charakterisieren das quirlige Flüßchen, das im engen, felsigen Tal von Prallhang zu Prallhang eilt. Am Wehr im alten Bad Jánské Koupele verschwindet ein Teil des Wassers in einem unterirdischen Stollen.

Über die nachfolgenden niedrigen Wehre nach Mokřínky rutschen wir hinüber. Unter der neuen Straßenbrücke in Zálužné wird es anschließend etwas seicht und steinig. Die Steilhänge werden immer höher, und der Fluß drängt in den einsamen Canyon. Uns fallen die vielen dunklen Schieferhalden auf, die uns schon über mehrere Kilometer begleiten. Früher waren hier Schiefer-Steinbrüche; die alten Stolleneingänge können wir auch heute noch an den Hängen entdecken. Nach dem Wehr an der Hanzel-Mühle und zwei Bilderbuch-Flußschleifen landen wir nach 15 km sportlicher Fahrt am Campingplatz U Pepína, wo unsere Zelte stehen. Bis hierher reicht der Rückstau des 6 m tiefen Ausgleichsbeckens, in dessen Staumauer ein Turbinenkraftwerk eingebaut ist.

Am nächsten Tag tragen wir hier und am nachfolgenden Wehr kurz um. Nach der engen Kehre unter der Ruine Vikštejn wartet ein befahrbares Wehr, und 3 km weiter suchen wir in den Stromschnellen am geschleiften Wehr des Větřkovický Mlýn eine Durchfahrt. Nachdem von links der Melčský potok und der Bach Meleček zugeflossen sind und wir das 3 m hohe Albrechticer Wehr bezwungen haben, öffnet sich bei Žimrovice das Tal.

Viele beenden hier die Osterfahrt, doch bis nach Hradec folgt noch eine flotte Strecke. Links auf der großen Wiese unter dem Schloß ent-

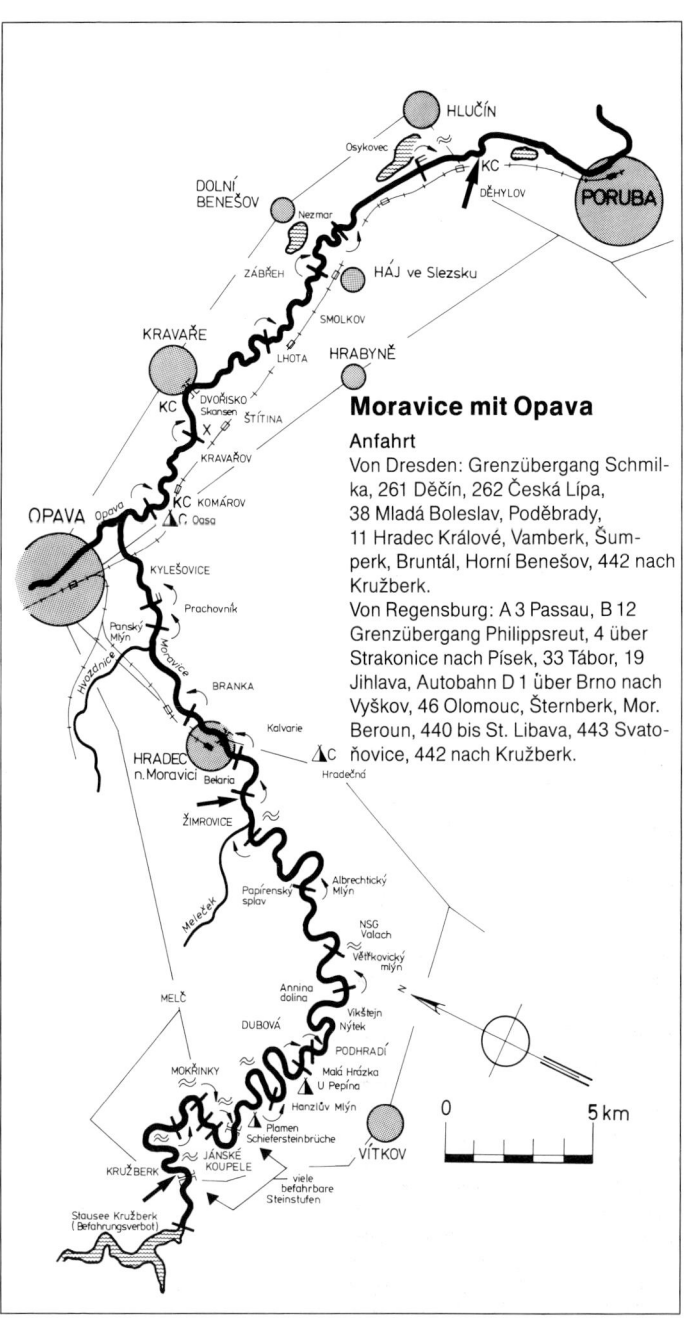

Moravice mit Opava

Anfahrt

Von Dresden: Grenzübergang Schmilka, 261 Děčín, 262 Česká Lípa, 38 Mladá Boleslav, Poděbrady, 11 Hradec Králové, Vamberk, Šumperk, Bruntál, Horní Benešov, 442 nach Kružberk.

Von Regensburg: A 3 Passau, B 12 Grenzübergang Philippsreut, 4 über Strakonice nach Písek, 33 Tábor, 19 Jihlava, Autobahn D 1 über Brno nach Vyškov, 46 Olomouc, Šternberk, Mor. Beroun, 440 bis St. Libava, 443 Svatoňovice, 442 nach Kružberk.

HLUČÍN
PORUBA
Osykovec
KC
DĚHYLOV
DOLNÍ BENEŠOV
Nezmar
ZÁBŘEH
HÁJ ve Slezsku
SMOLKOV
KRAVAŘE
LHOTA
HRABYNĚ
KC
DVOŘISKO
Skansen
ŠTÍTINA
X
KRAVAŘOV
OPAVA
Opava
KC KOMÁROV
C Oasa
KYLEŠOVICE
Prachovník
Panský Mlýn
Moravice
BRANKA
Hvozdnice
Kalvárie
HRADEC
n. Moravici
Belaria
Hradečná
C
ŽIMROVICE
Papírenský splav
Albrechtický Mlýn
Meleček
NSG Valach
Větřkovický mlýn
Annina dolina
MELČ
Vikštejn
Nýtek
DUBOVÁ
PODHRADÍ
MOKŘINKY
Malá Hrázka
U Pepína
Hanzlův Mlýn
Plamen
Schiefersteinbrüche
JÁNSKÉ KOUPELE
VÍTKOV
viele befahrbare Steinstufen
KRUŽBERK
Stausee Kružberk
(Befahrungsverbot)

0   5 km

193

stand das supermoderne Hotel Belaria. Vor der zweiten Straßenbrücke (Straße nach Chvalíkovice) finden wir eine günstige Anlegestelle. Die Berge treten vollkommen zurück, und die Moravice fließt nun beruhigt in Richtung Opava. Nach der Hvozdnice-Mündung bewältigen wir das Wehr am Panský Mlyn (Herrenmühle) und in Kyleśovice, dessen Schleuse leider nicht funktioniert. Bald tauchen wir die Paddel in das nicht sehr saubere Wasser der Opava ein. Eine gemächliche Strömung treibt uns am Campingplatz und Motel Oasa vorbei;

rechts am Wehr finden wir einen Biergarten und das Gebäude des Kanuvereins.

Gesäumt von Pappeln, Weiden und Erlen nähert sich der Fluß dem nächsten Bootshaus am südlichen Rand der Stadt Kravaře. An den folgenden Wehren in Lhota, Smolkov und Háj tragen wir die Boote nochmals um. Bei Dobroslavice wurde das beschädigte Wehr neu aufgebaut und links mit einer Bootsgasse versehen. Vor dem Durchfahren sollten wir diese jedoch besichtigen. Linksufrig breitet sich ein neuer Badesee aus, und viele Zu-

Am Kanuvereinsgelände in Děhýlov beenden wir unsere Wanderfahrt.

schauer beobachten interessiert die in der Bootsgasse kämpfenden Kanufahrer.

Wie durch ein Tor zwängt sich anschließend die Opava zwischen die Bergkuppen Končina und Vinná hora. Am Ende einer Ferienhauskolonie, die den Fluß rechtsufrig begleitet, landen wir am großen Bootshaus des Kanuvereins NHKG und beenden unsere Wanderung. Zur kleinen Bahnstation Děhylov sind es knapp 15 Minuten Fußmarsch.

Charakter, Tips

Moravice: Sehr flott strömendes, sportlich-anspruchsvolles Wanderflüßchen (bis WW I), das unterhalb der Talsperre Kružberk im tief eingeschnittenen Tal mit unzähligen engen Umlaufschleifen die einsamen Wälder des Niederen Jeseník durchquert. Das Wasser der Moravice ist sehr sauber und forellenreich. Befahrbar bis Mitte Mai; je nach Wasserabgabe von der Talsperre (mindestens 7 m/s) auch später im Jahr nach Regenperioden oder im Herbst. Im April alljährlich Kanutreffen und Regatta (Ausrichter KC Peřej Opava). Günstiger Stützpunkt für eine Befahrung in zwei Tagesetappen ist der Campingplatz U Pepína bei Podhradí. Sportliche Wanderfahrer mit Kajak-Einern oder wendigen Canadiern werden an diesem quirligen Flüßchen ihre Freude haben. Ab Hradec können auch Anfänger ihre Boote ins Wasser lassen (Weiterfahrt auf der Opava). Keine Pkw-Begleitmöglichkeit; Flußkontakt nur in Zálužné, Podhradí und Žimrovice.

Opava: Ab der Stadt Opava in östlicher Richtung strömender Wanderfluß, der in vielen Mäandern gemächlich durch eine flache Talsenke fließt. Bei Mittelwasser fast ganzjährig mit allen Kanutypen befahrbar, auch Anfängern zu empfehlen. Alle Wehre sind leicht zu umgehen, am letzten Wehr bei Hlučín wurde eine lange, spritzige Bootsgasse eingebaut. Pkw-Begleitung möglich, mehrere Kontaktstellen an Brücken. Zwischen Hlučín und Hradec besteht eine Eisenbahnverbindung.

Zeltmöglichkeiten

Moravice: Podhradí (Camping U Pepína), Camping Hradečná (nicht am Fluß); Opava: Komárov (KC und Camping Oasa), Kravaře (KC), Hlučín-Děhylov (KC-NHKG).

Sehenswertes

Moravice:
Kružberk: Kirche (15. Jh.), Stausee Kružberk, Jánské Koupele (Kohlensäure-Bad, 1809).
Vítkov: Urspr. Bergbaustadt, Barockschloß (Krankenhaus), Friedhofskirche (1625), Burgruine Vikštejn (14. Jh.).
Hradec nad Moravicí: Schloß (urspr. slawische Festung 11. Jh., jetzt Schloß, teils regotisiert, Červený zámek, Hotel und Konzertsaal, Beethoven-Aufenthalt), Renaissancekirche.
Opava:
Opava: (Troppau) got. Pfarrkirche Mariä Himmelfahrt mit bar. Inneneinrichtung, Minoritenkloster (13. Jh., Přemysliden-Krypta), Dominikanerkloster (bar., Haus der Kunst), ehem. Jesuitenkolleg (18. Jh.), frühbar. Kirche St. Georg, Turm Hláska (1618), Altes Rathaus, am Stadtplatz Renaissance-Bürgerhäuser, Theater, Sobek-Palais (1733), Blücher-Palais (1730), Schlesisches Museum (1895); Kateřinky: achteckige got. Hl.-Kreuz-Kapelle, Grabstätte des Dichters Petr. Bezruč, Arboretum u. a.
Kravaře: Barockschloß (Armeemuseum), Schloßpark (22 ha).
Hlučín: Reste der spätgot. Stadtmauer mit Basteien, Barockschloß, got. Kirche (barockisiert), großer Soldatenfriedhof (Rote Armee).

Karten, Kanu-Literatur

Autokarte 1 : 200 000, Blatt 6 Jeseníky, Blatt 7 Beskydy; Touristische Karte 1 : 100 000, Nr. 20 Ostravsko.
Čs. řeky-kilometráž (Kanuwanderführer der ČSFR).

33

Morava (March)

Nebenfluß der Donau
(Dunaj)

Hanušovice – Litovel
66 km
2–3-Tage-Fahrt

Als fast 360 km langer, linksufriger Zufluß der Donau entspringt die Morava hoch oben am Südhang des 1428 m hohen Kralický Sněžník, nahe der polnischen Grenze. Erst in südlicher Richtung durch ein tief eingeschnittenes Gebirgstal springend, wird sie bei Hochwasser oder Schneeschmelze ab Velká Morava von erfahrenen Kanuten gerne befahren. Nachdem sie die östliche Richtung eingeschlagen hat, fließt ihr bei Podlesí der zweite Quellfluß, die Malá Morava, und bei Hanušovice, wo sie sich wieder nach Süden wendet, die wasserreiche Branná zu. 30 km weiter verläßt die Morava die letzten Ausläufer des Jeseník (Altvatergebirge) und betritt, von links durch die schäumende Desná gestärkt, die flache Mohelnicer Furche. Vor Litovel mäandert die Morava dann durch den grünen Auwaldgürtel der Olmützer Niederung und empfängt unterhalb der alten Erzbischofsstadt Olmütz bei Tovačov die aus den Beskiden heraneilende Bečva. Noch einmal verengt sich das Flußtal bei Otrokovice, wo

Einsetzstelle unter dem Sportplatz in Hanušovice.

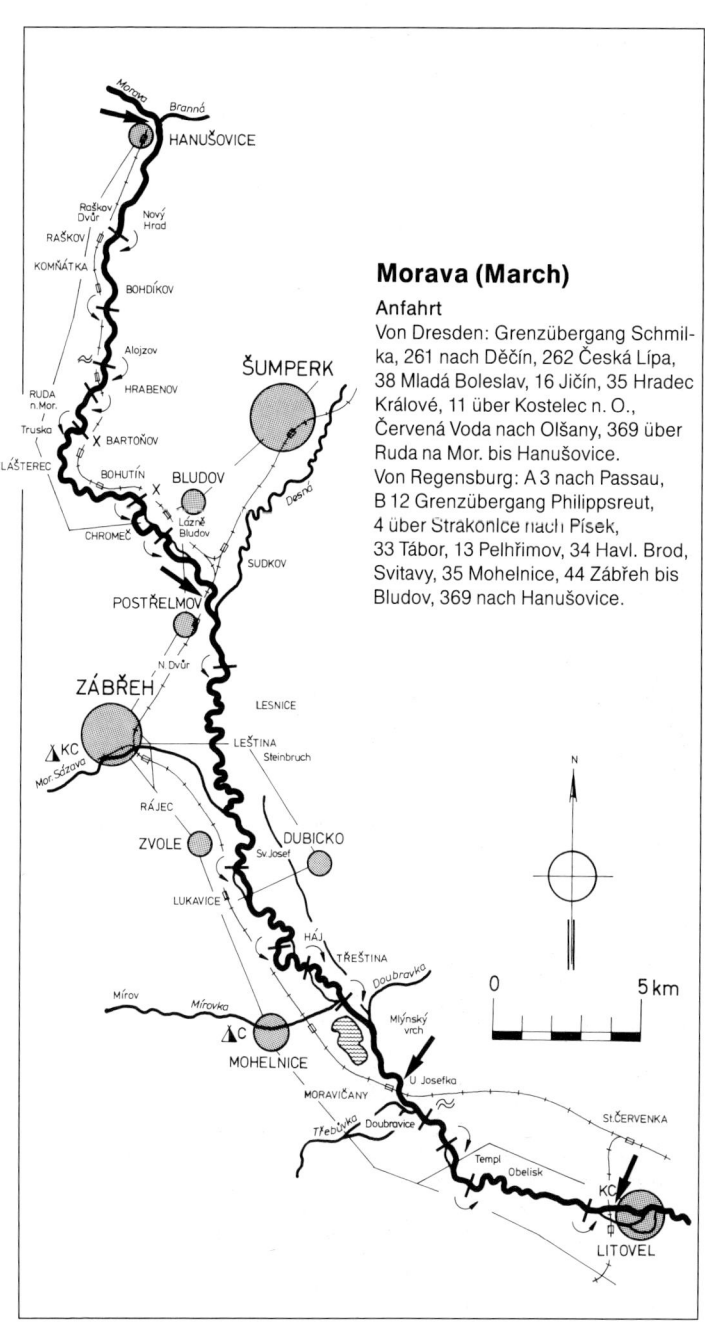

Morava (March)

Anfahrt

Von Dresden: Grenzübergang Schmilka, 261 nach Děčín, 262 Česká Lípa, 38 Mladá Boleslav, 16 Jičín, 35 Hradec Králové, 11 über Kostelec n. O., Červená Voda nach Olšany, 369 über Ruda na Mor. bis Hanušovice.
Von Regensburg: A 3 nach Passau, B 12 Grenzübergang Philippsreut, 4 über Strakonlce nach Písek, 33 Tábor, 13 Pelhřimov, 34 Havl. Brod, Svitavy, 35 Mohelnice, 44 Zábřeh bis Bludov, 369 nach Hanušovice.

sich die Morava zwischen dem felsigen Gebirgszug Chřiby und dem Hostýner Höhenzug hindurchzwängt, um weiter südlich, teils reguliert, teils noch in vielen Flußschleifen, die fruchtbare Mährische Ebene zu durchqueren. Südlich der Weinstadt Břeclav bildet sie auf einer Länge von 70 km die Grenze zu Österreich und fließt unterhalb der weit sichtbaren Burgruine Děvín dem mächtigen Donaustrom zu.

Als beliebte, sportliche Wanderstrecke wird der Flußabschnitt ab Hanušovice befahren, der meist noch im Vorsommer genug Wasser führt. Eine günstige Einsetzstelle finden wir hinter der Poliklinik, an der Fußgängerbrücke zum Stadion; nicht weit von hier können wir am Parkplatz die Autos abstellen.

Die schnelle Strömung reißt unsere Boote mit, und schon hüpfen die Kanus über kleine Felsschwellen in spritzigen Wellen im teils regulierten Flußbett unter der Straßen- und Eisenbahnbrücke hindurch. Leichte Nebelschwaden liegen noch über dem Wasser, die hohen Berghänge, die den Fluß begleiten, erlauben der Sonne erst gegen Mittag, ihre wärmenden Strahlen ins enge Tal zu schicken. In Raškov wird das Flußbett neu ausgebaggert und reguliert (1991), und an der Schotterinsel paddeln wir im Außenbogen links vorbei. Am neuen Wehr in Bohdíkov rutschen wir mit unserem Canadier problemlos über die Wehrkrone; man kann auch rechts umtragen.

Von dichten Erlen- und Ahornalleen begleitet, zwischen hohen, steinigen Ufern eingezwängt, erreichen wir nach einer sportlichen Fahrt das Wehr in Hostice-Alojsov, das knapp hinter einer scharfen Linkskurve liegt. Eine schon etwas rostige Blechtafel mit der Inschrift »Pozor« (Achtung!) macht uns auf das unbefahrbare Wehr aufmerksam. Wir landen kurz nach der Tafel links an, tragen ca. 30 m um und setzen unter den Kehrwasserwirbeln wieder ein.

Etwas später tragen wir die Boote in Hrabenov an der Straßenbrücke vorbei ins Unterwasser, genauso wie am Steilwehr in Bartoňov. Aus der Fabrik in Kláśterec fließende Abwässer trüben das klare Wasser des Flusses, der hier auf einer Länge von ca. 500 m neu reguliert wurde (drei befahrbare Stufen mit teils kräftigen Widerwellen).

Die Morava schlängelt sich mit vielen engen Schleifen in südlicher Richtung, und aufmerksam führen wir unseren Canadier knapp an hohen Prallufern und kleinen, flachen Kiesbänken vorbei. Nach der Brücke unweit von Bohutín beruhigt sich der Fluß etwas; wir klettern das steile Ufer rechts vor dem Larsenenwehr hinauf und tragen kurz das Boot um.

Nach der flachen Einsetzstelle nimmt die Strömung an Geschwindigkeit wieder zu, und es folgt der nächste sportliche Abschnitt. Flott an kleinen Inseln und umgestürzten Bäumen vorbeipaddelnd, überwinden wir ein aufgelassenes Wehr und zwei kleine, leicht befahrbare Stufen. Bei Postřelmov fließt uns links die Desná, ein verlockendes Wildwasserflüßchen, unauffällig zu, und bald landen wir an einer Sandbank unterhalb der Straßenbrücke in Leština.

Südöstlich zeigt sich die Hügelkette Bílý Kámen (Weißenstein), deren bewaldeten Hängen riesige Steinbrüche böse klaffende Wunden zugefügt haben. Eine 3 km lange Wanderung führt uns nach Zábřeh. Das dortige Kanuvereinsgelände können wir als idealen Ausgangspunkt für eine schöne Wildwasserfahrt ab Krasíkov auf der quirligen Moravská Sázava nutzen.

Unterhalb Leština wurde die Morava teilweise begradigt, doch bald pendelt sie wieder in vielen Mäandern durch einen grünen Auwaldgürtel bis zum Wehr in Lukavice. Hier tragen wir links um. Bei Niedrigwasser paddeln wir weiter durch den Mühlgraben, um anschließend in den Fluß umzutragen.

Nach zwei weiteren Wehren in Háj und Třeština erreichen wir die Straßenbrücke bei Mohelnice. Das kleine mährische Städtchen wurde schon im 13. Jahrhundert als

Paddelpause unter der Brücke von Leština (gute Aussetzstelle).

königliche Stadt nach Magdeburger Recht verwaltet. Die Morava nähert sich nun dem steil abfallenden Hang des Jelení Vrch (Hirschberg), hinter dessen Gipfelkuppe sich ein ausgedehntes Waldgebiet, die Doubrava, versteckt. Bei Moravičany mündet mit mehreren Armen die Třebůvka, und an der Brücke, nahe dem kleinen Bahnhof und dem Forsthaus U Josefka, wird die Fahrt oft beendet.

Doch wir paddeln weiter durch das Gehege des Jagdschlosses Nové Zámky, an den romantischen Barockbauten »Tempel« und »Obelisk« vorbei. Zwei von vier nachfolgenden Wehren sind bei gutem Wasserstand mit Kunststoffbooten befahrbar. Vor dem städtischen Wehr in Litovel tragen wir rechts in den Kanal um, landen nach 300 m am Vereinsgelände des Kanuclubs (Slalomstangen) und beenden mit einer Besichtigung der Altstadt unsere Wanderfahrt.

Charakter, Tips

Ab Hanušovice bis Leština (Pegel Vlaské mindestens 60 cm für eine Fahrt bis Postřelmov, weiter flußabwärts ganzjährig befahrbar) sehr flott strömender Wanderfluß mit sportlicher Note (WW I, Breite 5–10 m). Wegen der vielen engen Flußschleifen und umgestürzten Bäume in diesem Abschnitt nur erfahrenen Kanuwanderern in Einern oder wendigen Canadiern zu empfehlen. Ab Leština läßt die Strömung nach; anschließend sehr einsamer, lohnender Aulandfluß, auf dem sich auch Anfänger zurechtfinden. Wasser zuerst sehr sauber, ab Klášterec leicht verschmutzt. Außer in Litovel (Kanuverein) liegen keine offiziellen Zeltplätze am Fluß; Zeltmöglichkeiten auf Wiesen nach Absprache mit den Eigentümern. Von Hanušovice bis Bludov begleitet eine Straße den Fluß, weiter abwärts Pkw-Kontakt nur an wenigen Brücken möglich. Zwischen Litovel und Hanušovice gute Eisenbahnverbindung (Umsteigen in Zábřeh bzw. Bludov).

Zeltmöglichkeiten

Zábřeh (KC), Mohelnice (Autocamping), Litovel (KC); sonst nach Absprache auf Wiesen.

Sehenswertes

Hanušovice: Spätrenaissancekirche (barockisiert 18. Jh.); Holba: bar. Kapelle, Brauerei (1874).
Ruda nad Mor: Renaissanceschloß (Arkadenhof 17. Jh.), Kalvarienberg (1829).
Klášterec: Klosterruine (13. Jh.), got. Kirche, Linde (400 Jahre, 5 m Umfang).
Bludov: Burgruine (13. Jh.), spätgot. Kirche (barockisiert 1768), frühbar. Schloß, Schloßpark mit seltenen Bäumen, Grabstätte der Fürsten von Žerotín, Volksarchitektur, radioaktive Heilquellen (Badhäuser), Geburtshaus von A. Kašpar (Graphiker u. Maler).
Postřelmov: Kirche (1665), Renaissance-Grabkammer mit Mumien.
Zábřeh: Renaissanceschloß (Kreismuseum), bar. Pfarrkirche, bar. Pestsäule, Brunnen (1829).
Mohelnice: Dekanskirche (14. Jh.), Pestsäule (1716), Friedhofskirche (1574), Friedhoftor (1607), Reste der Stadtmauer (14. Jh.), Burg Mirov (Gefängnis).
Litovel: (Mährisches Venedig) Teile der Stadtbefestigung (15. Jh.), frühgot. Kirche (barockisiert 17. Jh.), Böhmische Kapelle (1444), spätgot. Rathaus mit Turm, bar. Pestsäule (1724), renaiss. u. bar. Bürgerhäuser, frühbar. Friedhofskirche, Stadtmuseum, Burg Bouzov.

Karten, Kanu-Literatur

Autokarte 1:200 000, Blatt 6 Jeseníky; Touristische Karte 1:100 000, Nr. 19 Jeseníky, Nr. 36 Olomoucko. Čs.řeky-kilometráž (Kanu-Wanderführer der ČSFR); DKV-Auslandsführer, Band 5.

34
Bečva mit Vsetínská Bečva

Nebenfluß der Morava

Valašské Meziříčí – Přerov
58 km, 2–3-Tage-Fahrt
(Vsetín – Přerov)
78 km, 3–4-Tage-Fahrt

Landschaftlich und wassertechnisch gesehen, gehört die mit ihren Quellbächen aus den West-Beskiden ankommende Bečva zu den schönsten mährischen Wanderflüssen. Der erste ihrer zwei Quellflüsse, die Vsetínská Bečva, entspringt am Berg Lemešná im Javorník-Gebirge und drängt zunächst in südwestlicher, nach Vsetín in nördlicher Richtung durch ein enges, bewaldetes Tal nach Valašské Meziříčí, wo sie zusammen mit der Rožnovská Bečva die eigentliche Bečva bildet. Ab Vsetín wird die Vsetínská Bečva als leichtes bis mittelschweres Wildwasser von einheimischen Kanuten gern befahren, im Frühjahr finden hier regelmäßig Regatten statt. Der zweite Quellfluß, die Rožnovská Bečva, die in fast 900 m Höhe am Nordhang der Vysoká das Licht der Welt erblickt, fließt – die Eigenschaften der Walachen, der Ureinwohner dieser bergigen Gegend nachahmend – wild und ungebärdig. Oft aus den Ufern tretend, verläuft sie durch die tief eingeschnittene Rožnovská Brázda (Rožnover Furche) und teilt dabei die West-Beskiden und die Vsetínská Hornatina. Nach ihrer Entstehung in Valašské Meziříčí durchströmt die Bečva in nordwestlicher Richtung ein offenes Tal und durchsägt in einem kurzen, steilwandigen Canyon das verkarstete Kalkgestein des Gebirgsstockes Maleník. Nach der Stadt Hranice, die bereits im 12. Jahrhundert den Europäischen Bernsteinweg bewachte, wendet

sie sich heftig gen Südwesten und fließt, beidseitig von grünen Hügeln begleitet, durch das sanft nach Westen sinkende Tal der Mährischen Pforte (Moravská Brána). Bei Přerov erreicht die Bečva die fruchtbare Niederung der Haná und strömt östlich der vielbesungenen Stadt Tovačov der behäbigen Morava zu.

Die beliebte Wochenendfahrt auf der Bečva beginnt unterhalb des Zusammenflusses der Rožnovská und Vsetínská Bečva in Valašské Meziříčí, wo wir westlich vom Bahnhof (Eisenbahnviadukt unterqueren) am Bootshaus des Kanuvereins eine günstige Einsetzstelle finden. Bei gutem Wasserstand (Pegel Vsetín mindestens 100 cm) können wir mit leeren Booten oder auch mit leichtem Gepäck (keine Faltboote) auf der Vset. Bečva ab Vsetín oder Bobrky in einer Tagesetappe herunterpaddeln. Spaß macht es dabei, über die vielen spritzigen Holz- oder Steinschwellen zu gleiten.

Gleich an der Einsetzstelle in Val. Meziříčí können wir unsere Bootsbeherrschung an der mit Stangen abgesteckten Slalomstrecke ausprobieren, um nachher, auf kleinen Stromschnellen über ein paar Steinschwellen rutschend, von einer flotten Strömung davongetragen zu werden. Das ausgedehnte Neubau- und Industriegebiet, das den Fluß rechtsufrig begleitet, stört nur wenig. Doch bald erwarten uns drei unbefahrbare Wehre bei Juřinka, wo wir umtragen.

Im Canadier durch die Stromschnellen bei Choryně.

Bečva
mit Vsetínská Bečva

Anfahrt

Von Dresden. Grenzübergang
Schmilka, 261 Děčín, 262 Česká Lípa,
38 Mladá Boleslav, Kolín, Havl. Brod,
18 Žd'ár n. S., Boskovice, Prostějov,
Přerov, 47 bis Hranice, 35 (E 442) Val.
Meziříčí, bzw. 57 nach Vsetín.
Von Regensburg: A 3 nach Passau,
Grenzübergang Philippsreut, 4 Vim-
perk, 20 České Budějovice, 34 über
Třeboň, Jindř. Hradec nach Havlíčkův
Brod, weiter s. o.

Anschließend liegen 20 km schöne, von keinem Wehr gestörte Flußlandschaft vor uns, gewürzt mit einigen Schwallstrecken unter mancher Brücke. Bei Choryně sollten wir vor der Straßenbrücke aus dem Boot steigen, um von oben die richtige Durchfahrt zu erkunden; Hochwasser könnte unter Umständen die Steinblöcke zuungunsten der Kanufahrer verschoben haben. Links ziehen die grünen Hänge des Waldgebiets Doubrava vorbei, und das Tal öffnet sich zu einer flachen Pfanne. Zur Pause landen wir rechts vor der Brücke bei Milotice; nur wenige Meter vom Fluß entfernt liegt der Zeltplatz an einem schönen Badesee. Mehrere kleine Bäche und Kanäle schließen sich noch dem Fluß an, bevor ihm das Bergmassiv des Maleník mit seinen Steilhängen den Weg ver-

sperrt. In einer engen Schlucht durchbricht die Bečva das verkarstete Kalkgestein. Die hier entspringenden Mineralquellen werden schon über Jahrhunderte in den Badhäusern von Teplice n. Beč. genutzt.

Von der Brücke können wir auf markierten Wanderwegen zu den einzigartigen Aragonit-Tropfstein-höhlen (Zbrašovské Jeskyně) sowie zu der 244 m tiefen Hranicer Schlucht wandern. Auch das alte Rathaus und die schönen Laubengänge am Marktplatz der Stadt Hranice sind eine Besichtigung wert. Unsere Zelte dürfen wir nach Absprache am Bootshausgelände aufstellen, oder wir können unser Kanu mit dem Bootswagen bis zum Campingplatz Pod Hůrkou rollen.

Am 3 m hohen Wehr in der Stadt tragen wir rechts um, bevor wir in

südwestlicher Richtung weiterpaddeln. Beim kleinen, verträumten Flecken Rybáře schieben sich die fast 300 m hohen Nordhänge des langgestreckten Bergkamms Maleník bis an den Fluß heran. Auf einer privaten Wiese finden wir einen ruhigen Zeltplatz.

Ein paar Kilometer flußabwärts erblicken wir links oben die mächtige Burgruine Helfštýn, an der 1992 Renovierungsarbeiten im Gang waren. Am ehemaligen Zeltlager SSM bei Týn können wir übernachten. Schöne Wanderwege führen uns hinauf zur Burg oder am NSG Škrabalka (Flußaltarme und Teiche) vorbei nach Lipník n. Beč. Gut erhaltene Stadtmauern mit dicken Basteien umgeben einen großen Teil der Altstadt, deren viele Bürgerhäuser aus der Zeit der Gotik und Renaissance sowie öffentliche Gebäude von Reichtum und Geschäftstüchtigkeit vergangener Jahrhunderte zeugen.

In leicht schwingenden Bögen, teils reguliert, trägt uns anderntags die noch gut strömende Bečva am Schwimmbad-Zeltplatz vorbei, und am Osecký-Wehr, dem letzten unserer Reise, tragen wir die Kanus links um. Kurz vor Přerov macht sich der Stau am Stadtwehr bemerkbar. Wir landen am Kanuclubgelände (nach Anfrage Zeltmöglichkeit) und spazieren zum Abschluß unserer Wanderung über die Fußgängerbrücke hinauf in die historische Obere Stadt, die sich auf einem Hügel links über dem Fluß erhebt.

Unter der Brücke von Choryně
erwartet uns eine
spritzige Schwallstrecke.

Charakter, Tips

Die Vsetínská Bečva ist ab Vsetín mit Einern oder wendigen Canadiern bis in den Mai oder auch später nach der »Johannes-Regen-Periode« (ca. Ende Juni) problemlos befahrbar. Auf einer Länge von über 20 km bietet sie, gespickt mit vielen spritzigen, befahrbaren Stufen, eine sportliche Tagestour (WW I). Die Bečva, in Valašské Meziříčí entstehend, ist ein sehr beliebter, fast ganzjährig befahrbarer, 30–50 m breiter und durch ein landschaftlich sehr ansprechendes Tal zügig strömender Wanderfluß, der auch weniger geübten Kanuten keine Schwierigkeiten bereitet. Nur ein paar Wehre unterbrechen die Fahrt; alle Umtragestellen sind einfach zu meistern. Unter Brücken oft Steinwurfbarrieren, hier enge Durchfahrten mit teils kräftigen Stromschnellen. Im Sommer locken herrliche Kiesbänke zum Sonnen und das saubere Wasser zum Baden. Am fischreichen Fluß begegnen wir oft Anglern, an denen wir rücksichtsvoll vorbeipaddeln sollten.

Zeltmöglichkeiten

Vsetínská Bečva: Huslenky (U splavu), Camping Semetín, Jablůnka (V Sojném), Bečva: Valašské Meziříčí (KC), Milotice n. B., Teplice n. B. (Pod Hůrkou), Rybáře, Týn n. Beč., Lipník n. Beč. (Díly), Přerov (KC).

Sehenswertes

Vsetín: Renaissanceschloß mit 60 m hohem Turm (Museum), Schloßpark mit seltenen Bäumen, frühbar. Pfarrkirche, »Augšpurker« Kirche (1783), »Helvetische« Kirche (1827), Barockbrunnen mit Statuen, Rathäuser (1721, 1901), Sgraffitis des Malers M. Aleš (1876) an der Bankfassade, Sternwarte.
Valašské Meziříčí: Urspr. Doppelstadt Krásno und Meziříčí (13.–14. Jh.), in der Altstadt mehrere renaiss. und bar. Bürgerhäuser, Rathaus, Apotheke »Schwarzer Adler« mit Rokokofassade, urspr. got. Pfarrkirche, got. Holzkirche Hl. Dreifaltigkeit (Museum), Renaissanceschloß der Žerotiner;

Krásno: klassizistisches Kinski-Schloß mit Englischem Park (1750), got. Kirche St. Jakob u. a.
Teplice n. Beč.: Kurbad (16. Jh.), bar. Kapelle, NSG Hůrka (244 m tiefe Schlucht), Zbrašovské Jeskyně (Aragonit-Höhlen), Burgruine Svrčov (14. Jh.).
Hranice na Mor.: Gut erhaltene got. Stadtmauern, Renaissanceschloß, Rathaus mit got. Saal und renaiss. Portal, am Stadtplatz mehrere Renaissancehäuser, Laubengänge (16. Jh.), bar. Pfarrkirche, Friedhofskirche (1595), Synagoge (Fajànce-Museum), Jüdischer Friedhof (17. Jh.).
Lipník n. Beč.: Altstadtkomplex mit renaiss. u. bar. Bürgerhäusern, Stadtplatz mit Wandelgängen, got. Stadtbefestigung mit Basteien, got. Pfarrkirche (barockisiert 1768) mit Glockenturm (1609), Piaristisches Kolleg (17. Jh., Museum), Renaissanceschloß (barockisiert 18. Jh.), Synagoge (16. Jh., Hus-Kirche), Burgruine Helfštýn (13. Jh.).
Přerov: Ehem. königliche Stadt, in der Oberstadt urspr. got. Schloß mit Rundturm (Museum für Entomologie u. Archäologie), Stadtmauerring mit Türmen (14.–15. Jh.), mehrere spätgot. u. renaiss. Bürgerhäuser, Fundamente einer roman. Kirche, Pfarrkirche (14. Jh., barockisiert 1720), Denkmal für J. A. Komenský (Pädagoge), Synagoge (Orthodoxe Kirche), Mährische Ornithologische Station.

Karten, Kanu-Literatur

Autokarte 1:200 000, Blatt 6 Jeseníky, Blatt 11 Jižní Morava; Touristische Karte 1:100 000, Nr. 42 Beskydy, Nr. 41 Vizovické Vrchy
Čs. řeky-kilometráž (Kanu-Wanderführer der ČSFR).

35

Svitava

Zufluß der Svratka

***Skalice n. Svit. –
Brno (Obřany)
40 km, 2-Tage-Fahrt***

Im Waldgebiet zwischen den Ortschaften Javorník und Mor. Lačnov bei Svitavy im Böhmisch-Třebauer Bergland entspringend, durchfließt die Svitava zuerst zwei Teiche und kurz danach als schmales, reguliertes Bächlein das langgezogene Siedlungs- und Gewerbegebiet der Stadt Svitava. Mit ihrem engen Bachbett, von mehreren Wehren

Waldflußcharakter zeigt die Svitava zwischen Adamov und Babice.

aufgestaut, mäandert sie in südlicher Richtung durch ein dicht besiedeltes Tal, um bei Letovice die klare Křetínka aufzunehmen. Gemächlich betritt die Svitava anschließend die muldenartige Boskovicer Furche und erreicht bei Blansko das verkarstete, wilde Adamover Bergland (Moravský Kras). Unterhalb der von Wäldern umsäumten Industriestadt erhöht sich merklich ihre Fließgeschwindigkeit, sie sägt sich in ein enges, vielgewundenes Waldtal hinein und eilt mit vielen kleinen Stromschnellen der Mährischen Hauptstadt Brno (Brünn) entgegen . Wenige Kilometer südlich, schon vollkommen reguliert und verbaut, schließt sich die Svitava nach einem knapp 100 km langen Weg dem Schwesterfluß Svratka an.

Unsere Kanufahrt beginnt in der Nähe des Bahnhofs, an der Straßenbrücke in Skalice n. Svit. Nach wenigen Paddelschlägen unterqueren wir die erste Eisenbahnbrücke und müssen kurz danach bei gutem Wasserstand auf den niedrigen Fußgängersteg achten. Es folgen zwei durchbrochene Wehre, an deren Resten wir uns mit etwas Aufmerksamkeit problemlos vorbeimogeln. Das Tal ist hier teils sehr eng, und linksufrig fällt der steile, bewaldete Hang bis in das Flußbett.

Vor Doubravice erreichen wir die muldenartige Boskovicer Furche, und Wiesen mit Feldern begleiten uns am barocken Schloß von Rájec-Jestřebí vorüber. Am 4 m hohen Steilwehr tragen wir rechts um, und auch an den nachfolgenden Wehren bei Dolní Lhota und Sloupečník steigen wir aus den Booten. Am Westrand der Industriestadt Blansko vorbeipaddelnd, landen wir gegenüber dem Bahnhof am nächsten Wehr, an dem wir rechts umtragen.

Kurz danach mündet linksufrig das Karstflüßchen Punkva, das in seinem Oberlauf als Schlundfluß über mehrere Kilometer weit unterirdische Höhlensysteme durchströmt. Die Svitava beschleunigt merklich ihren Lauf und betritt ein enges, vielgewundenes Waldtal. In spritzigen Stromschnellen steuern wir unsere Kanus an kleinen Kiesinseln, Felsblöcken und umgestürzten Bäumen vorbei (WW I). Nach der Straßenbrücke Kateřinský most umrunden wir in einer einsamen Waldschlucht bemooste Felswände und ahnen irgendwo hoch über uns die dunklen Ruinen der Alten und Neuen Burg.

Nach den Schwällen am Jelení skok (Hirschsprung) beruhigt sich das Flüßchen, und am Wehr des Elektrizitätswerks tragen wir kurz rechts um. Zügig paddeln wir an den hohen Gebäudemauern des Werksgeländes der Maschinenfabrik von Adamov vorbei, und bald hat uns das einsame Waldtal wieder. Die Mittagssonne durchbricht mit ihren wärmenden Strahlen das dichte Laubdach der Uferbäume und läßt die Wellenkämme der Stromschnellen in blendenden Reflexionen funkeln. Eingetaucht in ein grünes Zwielicht lassen wir unsere Boote durch die enge, tief eingegrabene Talsohle ziehen, begleitet von einer nur wenig befahrenen Landstraße und einer Eisenbahnstrecke, die vor 100 Jahren harmonisch in den steilen Waldhang trassiert wurde und oft in den Tunnels der Umlaufberge verschwindet.

Nach einer von kleinen Biestereien (etwa ein umgestürzter Baum) gewürzten, sportlichen Fahrt sagen uns zwei befahrbare Stufen und ein Mühlenwehr Bílovice, das Städtchen der Steinmetze und Dichter, an. Nur wenige Minuten vom Fluß entfernt liegt das Forsthaus, wo der

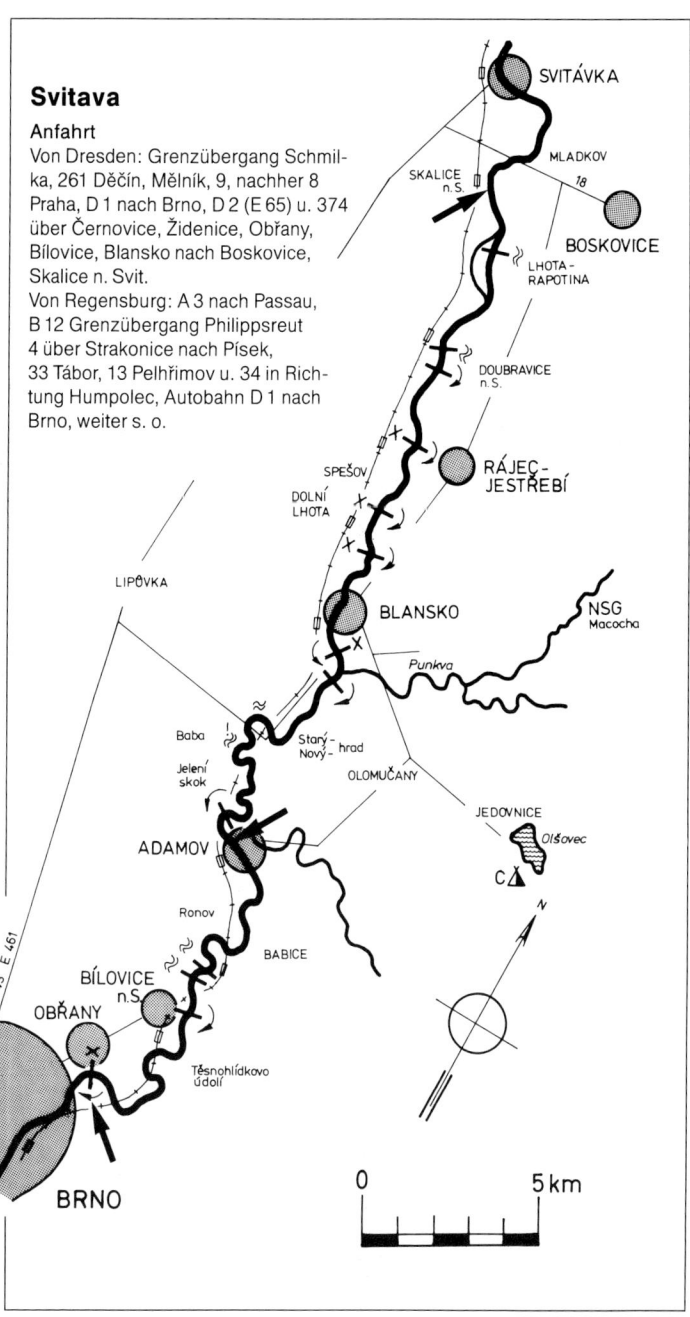

Svitava

Anfahrt

Von Dresden: Grenzübergang Schmilka, 261 Děčín, Mělník, 9, nachher 8 Praha, D 1 nach Brno, D 2 (E 65) u. 374 über Černovice, Židenice, Obřany, Bílovice, Blansko nach Boskovice, Skalice n. Svit.

Von Regensburg: A 3 nach Passau, B 12 Grenzübergang Philippsreut 4 über Strakonice nach Písek, 33 Tábor, 13 Pelhřimov u. 34 in Richtung Humpolec, Autobahn D 1 nach Brno, weiter s. o.

SVITÁVKA

MLADKOV

SKALICE n. S.

18

BOSKOVICE

LHOTA-RAPOTINA

DOUBRAVICE n. S.

SPEŠOV

RÁJEC-JESTŘEBÍ

DOLNÍ LHOTA

LIPŮVKA

BLANSKO

NSG Macocha

Punkva

Baba

Starý-hrad
Nový-

OLOMUČANY

Jelení skok

JEDOVNICE

Olšovec

ADAMOV

C

Ronov

BABICE

N

BÍLOVICE n. S.

OBŘANY

Těsnohlídkovo údolí

43 E 461

0   5 km

BRNO

bekannte mährische Schriftsteller Těsnohlídek seine Erzählung vom munteren Füchslein Bystrouška und dem behäbigen Revierförster Bartoš angesiedelt hat. Am Waldhotel neben dem S.-K.-Neumann-Dichterdenkmal können wir unter alten Kastanienbäumen gemütlich rasten und vespern.

Nach der Straßenbrücke (Pegel mindestens 90 cm) bleibt der Talcharakter erhalten; überhängende Bäume und Steilufer säumen das Flußbett. Verstreute Steinblöcke, Reste eines aufgelassenen Wehres an der alten Mühle, zwingen uns zum vorsichtigen Manövrieren, und nach der letzten Flußschleife unterqueren wir die renovierte Eisenbahnbrücke. Die flotte Strömung läßt nach, der Fluß wird vom hohen Mühlenwehr in Obřany aufgestaut.

An der Endstation der Straßenbahn (Babická Straße), vor der nächsten Eisenbahnbrücke, beenden wir unsere Kanufahrt; von hier sind es nur knapp 500 m zum Bahnhof Maloměřice.

Charakter, Tips

Liebliches, teils sportliches Wanderflüßchen (Breite 5–10 m, Schwierigkeitsgrad bis WW I), für etwas erfahrene Kanuten mit Einerkajaks zu empfehlen. Für eine Befahrung ab Skalice sollte der Pegel Bílovice (an der Straßenbrücke) mindestens 100 cm anzeigen. Für den Flußabschnitt ab Blansko brauchen wir einen Pegelstand von mindestens 90 cm, um durch das enge, tief eingeschnittene Waldtal (schöne Stromschnellen) zu kommen. Am Fluß keine Zeltmöglichkeiten. Es empfiehlt sich, die Wanderstrecke in zwei Tagesetappen aufzuteilen; dabei bietet der sehr schön am Teich Olšovec bei Jedovnice gelegene Campingplatz eine günstige Ausgangsbasis. Eine stündlich befahrene Eisenbahnlinie begleitet den Fluß; es lohnt sich, sie zu nutzen, um die abgestellten Autos zurückzuholen. Oberhalb von Blansko ist das Wasser sauber, flußabwärts gibt es einige Verschmutzung. Pkw-Begleitung zuerst problemlos, im unteren Abschnitt sehr enge, teils gesperrte Sträßchen; hier Kontakt nur in Siedlungen.

Zeltmöglichkeiten

Am Fluß keine. In der Nähe Camping Olšovec bei Jedovnice.

Sehenswertes

Boskovice: Got. Burgruine (teils rekonstruiert), Empireschloß (Museum), Pfarrkirche (1847), ehem. Judengetto (urspr. 13. Jh.), großer Jüdischer Friedhof, Geburtshaus des Malers Otakar Kubín.

Doubravice n. Svit.: Burgruine (14. Jh.).

Rájec-Jestřebí: Renaissanceschloß (Umbau 1570), Barockschloß mit klassizist. Innenausstattung (Museum), Schloßpark, Bibliothek, Pfarrkirche (17. Jh.).

Blansko: Turbinenfabrik (CKD), Klamovka (altes Eisenwerk 19. Jh., Museum), Renaissanceschloß (Museum), Rundturm (13. Jh.), Barockkirche, Holzkirche (17. Jh.), Moravský Kras (Karsthöhlen, Schluchten Macocha, Punkva).

Adamov: Maschinenfabrik (1875 erstes Automobil), neugot. Kirche mit Altar aus Zwettl (1525).

Bílovice n. Svit.: Denkmal für S. K. Neumann (Dichter).

Brno: Siehe Tour 36.

Karten, Kanu-Literatur:

Autokarte 1 : 200 000, Blatt 11 Jižní Morava; Touristische Karte 1 : 100 000, Nr. 34 Okolí Brna-západ.
Čs. řeky-kilometráž (Kanu-Wanderführer der ČSFR).

36

Svratka

Zufluß der Dyje

Koroužné–Kníničky (Brno)
52 km
2–3-Tage-Fahrt

An seiner Quelle in 770 m Höhe am Südwesthang der Žákova Hora ist der kleine Bergbach über seine endgültige Fließrichtung noch nicht entschlossen. Zuerst den Norden ansteuernd, erreicht er das Städtchen Svratka, ein schneesicheres Sport- und Erholungszentrum inmitten des Böhmisch-Mährischen Hügellandes. Im sanften Bogen ändert hier das Flüßchen seine Richtung zuerst nach Südosten, bei der Ortschaft Mílovy nach einem scharfen Knick nach Nordosten, um ab dem Weiler Světy endgültig in vielen Windungen durch ein tiefes, ausgeprägtes Waldtal nach Südosten zu eilen. Bei Vír wurde die Svratka mit einer 76 m hohen Betonmauer zu einem

Im Einer rutschen wir über die Wehrkrone (Nedvědice).

10 km langen, nicht befahrbaren Trinkwassersee aufgestaut. Unter der Staumauer eilt der quirlige Fluß an der mächtigen Burg Pernštejn vorbei, hier von links das Flüßchen Nedvědička mitnehmend. Den harten Gesteinsriegel Sokolí skála (Falkenfels), der bei Doubravník das Tal versperrt, durchbricht die Svratka, über Felsriegel und Steine springend, in einer eindrucksvollen felsigen Waldschlucht, um vor Tišnov, wieder sichtlich beruhigt, am sehenswerten Zisterzienserinnenkloster Porta Coeli vorbeizufließen. Kurz vor der mährischen Hauptstadt Brno (Brünn) staute man in den dreißiger Jahren den Fluß zum fast 10 km langen Stausee Kníničky auf, der bald als gernbesuchtes Erholungszentrum genutzt wurde. Verbaut und durch die ihr zufließende Svitava gestärkt, verläßt die Svratka die Großstadt, um weiter südlich das durch seine Fasanenzucht bekannte Städtchen Židlochovice zu passieren. Bei Pouzdřany mündet sie, nach einer 170 km langen Reise durch West-Mähren, gleichzeitig mit der Jihlava in den vor wenigen Jahren entstandenen Věstonicer See (Dyje).

Nach der Schneeschmelze im Frühjahr suchen gute Kajakfahrer gerne den Flußabschnitt oberhalb der Talsperre Vír I auf, und auf der kurzen Strecke unterhalb der Sperrmauer bis zum Ausgleichsbecken Vír II finden alljährlich Wildwasser-Slalomwettkämpfe statt. Unterhalb des 7 m hohen Wehres Vír II ist bei Mittelwasser auf einer Länge von ca. 1,5 km das Flußbett trocken; erst oberhalb des idyllischen Dorfes Koroužné fließt das abgeleitete Wasser wieder zurück. Ab hier können wir die quirlige Svratka fast ganzjährig in einer zwei- bis dreitägigen, sportlichen Wanderfahrt hinunterpaddeln. Die vielen Schrägwehre sind bei gutem Wasserstand mit Einern problemlos befahrbar, Canadier können wir über die Wehrkronen ziehen.

Das zuerst sehr enge Tal öffnet sich nach Švařec, und in Štěpánov n. S. begrüßt uns die schöne Kirche mit ihrem Glockenturm und dem roten Zwiebeldach. Markierte Wanderwege überqueren auf mehreren Fußgängerstegen das Flüßchen, und vor Ujčov bauen sich wieder steile Waldhänge über dem Flußbett auf. Die Straße verläßt das enge Tal, um bei Bořínov wieder zum Fluß zurückzukehren.

Am gut besuchten Schwimmbad vorbeipaddelnd, erreichen wir Nedvědice; leider sehen wir vom Boot aus die mächtige Burg Pernštejn nicht, die größtenteils aus dem Marmor der heimischen Steinbrüche gebaut wurde und heute zu den besterhaltenen Burgen des Landes gehört. Von rechts fließt uns das Flüßchen Nedvědička zu, und in einer Schleife drückt sich die Svratka eng an den fast senkrecht aufsteigenden Hang des Bergmassivs Sýkoř, um kurz nach Černvír in engen Mäandern durch die flache Talsohle zu pendeln.

Es folgen drei weitere befahrbare Wehre, eine kurze Schwallstrecke, und nach der Straßenbrücke in Doubravník durchbricht der Fluß ein canyonartiges, gewundenes Tal. Die Stromschnelle Prudká (»die Ungestüme«) läßt unsere Boote in spritzigen Wellen über Steine und Felsstufen hüpfen (WW II). Nach dem nächsten Wehr am Ferienlager unter der Sokolí skála folgt die nicht weniger heftige und etwas verblockte Stromschnelle Borač. Bei Niedrigwasser müssen wir am Wehr aussteigen und unsere Boote auf der Waldstraße ca. 600 m weit durch den Hof der Papierfabrik umtragen. Nach der Einsetzstelle nehmen die Schwierigkeiten ab, doch das Tal

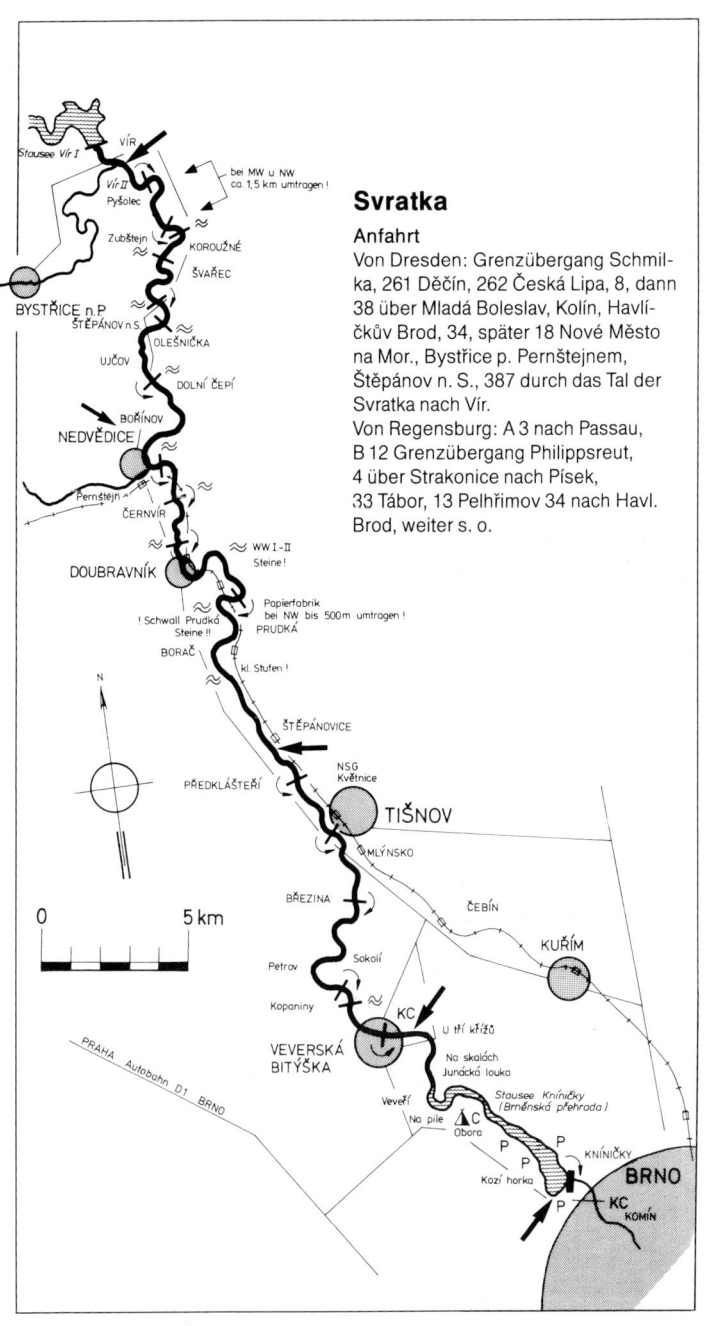

Svratka

Anfahrt

Von Dresden: Grenzübergang Schmilka, 261 Děčín, 262 Česká Lípa, 8, dann 38 über Mladá Boleslav, Kolín, Havlíčkův Brod, 34, später 18 Nové Město na Mor., Bystřice p. Pernštejnem, Štěpánov n. S., 387 durch das Tal der Svratka nach Vír.

Von Regensburg: A 3 nach Passau, B 12 Grenzübergang Philippsreut, 4 über Strakonice nach Písek, 33 Tábor, 13 Pelhřimov 34 nach Havl. Brod, weiter s. o.

Stausee Vír I
VÍR
bei MW u NW ca. 1,5 km umtragen !
Vír II
Pyšolec
Zubštejn
KOROUŽNÉ
ŠVAŘEC
BYSTŘICE n. P
ŠTĚPÁNOV n. S.
OLEŠNIČKA
ÚJČOV
DOLNÍ ČEPÍ
BOŘÍNOV
NEDVĚDICE
Pernštejn
ČERNVÍR
WW I – II Steine !
DOUBRAVNÍK
Papierfabrik bei NW bis 500m umtragen !
! Schwall Prudká Steine !!
PRUDKÁ
BORAČ
kl. Stufen !
ŠTĚPÁNOVICE
NSG Květnice
PŘEDKLÁŠTEŘÍ
TIŠNOV
MLÝNSKO
N
BŘEZINA
ČEBÍN
0   5 km
KUŘÍM
Petrov
Sokolí
Kopaniny
KC
U tří křížů
VEVERSKÁ BITÝŠKA
Na skalách
Junácká louka
Veveří
Stausee Kníničky (Brněnská přehrada)
PRAHA   Autobahn D1   BRNO
Na pile
C
Obora
P
P   P
KNÍNIČKY
Kozí horka
P
P
BRNO
KC
KOMÍN

bleibt sehr eng und romantisch. Im von kleinen Steinbarrieren aufgestauten Wasser baden an Sommernachmittagen Kinder, und oft begegnen wir Anglern, die auf Forellen warten. Am Sportplatz nach der Brücke in Štěpánovice beenden wir die Tagesetappe und können nach Absprache am Flußufer unsere Zelte aufbauen.

Am nächsten Morgen paddeln wir durch ein sich weitendes Tal am weitläufigen romanisch-gotischen Klosterkomplex Porta Coeli in Předklášteří vorbei (unbedingt ansehen!). Linksufrig baut sich über dem Fluß das NSG Květnice auf, ein steiler, von Quarzadern durchzogener Karstberg, in dessen unterirdischen Höhlen und Spalten bis heute noch herrliche Amethystdrusen zu finden sind.

Am Wehr in Březina unterhalb der Stadt Tišnov tragen wir lieber um. Kurz danach betritt die Svratka wieder eine enge, einsame Waldschlucht (zwei Wehre in Kopaniny), die uns erst wieder vor Veverská Bitýška entläßt (Kanuclub). Unter dem letzten Wehr unserer Wanderstrecke macht sich an der Straßenbrücke der Rückstau des Stausees Kníničky bemerkbar. Vielgewunden und zwischen hohen Waldhängen eingeengt, erstreckt sich der glatte Wasserspiegel des fast 10 km langen Sees. Rechts über uns thront die Burg Veveří, und etwas später sehen wir am rechten Ufer den schönen Campingplatz Obora. Wenn wir über den See paddeln wollen, finden wir eine günstige Aussetzstelle am Ponton des Rudervereins in Kníničky oder am Wassersportvereinsgelände Bystrc. Wir können aber auch die Boote links um die Staumauer umtragen und auf der regulierten Svratka bis zum Bootshaus des KC in Brno-Komín paddeln.

Das Portal des Klosters Porta Coeli bei Tišnov, ein Meisterwerk der frühgotischen Steinmetzkunst.

Charakter, Tips

Sportlicher, spritziger Wanderfluß, der in zwei kürzeren Abschnitten einen Schwierigkeitsgrad bis zu WW II erreicht (hier leicht verblockt). Günstig sind Kunststoffeiner; mit diesen wendigen und robusten Booten können wir im oberen Flußabschnitt viele Schrägwehre problemlos befahren. Ab Borač, bzw. Štěpánovice sind auch Canadier und Trekkingboote zu empfehlen. Im sauberen Wasser des Flusses wird viel gebadet. Wegen der wenigen Zeltmöglichkeiten ist es ratsam, in einzelnen Tagesetappen zu paddeln und dabei den Campingplatz Obora an der Kníničská-Talsperre als Standquartier zu wählen. Eine Eisenbahnlinie, die den Fluß bis nach Tišnov begleitet, erleichtort das Nachholen der abgestellten Autos. Pkw-Begleitung teils möglich. Günstigste und schönste Jahreszeiten für eine Fahrt durch das teils enge Wald- und Wiesental sind Spätfrühling oder Herbst; der Pegelstand unter dem Stauwehr Vír I. sollte 75 cm anzeigen. Zwischen den Stauanlagen Vír I. und Vír II. werden Wildwasserslalom-Wettkämpfe ausgetragen. Am Kanuvereinsheim in Veverská Bitýška findet alljährlich Ende Juni die „Neckyáda" statt (Necky = Waschtrog), eine sportliche Gaudi-Veranstaltung, bei der die Fahrer der fantasievollsten Boote und Schwimmkörper um die Gunst des fachkundigen Publikums wetteifern.

Zeltmöglichkeiten

Prudká (ČSD, auf Anfrage), Štěpánovice (neben dem Sportplatz, auf Anfrage), Veverská Bitýška (KC), Camping Obora (Stausee Kníničky).

Sehenswertes

Pyšolec: Burgruine (13. Jh.) mit Torso eines mächtigen Rundturms.
Zubštejn: Eindrucksvolle Burgruine (rom./frühgot.) mit Aussichtsplattform.
Švařec: Bar. Bergmannskapelle.
Štěpánov n. S.: Ab dem Mittelalter Eisenerzabbau, got. Kirche.
Nedvědice: Spätgot. Burg Pernštejn (»Marmorburg«, Umbau 1457), einer der besterhaltenen Burgkomplexe der

ČR mit Waffenkammer u. a., 1000jährige Eibe.
Černvír: Spätrom. Kirche (barockisiert 17. Jh.), überdachte Holzbrücke (18. Jh.).
Doubravník: Dreischiffige Barockkirche (1557–1792) mit großer Krypta (Grabstätte der Fürsten von Pernštejn), bar. Kapelle.
Tišnov: Oberer Stadtplatz, Pfarrkirche Sv. Václav mit Renaissanceturm, Rathaus (1906), Mariensäule, NSG Květnice (Flora, Mineralien); Předklášteří: Zisterzienserinnenkloster Porta Coeli (1233), got. Klosterkirche mit reichgeschmücktem Portal (1260), Museum.
Veverská Bitýška: Bar. Pfarrkirche Sv. Jakub (18. Jh.), Versöhnungsstein (1559), ehem. Königsburg Veveří (13. Jh.), rom. Marienkapelle.
Brno: (Brünn), Landeshauptstadt von Mähren, Universität, dominante bar. Festung Špilberk (Museum), Petersdom am Petrov (urspr. roman. Basilika 12. Jh., Neugotik), Altstadt mit renaiss. und bar. Bürgerhäusern u. Palais, spätgot. Rathaus (Brněnský drak – Brünner Drache), Reste der got. Befestigung (Měníner Tor), got. Pfarrkirche St. Jakub (90 m hoher Turm), Kirche St. Tomáš (17. Jh.) mit Augustinerkloster, Jesuitenkirche (1602), Dominikanerkirche St. Michael, Dominikanerkloster mit Fresken u. Plastiken, Kapuzinerkirche (Krypta mit Mumien, Pandurengeneral Trenck), Mariensäule (1680), Zelný Trh (Krautmarkt), Janáček-Oper, Mährische Kunstgalerie, Mährisches Landesmuseum (1818), Technisches Museum u. v. a.

Karten, Kanu-Literatur

Autokarte 1:200 000, Blatt 5 Východní Čechy, Blatt 11 Jižní Morava; Touristische Karte 1:100 000, Nr. 34 Okolí Brna-západ.
Čs.řeky-kilometráž (Kanu-Wanderführer der ČSFR); DKV-Auslandsführer, Band 5.

37

Oslava

Zufluß der Jihlava

Náměšt' n. Osl. – Oslavany
30 km
Tagesfahrt

Wie viele andere mährische Flüsse entspringt auch die Oslava inmitten des Böhmisch-Mährischen Hügellandes, wo sie südlich von Žďár n. Sáz. gleich der Mittagssonne entgegenfließt. Beim Weiler Mostiště zu einem Trinkwasserreservoir aufgestaut, durcheilt sie in einer seichten Talrinne die an der Autobahn Praha–Brno liegende Stadt Velké Meziříčí (hier Autocamping Jestřábec) und schneidet etwas südlicher ein enges Tal in das harte Urgestein der Westausläufer des Křižanovský-Hügellandes. Nach einer Schleife bei Tasov steuert die Oslava das Städtchen Náměšt' n. Osl. an und strömt anschließend durch ein vielgewundenes, romantisches Wald- und Felstal in südöstlicher Richtung zum Bergbauort Oslavany, um kurz danach bei Ivančice in einer offenen Talmulde in die Jihlava zu münden.

Blick von der Einsetzstelle in Náměšt' n.Osl. zum Schloß.

Unsere Tagesfahrt ist für sportliche und geübte Wanderfahrer in Einern oder wendigen Canadiern ohne Gepäck gedacht. Für eine Befahrung sollte der Pegel an der zweiten Brücke in Náměšt' n. O. mindestens 45 cm anzeigen. Eine günstige Einsetzstelle finden wir an der barocken Altstadtbrücke unter dem hoch am Berg thronenden Renaissanceschloß. Auf dem benachbarten Parkplatz (hier auch Bushaltestelle) können wir unsere Autos abstellen.

Eine schnelle Strömung reißt unsere Boote gleich mit; über uns flitzt zuerst die Straßen- (hier Pegel), dann die Eisenbahnbrücke hinweg. Das Wehr nach der Brücke ist befahrbar, und nach der ersten Umlaufschleife wird es einsam; keine Straße begleitet mehr den Fluß, nur oben am steilen Hang führen Wanderwege durch das tief eingeschnittene Waldtal.

Nach 5 km flotter Fahrt kündigt ein Fußgängersteg den Anfang des etwas schwierigen Abschnitts (WW II) an. Unsere Boote rutschen über die niedrige Stufe am Jugendferienlager, und bald hören wir das Rauschen der berüchtigten Stromschnelle Pět prstů (»Fünf Finger«), die wir, in der Flußmitte bleibend, gut meistern.

Nach dem nächsten Steg folgt auf weiteren 3 km sehr bewegtes Wasser, das, durch enge Flußkehren schäumend, unsere Boote bedenklich nah an die felsigen Prallwände drückt. Von den Gipfeln der Umlaufberge schauen die Burgruinen Lamberk und Sedlec ins Tal. Nach der letzten Kehre können uns aus dem Wasser ragende Brückenpfeilerreste gefährlich werden, doch dann lassen die Schwierigkeiten nach.

Am Wehr der Mühle Skřípina beachten wir den starken Sog (vielleicht müssen wir sogar umtra-

gen), unterqueren die Straßenbrücke (Busverkehr zweimal nachmittags nach Náměšt') und paddeln an der großen Ferienhauskolonie vorbei. Nach dem durchbrochenen Senoradský-Wehr, das wir hinunterrutschen, zwingt uns ein niedriger Steg zum Umtragen. Kurz danach landen wir links am Wanderrastplatz an der Mündung der Chvojnice.

Hier können wir eine Pause machen und im Kiosk eine Kleinigkeit kaufen. Ein blau markierter Wandersteig führt in die wilde Schlucht der Chvojnice, die bei hohem Wasserstand erfahrenen Wildwasserfreaks eine aufregende, 12 km lange Strecke bietet.

Unterhalb der Mündung müssen wir noch einmal aufpassen und vor dem nächsten niedrigen Fußgängersteg aus den Booten klettern. Am Wehr unter dem Ketkovský hrad (Burgruine, sehr schöne Aussicht ins Tal) tragen wir um. Es folgen eine Wegebrücke und danach eine vollkommen einsame Fahrt durch herrliche Schleifen (WW I) bis nach Doubravice, wo wieder kleine Blockhäuser am Ufer stehen.

Waldwiesenparzellen säumen das Flüßchen, das nun von Talhang zu Talhang pendelt. Nochmals ein Steg (Vorsicht: Draht im Flußbett!), eine Wegebrücke, und wir landen vor dem 3 m hohen Steilwehr. Hier wird links umgetragen. Hinter der Bergkuppe Oslavanská hora versteckt sich das Städtchen Oslavany, nur der Kirchturm lugt zum Wasser hinüber.

Wir können bereits vor der Straßenbrücke aussteigen oder auch noch das nächste Wehr unter der Brücke meistern. Dann umrunden wir im großen Bogen das Städtchen, um an der nächsten Brücke, nur 400 m vom Bahnhof entfernt, die sportliche Fahrt auf der Oslava zu beenden.

Bei hohem Wasserstand werden die niedrigen Stege bei Senoradský mlýn zur Gefahr.

Charakter, Tips

Im beschriebenen Abschnitt zwischen Náměšt' n. O. und Oslavany sehr sportliches Wanderflüßchen (10–15 m Breite), das in südöstlicher Richtung mit vielen Stromschnellen durch ein einsames, tief eingeschnittenes Wald- und Felsental eilt (auf mehrere Kilometer WW II, Vorsicht an niedrigen Stegen!). Erfahrene Kanuten bewältigen die Strecke in einer Tagesetappe (am besten ohne Gepäck); günstiger Ausgangspunkt ist der Zeltplatz bei Mohelno an der benachbarten Jihlava. Beste Befahrungszeiten Frühjahr bis Mitte Mai (Pegel Náměšt' n. Osl. mindestens 45 cm) oder nach Regenperioden. Pkw-Begleitung nicht möglich; Flußkontakt nur am Skřipský mlýn (ca. Streckenmitte) und in Oslavany. Gute Busverbindungen.

Zeltmöglichkeiten

Am Fluß keine öffentlichen Zeltplätze; nach Absprache kann man auf kleinen Privatplätzen, an der Mündung der Chvojnice oder am Sportplatz in Náměšt' n. Osl. zelten. Sonst günstiger Zeltplatz bei Mohelno an der Jihlava.

Sehenswertes

Náměšt' n. Osl.: Weitläufiges Renaissanceschloß (Fresken, Bibliothek, Gobelins u. a.), Englischer Park, Jagdschlößchen am Vlčí vrch (Wolfsberg), Renaissance-Rathaus, bar. Brücke mit Statuen, ehem. Kapuzinerkloster (1759), Pfarrkirche Joh. d. Täufer (1639), Burgruinen Lamberk (14. Jh.), Sedlec (14. Jh.), Aussichtsturm Babylon.
Oslavany: Bergmannsstadt, Spätrenaissanceschloß, Marienkirche (urspr. 13. Jh.), Pfarrkirche Sv. Mikuláš (1770), Burgruine Ketkovice, Friedhofsdenkmal (Kohlengrubenunglück 1860).
Ivančice: Siehe Tour 38.

Karten, Kanu-Literatur

Autokarte 1:200 000, Blatt 10 Českomoravská vrchovina, Blatt 11 Jižní Morava; Touristische Karte 1:100 000, Nr. 34 Okolí Brna-západ.
Čs. reky-kilometráž (Kanu-Wanderführer der ČSFR); DKV-Auslandsführer, Band 5.

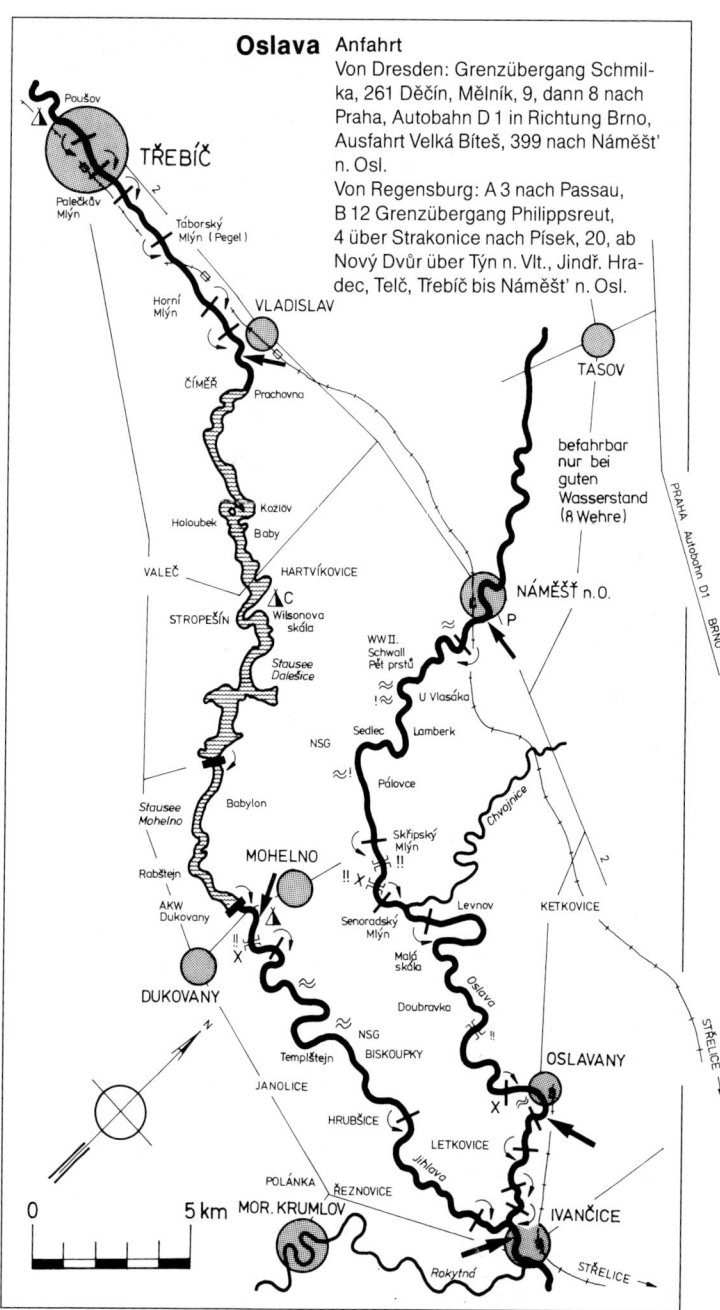

Oslava Anfahrt

Von Dresden: Grenzübergang Schmilka, 261 Děčín, Mělník, 9, dann 8 nach Praha, Autobahn D 1 in Richtung Brno, Ausfahrt Velká Bíteš, 399 nach Náměšt' n. Osl.

Von Regensburg: A 3 nach Passau, B 12 Grenzübergang Philippsreut, 4 über Strakonice nach Písek, 20, ab Nový Dvůr über Týn n. Vlt., Jindř. Hradec, Telč, Třebíč bis Náměšt' n. Osl.

Poušov
TŘEBÍČ
Palečkův Mlýn
Táborský Mlýn (Pegel)
Horní Mlýn
VLADISLAV
ČÍMĚŘ
Prachovna
TASOV
befahrbar nur bei guten Wasserstand (8 Wehre)
PRAHA Autobahn D 1 BRNO
Kozlov
Holoubek
Baby
VALEČ
HARTVÍKOVICE
STROPEŠÍN
Wilsonova skála
Stausee Dalešice
NÁMĚŠŤ n.O.
P
WW II. Schwall Pět prstů
U Vlasáka
Sedlec
Lamberk
NSG
Pálovce
Stausee Mohelno
Babylon
Skřipský Mlýn
Chvojnice
KETKOVICE
MOHELNO
Rabštejn
AKW Dukovany
Senoradský Mlýn
Levnov
DUKOVANY
Malá skála
Oslava
Doubravka
STŘELICE
N
Templštejn
NSG
BISKOUPKY
OSLAVANY
JANOLICE
HRUBŠICE
LETKOVICE
Jihlava
POLÁNKA
ŘEZNOVICE
0   5 km
MOR. KRUMLOV
IVANČICE
Rokytná
STŘELICE

38

Jihlava

Nebenfluß der Dyje

Vladislav – Ivaň
84 km
5–6-Tage-Fahrt

Mit einer Länge von 185 km und einem Einzugsgebiet von über 3000 km² gehört die Jihlava zu den größeren mährischen Flüssen. Von ihrem Quellgebiet, das bei der Ortschaft Jihlavka an der Grenze zwischen Böhmen und Mähren liegt, mäandert sie zuerst in nordöstlicher Richtung durch ein flaches, wiesenreiches Tal. Westlich der alten königlichen Bergbaustadt Jihlava (Iglau) peilt sie den Osten,

später den Südosten an und durchquert in einem engen Waldtal, nur von einer Eisenbahnstrecke begleitet, die hügelige Landschaft der Brtnická Vrchovina. Bei Okříšky verläßt die Jihlava das enge Tal, berührt den breiten Jaroměřicer Kessel und erreicht anschließend die Stadt Třebíč, das Wirtschaftszentrum dieses bergigen Landstrichs. Etwas weiter östlich wurde die Jihlava mit den Talsperren in

Dalešice und Mohelno in zwei insgesamt 30 km lange, malerische Seen aufgestaut, deren Wasser zur Kühlung im KKW Dukovany verwendet wird. Unterhalb Mohelno blieb das wilde, felsige Waldtal auf mehreren Kilometern in seiner Ursprünglichkeit erhalten, und die Jihlava eilt hier spritzend durch das steinige Flußbett in östlicher Richtung nach Ivančice, wo ihr linksufrig die Oslava zufließt. Bis nach D. Kounice begleiten steile Waldhänge den Fluß, der nachher, der Mittagssonne entgegen, frei durch Wiesen und Auwaldbestände pendelt. Südlich des Städtchens Pohořelice, bei der Ortschaft Ivaň, mündet die Jihlava in den riesigen Věstonicer See, der vor wenigen Jahren durch das Aufstauen der Dyje (Thaya) entstanden ist.

Von den von Kanus befahrbaren 163 km wählten wir für unsere Wanderfahrt eine Teilstrecke aus, die fast ganzjährig genug Wasser hat und eine abwechslungsreiche Landschaft sowie auch wassertechnische Schmankerl bietet. Vor Beginn der Wanderung sollten wir allerdings noch einen Tag in Třebíč verbringen, um die vielen Sehenswürdigkeiten der gut erhaltenen Altstadt zu besichtigen.

Leise gleitet der Canadier durch das grüne Tal der Jihlava.

Als Ausgangsbasis kann der günstig am Fluß oberhalb der Stadt gelegene Campingplatz Poušov dienen. Wer das Umtragen der beladenen Boote bei sieben Wehren nicht scheut, kann schon hier sein Kanu ins Wasser setzen, doch im allgemeinen startet man die Tour nach dem letzten Wehr in Vladislav; bis hierher reicht der Rückstau der vollgefüllten Talsperre Dalešice.

Gleich nach der Straßenbrücke beginnt die Wildnis; keine Ortschaft berührt auf den nächsten 40 km den Fluß, nur manchmal blicken romantische Ferienhäuser von bewaldeten Hängen zum Wasser hinunter. Im vielgewundenen See folgt eine Schleife nach der anderen, wie grüne Kulissen schieben sich die fast senkrecht abfallenden Fels- und Waldhänge an uns vorbei. Auf einer Insel, die in früheren Zeiten eine Bergkuppe war, sehen wir die Ruine der Raubritterburg Kozlov, die, wie das gegenüber liegende Räubernest Holoubek, schon im 15. Jahrhundert zerstört wurde.

Wir unterqueren die hoch über uns schwebende neue Straßenbrücke und landen bald danach am Campingplatz Wilsonka, der sich idyllisch auf einer Halbinsel ausbreitet. Ein gelb markierter Rundwanderweg führt uns zu der Aussichtsplattform auf den Felstürmen der Wilsonova skála. Anschließend können wir am gemütlichen Gasthof in Hartvíkovice zum wohlverdienten Bier einen Schweinebraten mit böhmischen Knödeln und Kraut genießen. Damit wir uns Zeit lassen können, brechen wir vielleicht nicht gleich am Morgen die Zelte ab, sondern nutzen das saubere Wasser zum Baden und Faulenzen.

Anderntags wieder in den Booten, durchqueren wir den im Wind sich kräuselnden See. Die blendende Vormittagssonne läßt auf dem bewegten Wasserspiegel Tausende von gleißend silbrigen Reflexionen spielen, und die Landschaft erinnert an norwegische Fjorde. Viel zu schnell sind wir am Ufer neben der Talsperre angelangt. Wir landen links an und befördern unsere Boote mit dem aufklappbaren Bootswagen auf einem Teersträßchen 85 m tiefer zum Unterwasser. Es dauert fast ½ Stunde, bis alle wieder in den Booten sitzen und auf dem Mohelno-See weiterpaddeln.

Bald zeigt sich rechts hoch am Hang die Burgruine Rabštejn; von hier ist es nicht mehr weit zum zweiten, 34 m hohen Staudamm, an dem wir nochmal umtragen müssen. Unterhalb der Talsperre beginnt die Jihlava in ihrem steinigen Flußbett flott zu strömen, und gleich an der ersten scharfen Kehre achten wir auf das Prallwasser. Das Wehr an der alten Mühle ist mit Einern befahrbar, und nur wenige Meter nach der Straßenbrücke von Mohelno winkt uns linksufrig ein netter Zeltplatz.

Vielleicht gehen wir zum Abendessen ins Hotel nach Mohelno – es wird deftige Hausmannskost serviert. Vielleicht bleiben wir aber auch im Zeltlager; wenn sich tschechische Kanuten treffen, wird sicher am Lagerfeuer bis tief in die Nacht zur Gitarre gesungen und erzählt.

Am nächsten Morgen starten wir etwas später. Das Flüßchen hat es hier ziemlich eilig. Gleich nach der Felswand heißt es links aussteigen und die Boote kurz über eine Pontonbrücke hinüberziehen. Dann geht es weiter über viele niedrige Steinbarrieren, die von badenden

Auf der glitzernden Jihlava vor Ivančice.

Slalomfahrt durch die Steinbarrieren der Jihlava.

Feriengästen errichtet wurden und alle irgendwo einen Bootsdurchlaß haben. Nach dem folgenden Schrägwehr müssen wir manchmal die Boote treideln, doch nach 200 m kommt das Wasser durch den Mühlenkanal wieder zurück.

Von Kehre zu Kehre wechselt das Talbild, Felsgebilde und farbenfrohe Ferienhäuser säumen die Ufer. Am Erholungsheim unter der Burgruine Tempelštejn können wir in der Saison eine Pause einlegen und vespern. Bei Hrubšice öffnet sich das Tal etwas, und das Flußbett wird kiesig. Am durchbrochenen Wehr werden die Boote umgetragen, das Wehr bei Letkovice ist befahrbar, doch mit beladenen Zweiern ist Vorsicht angebracht.

Die gute Strömung hält an, und leichte Stromschnellen begleiten uns bis zur Einmündung der Oslava, die sich mit einer Rohrbogenbrücke ankündigt. Vor der Straßenbrücke in Ivančice können wir anlegen; von hier ist es nicht weit in die Stadt. Der Fluß umgeht im großen Bogen die Altstadt. Wer mit dem Zug sein in Třebíč oder Vladislav abgestelltes Auto abholen will, steigt in Ivančice-Letovisko aus dem Boot; der kleine Bahnhof liegt nur wenige Schritte vom Fluß entfernt.

Nach dem Ivančický-Eisenbahnviadukt öffnet sich das Tal zu einer flachen Pfanne, doch vor Dol. Kounice strömt die Jihlava zwischen den Bergkuppen Svoboda und Šibeniční Vrch nochmal wie durch einen Flaschenhals, um sich anschließend in die Ebene vor Pohořelice zu ergießen. Weithin sichtbar leuchtet vor uns die weiße Barockkirche von Pravlov. In vielen Mäandern pendeln wir mit unseren Booten in Richtung Medlov und tragen am zerstörten Wehr um.

Am südlichen Horizont zeigen sich bald die zackigen Gipfel des Bergstockes Pálava, der sich als mächtiges Kalksteinriff vom prähistorischen Meeresgrund erhoben hat und von dessen Weinberghängen ein vorzüglicher südmährischer Wein kommt. Noch ein letztes Steilwehr zwingt uns, aus den Booten zu steigen, doch die letzten 10 km lassen wir uns von der Strömung gemütlich treiben.

An der Straßenbrücke von Ivaň wird die Fahrt obligatorisch beendet, doch es ist auch möglich, weitere 4 km bis zur Mündung in den Věstonicer See zu paddeln, um, an der »Inselkirche« Mušov vorbei, die Straße E 461 zu unterqueren und bei Pasohlávky den Campingplatz Malá Laguna am Nordufer des Sees anzusteuern.

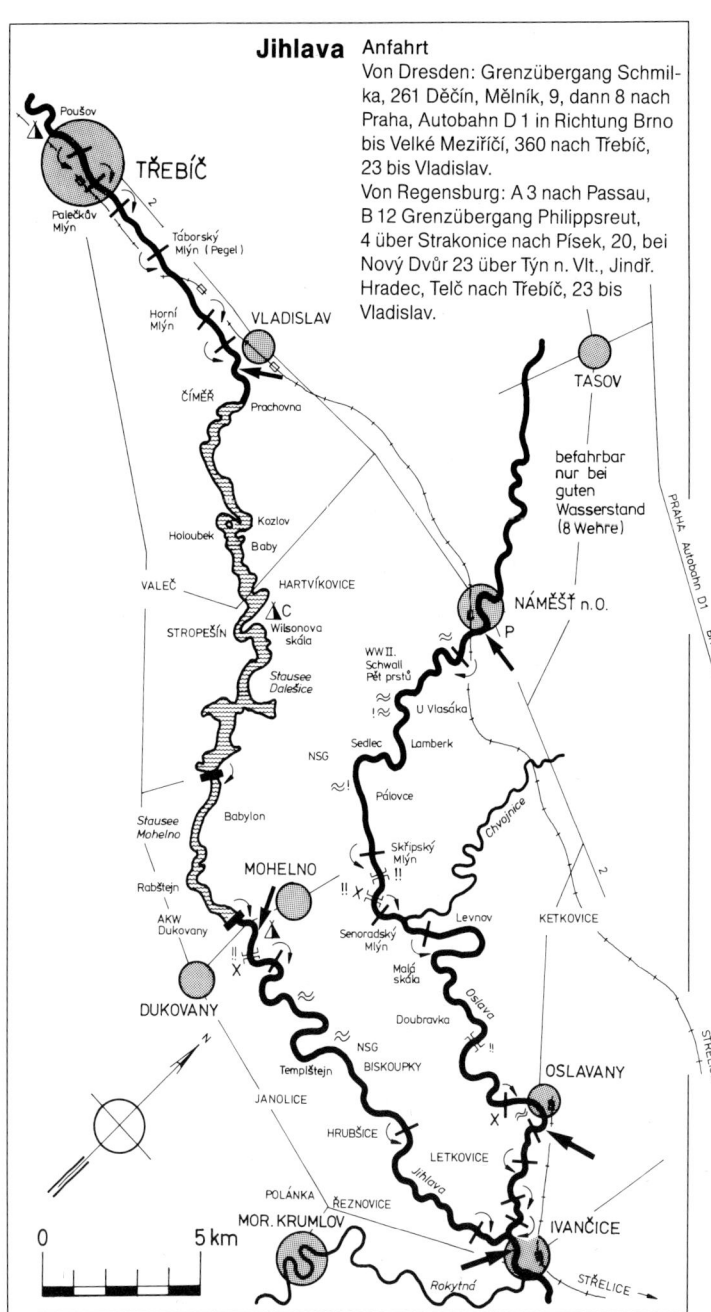

Jihlava

Anfahrt

Von Dresden: Grenzübergang Schmilka, 261 Děčín, Mělník, 9, dann 8 nach Praha, Autobahn D 1 in Richtung Brno bis Velké Meziříčí, 360 nach Třebíč, 23 bis Vladislav.

Von Regensburg: A 3 nach Passau, B 12 Grenzübergang Philippsreut, 4 über Strakonice nach Písek, 20, bei Nový Dvůr 23 über Týn n. Vlt., Jindř. Hradec, Telč nach Třebíč, 23 bis Vladislav.

Poušov

TŘEBÍČ

Palečkův Mlýn

Táborský Mlýn (Pegel)

Horní Mlýn

VLADISLAV

TASOV

ČÍMĚŘ

Prachovna

befahrbar nur bei guten Wasserstand (8 Wehre)

PRAHA Autobahn D 1 BRNO

Kozlov

Holoubek

Baby

VALEČ

HARTVÍKOVICE

NÁMĚŠŤ n.O.

P

△C

Wilsonova skála

STROPEŠÍN

WW II. Schwall Pět prstů

Stausee Dalešice

U Vlasáka

Sedlec

Lamberk

NSG

Pálovce

Chvojnice

Stausee Mohelno

Babylon

Skřipský Mlýn

Rabštejn

MOHELNO

Levnov

AKW Dukovany

Senoradský Mlýn

KETKOVICE

Malá skála

2

DUKOVANY

Doubravka

Oslava

STŘELICE

NSG

Templštejn

BISKOUPKY

OSLAVANY

JANOLICE

HRUBŠICE

LETKOVICE

Jihlava

POLÁNKA

ŘEZNOVICE

IVANČICE

MOR. KRUMLOV

0   5 km

Rokytná

STŘELICE

Charakter, Tips

Im Abschnitt ab Třebíč paddeln wir auf dem gemächlich strömenden, durch mehrere leicht umgehbare Wehre unterbrochenen Wanderfluß, der ab Vladislav in einer Gesamtlänge von 30 km in zwei Seen aufgestaut wurde. Das vielgewundene, felsige Waldtal, das besonders im Spätfrühling und Herbst seine landschaftlichen Reize ausspielt, behält seinen ursprünglichen, wilden Charakter auch weitere 10 km unterhalb der Staumauer. Hier eilt der Fluß (ca. 10–15 m breit) in vielen spritzigen Stromschnellen über kleine Steinbarrieren und Felsrippen. Ab Hrubšice öffnet sich das Tal, doch die flotte Strömung bleibt bis Ivančice erhalten. Das Wasser ist sehr sauber, im Sommer wird hier viel gebadet. Befahrbarkeit: Ab Třebíč fast ganzjährig, unterhalb Mohelno bis in den Frühsommer (je nach Wasserabgabe der Talsperren), ab Ivančice bis zur Mündung ganzjährig. Pkw-Begleitung nicht möglich; nur spärliche Zufahrtsmöglichkeiten an wenigen Brücken. Ein markierter Wanderweg begleitet den Fluß von Ivančice nach Třebíč. Die landschaftlich sehr schöne Tour ist auch für Kanuten mit noch wenig Erfahrung geeignet. Als Boote sind Einerkajaks und Canadier zu empfehlen. An den beiden Staumauern lange Umtragestellen (Bootswagen mitnehmen!). Zum Abholen der abgestellten Autos können die günstigen Busverbindungen genutzt werden. Eisenbahnverbindung nur zwischen Ivančice und Třebíč (Umsteigen in Střelice und Studenec).

Zeltmöglichkeiten

Třebíč (Camping Poušov), Stausee Dalešice (Wilsonova skála-Hartvíkovice), Mohelno, Ivančice (Stříbrský mlýn – nach Anfrage), Dolní Kounice (KC), Pasohlávky (Camping Malá Laguna) auf der Dyje.

Sehenswertes

Třebíč: Renaissanceschloß (urspr. Benediktinerkloster 12. Jh., heute West-Mährisches Museum), Kirche St. Prokop (13. Jh., barockisiert 18. Jh.), am Stadtplatz mehrere got., renaiss. u. bar. Bürgerhäuser, Pfarrkirche St. Martin (13. Jh.), Kapuzinerkloster mit Kirche (17. Jh.), Alte und Neue Synagoge (17.–18. Jh.), Jüdischer Friedhof (Grabsteine z. T. 17. Jh.), am Strážný Vrch dominante frühbar. Kapelle (17. Jh.).

Vladislav: Pfarrkirche Hl. Dreifaltigkeit mit rom. Chor, Stausee Dalešice, Burgruine Kozlov.

Mohelno: Spätgot. Kirche, Schulgebäude (1836), neolithischer Grabhügel, Burgruine Rabštejn, Stausee Mohelno, NSG Hadcová step (Steppenflora), KKW Dukovany, Burgruine Templštejn.

Moravský Krumlov: Renaissance-Arkadenschloß mit bar. Innenausstattung (im Schloß lebte im 16. Jh. der Arzt Paracelsus), Englischer Park, Reste der got. Stadtmauern mit Basteien, Pfarrkirche, Klosterkirche St. Bartolomej, ehem. Augustinerkloster (14. Jh.), Kapelle St. Florian (1695), got. Kirche Sv. Vavřínec, Stadtmuseum.

Ivančice: Am Stadtplatz mehrere got. u. renaiss. Bürgerhäuser, Renaissanceschloß (barockisiert 18. Jh.), urspr. frühgot. Kirche, großer Jüdischer Friedhof (15. Jh.), neugot. Kapelle Sv. Jakub (1858), Kreis- und Stadtmuseum.

Dolní Kounice: Renaissanceschloß mit spätgot. Wehrmauern, Klosterruine, Pfarrkirche (neurenaiss.), Synagoge u. Jüdischer Friedhof (17. Jh.), bar. St.-Antonien-Kapelle (1757).

Pohořelice: Got. Pfarrkirche St. Jakob, Befreiungsdenkmal (1961), Jüdischer Friedhof (17. Jh.), NSG Pálava.

Karten, Kanu-Literatur

Autokarte 1 : 200 000, Blatt 10 Českomoravská vrchovina, Blatt 11 Jižní Morava; Touristische Karte 1 : 100 000, Nr. 32 Třebíčsko, Nr. 34 Okolí Brna západ, Nr. 39 Pavlovské vrchy. Čs. řeky-kilometráž (Kanu-Wanderführer der ČSFR).

Auf Wiedersehen auf dem Wasser!

Anhang

Kurzinfos Österreich

Geographie: Der größte Teil des Landes südlich der Donau ist von den Alpen bedeckt, die hier mit dem Großglockner eine Höhe von fast 4000 m erreichen. Nördlich der Donau durchzieht ein welliges Mittelgebirge mit Höhen bis 1300 m das Land. Im Osten und Südosten öffnet sich Österreich mit dem Marchfeld und dem Neusiedler See zur Pannonischen Ebene. Der überwiegende Teil der Landesfläche wird von der Donau und Drau zum Schwarzen Meer entwässert, und nur wenige Flüsse lassen ihr Wasser zur Nordsee fließen.

Flüsse/Kanusport: Wild- und Gebirgsbäche durchziehen die Alpentäler, und nur wenige Flüsse erlauben wirkliches Kanuwandern. Die österreichische Kanusport-Tradition hat Parallelen zur deutschen. Auch wenn sich heute überwiegend Wildwasserfahrer in Flußtälern tummeln, gibt es noch schöne Kanuwanderreviere und etliche idyllisch an Flußufern liegende Zeltplätze und Paddlerstationen, die eine klassische Wanderfahrt mit Gepäck ermöglichen.

Reise-Infos: Zur Einreise genügt ein gültiger Personalausweis (Führerschein). Sportgeräte (Boote) können frei eingeführt werden. Landeswährung: Österreichischer Schilling (ÖS), Wechselkurs (1992) 1 DM = 7 ÖS. Freies Zelten an Flußufern teils noch möglich, doch nicht gerne gesehen. Sehr gutes Topo-Kartenmaterial im Buchhandel erhältlich (siehe Literaturverzeichnis). Es ist zu empfehlen, vor Urlaubsbeginn beim ADAC die neuesten Reiseinformationen anzufordern.

Deutsche Botschaft: A-1030 Wien, Metternichgasse 3.

Kurzinfos Böhmen und Mähren (ČR)

Geographie: Böhmen besteht geographisch aus einem zentralen Becken, das ringsum von Mittelgebirgen umrahmt ist (900–1600 m Höhe) und fast ausnahmslos durch die Elbe (Labe) zur Nordsee entwässert wird.
Mähren liegt östlich von Böhmen, es ist in mehrere kleine, flache Becken aufgeteilt und wird im Westen, Norden und Osten von Mittelgebirgszügen eingefaßt. Nach Süden und Südosten öffnet sich das Land zur Pannonischen Ebene. Der Norden Mährens wird von der Oder (Odra) zur Ostsee entwässert, die südlichen Gewässer fließen über die March (Morava) zum Schwarzen Meer.

Flüsse/Kanusport: Es überwiegen typische Mittelgebirgs- oder Auflüsse, oft mit alten Wehren verbaut; hier viele befahrbare Floßgassen. Das Land hat eine sehr lange Wassersporttradition. Kanuwandern erfreut sich großer Beliebtheit, und so ist es nicht verwunderlich, wenn wir zur Ferienzeit und an den Wochenenden Familien mit Kindern, Schulklassen mit ihren Lehrern sowie Vereinen begegnen, die in Canadiern oder Kähnen (Pramičky) mit Zelt und Gitarre noch Flußwandern im herkömmlichen Sinn betreiben. Der Buchhandel bietet heute preisgünstig sehr gutes Kartenmaterial sowie herrliche Bildbände über die einzelnen Regionen. Auch die Flußführer sind gewissenhaft bearbeitet (siehe Literaturverzeichnis).

Reise-Infos: Zur Einreise ist kein Visum mehr erforderlich, es genügen ein gültiger Personalausweis, der nationale Führerschein sowie für das Auto die grüne Versicherungskarte. Für Boote wird keine Zollerklärung verlangt. Die Grenzübergänge sind überwiegend rund um die Uhr offen. Landeswährung ist die Krone (Kčs), Wechselkurs (1992): 1 DM = 18 Kčs (Wechselstuben, Banken, Hotels). Dieselkraftstoff sowie Benzin frei an Tankstellen zu erwerben, Preise 15–18 Kčs/l. Freies Zelten ist nicht erlaubt, es gibt aber an den Flußufern viele private und öffentliche Zeltplätze sowie Autocampings. In Vereinsheimen und Bootshäusern bestehen Übernachtungsmöglichkeiten nach Anfrage; Privatzimmer sind preisgünstig (10–15 DM) zu bekommen. Mit der Eisenbahn werden auch starre Boote transportiert; Verzeichnis der Annahmebahnhöfe siehe Wasserwanderkarte ČR.

Tschechische Botschaft:
5300 Bonn, Ferdinandstraße

Deutsche Botschaft:
ČS-11800 Praha 1, Malá Strana, Vlašská 19.
(Stand der Infos: 1992, Änderungen beim ADAC erfragen).

Landessprache: Tschechisch; doch viele Einheimische sprechen gut Deutsch, Jugendliche oft Englisch.

Aussprache: Z wird als s, s als ß ausgesprochen; Häkchen: š als sch.
Ähnlich: č – tsch, ř – rsch; bei e – e; ě – je. *Akzent:* langer Selbstlaut, z. B. á – aa, í – ii, é – ee usw.

Kleines Lexikon für Kanuwanderer

Schreibweise	Aussprache	
řeka	rscheka	Fluß
potok	potok	Bach
jezero	jesero	See
rybník	rybniik	Teich
propust	propußtj	Floßgasse (Schleuse)
náhon	naahon	Mühlgraben
stupeň	stupenj	Stufe
jez	jes	Wehr
přehrada	prschehrada	Staudamm
peřej	perschej	Stromschnelle
pozor!	posor	Vorsicht!
nebezpečí	nebespetschii	Gefahr
přívoz	prschiiwos	Fähre
Tábořiště	Taaborschischtje	Zeltplatz
stan	stann	Zelt
vpravo	vprawo	rechts
vlevo	wlewo	links
hospoda	hoßpoda	Gasthaus
občerstvení	obtscherßtwenii	Erfrischung (Buffet)
voda	woda	Wasser
pívo	piwo	Bier
prosím	proßiim	bitte
děkuji	djekuji	danke
dobrý den	dobryy den	Guten Tag
na shledanou	nashledanou	auf Wiedersehen
ahoj	ahoj	Tschüß (Gruß der tschechischen Kanuten und Sportfreunde)

Weiterführende Literatur

Österreich

Allgemein

DER GROSSE REISEFÜHRER: Österreich.
Fink-Kümmerly-Frey
DECKAR: Die Badeseen in Österreich.
ADAC Verlag 1981
EISENHARDT: Goldstadt Reiseführer
Steiermark. Goldstadtverlag Schäfer,
Pforzheim 1989
FUSSENEGGER: Die Donau. Moewig,
Deutsche Verlags-Anstalt GmbH,
Stuttgart 1981
HB-BILDATLAS: Salzburger Land, Steiermark, Kärnten.
KNAURS Kulturführer in Farbe, Österreich. Droemersche Verlagsanstalt
1977
LAJTA: Land an der Donau. Österreichischer Bundesverlag, Wien 1986
MERZ/SCHMIDT: Österreich. Reich Verlag AG, Luzern 1991
METZGER: Graz und die Steiermark.
DuMont Buchverlag, Köln 1987
POLLACK: Der Donauradweg. Verlag
Niederösterreichisches Pressehaus
1989
SCHMIDT: Österreich – Schlösser, Burgen, Klöster. Ringier & Co. AG, München/Zürich 1981
STENZEL: Von Stadt zu Stadt in Österreich. Kremayr & Scherian, Wien
1979
SCHÄFER/RIEK: Österreich per Rad.
Verlag W. Kettler 1988

Karten, Flußwanderführer

Die Österreichische Karte 1:50 000.
Bundesamt für Eich- und Vermessungswesen, Wien
Generalkarte Österreich 1:200 000.
Mairs Geographischer Verlag
Haupka-Wanderkarte 1:100 000.
Haupka & Co Verlag, Bad Soden/Ts.
KOMPASS-Wanderkarten. H. Fleischmann – Geographischer Verlag
Wassersport-Wanderkarte, Teil 5 –
Österreich. E. Jübermann, Uelzen
DKV-Auslandsführer Band 1 – 1989

Kanu-Wanderführer für Bayern 1991
Walter Mück, Der Kamp. Eigenverlag
1992
Broschüre Paddelsport in Österreich
DKV – Nachrichtenorgan: Kanu-Sport
(monatlich)
ÖKV-Fachmagazin: Österreichs Kanusport (vierteljährlich) – Fahrtenberichte

Kanu-Literatur

ALTENHOFER: Der Haderkahn, Geschichte des Faltbootes. Pollner Verlag 1989
BAUR/HALM/HOLZ: Grundlagen des
Kanusports. CD Verlagsgesellschaft
1986
DEPPE/GERLACH: Kanu-Wandern, Wildwasser, Wettkampf. Stalling Verlag
1981
DINTER: Kajakfahrten zwischen Donau
und Inn. Pollner Verlag 1988
FREIBERGER: Kanu. Humboldt-Taschenbuchverlag Jacobi KG 1988
FUCHS: Schlingelgeschichten (Kajak-Erlebnisse). DKV-Verlags GmbH
1992
MASON/GATZ/ENGEL: Die Kunst des
Kanufahrens – der Canadier. Verlag
Busse – Seewald 1987
RITTLINGER: Die neue Schule des
Kanusports. Brockhaus 1977
V. STRITZKY/DE PREE: Paddel-Handbuch, Wandern auf Salz- und Süßwasser. BLV Verlag 1991

Kontaktadressen

Deutscher Kanu-Verband e. V. (DKV),
Berta-Allee 8, 4100 Duisburg
Österreichischer Kanu-Verband (ÖKV),
Berggasse 16, A-1090 Wien
Touristenverein Naturfreunde Österreich, Referat Paddeln, Viktoriagasse 6, A-1150 Wien

Böhmen, Mähren

Allgemein

ASCHENBRENNER: Böhmen, Herzland
Europas. Verlag Weidlich 1984
BODT: Radwandern in der Tschecho-
slowakei. Hayit Verlag 1991
DOLEŽAL/RYBAR: Prag. Süddeutscher
Verlag
DOLEŽAL/MOHYLA: Im Böhmerwald.
Verlag L. Simon, München 1985
GORYS: Tschechoslowakei, Kunst-
Reiseführer. DuMont Buchverlag,
Köln 1990
HALLER: Museen, Schlösser, Burgen –
Böhmerwald und Südwestböhmen.
Morsak Verlag, Grafenau 1991
KNAURS Kulturführer in Farbe: Prag und
Böhmen. Knaurs 1991
LANGENSCHEIDTS Sprachführer Tsche-
chisch. Langenscheidt 1991
MOHYLA: Goldstadt-Reiseführer –
Tschechoslowakei. Goldstadtverlag,
Pforzheim 1991
SCHREMMER: Reiseleiter – Böhmische
Länder. A. Kraft-Verlag, Würzburg
1989
TSCHECHOSLOWAKEI-HANDBUCH: Verlag
G. E. Walther, Bremen 1991

Karten, Flußwanderführer

Ravenstein-Reisekarte 1:600 000.
Verlag Ravenstein
Euroatlas-ČSFR 1:300 000. RV Verlag
Autoatlant Tschechoslowakei-Touring
(1:500 000). freytag & berndt, 1992
Autokarte Tschechoslowakei
1:500 000. freytag & berndt 1992
Automapa (Autokarte) 1:200 000 Blatt
1–11, Geodetický a kartografický
podnik. Praha 1989–1992
Turistická mapa (Touristische Karte)
1:100 000 Nr. 1–46. Geodetický a
kartografický podnik. Praha
1986–1992

Orientační plány měst (Städtische
Orientierungspläne)
1:10 000–1:20 000
Vodácká mapa Lužnice (Wassersportkarte Lužnice mit Flußführer)
1:50 000, 1986
Vodácká mapa ČSFR (Wassersport-
karte der ČSFR) 1:500 000, 1991
Sämtliche von Geodetický a kartografický podnik Praha (Kartografie
Prag).
Diese Karten sind im dortigen Buchhandel erhältlich (Preise 1992: 8 bis
35 Kčs), wobei die Touristischen
Karten 1:100 000 besonders zu
empfehlen sind (Wanderwege,
Sehenswertes, Text, Höhenlinien,
gute Graphik).
Kolektiv: Československé řeky-kilometráž (Kanu-Wanderführer der ČSFR),
3. Ausgabe. Olympia Praha 1990
(Edition A–Z)
Špaček/Mrzena/Vít: Jedeme na vodu
(Wir fahren aufs Wasser – Beschreibungen der Vltava, Lužnice, Otava
mit Fotos). Verlag Mladá Fronta,
1990
DKV-Auslandsführer Band 5, 1989

Kontaktadressen

Komise vodní turistiky-KČT (Kommis-
sion der Wassertouristik beim Klub
der tschechischen Touristen), Kozí
náměstí č 7. ČS-110 00 Praha 1

Český svaz kanoistů (Tschechischer
Verband der Kanuten), Mezi stadiony
40, pošt.schránka 40,
ČS-16017 Praha 6, Tel. 35 71, Fax.
52 14 72

Aufbruch zu neuen Ufern

Joel W. Rogers
Küsten, die noch keiner kennt
Kajak-Abenteuer zwischen Alaska und Mexiko
Abgeschiedene Naturparadiese aus der Sicht eines Kajakfahrers entdecken: Naturbeobachtung, Geschichte, Abenteuer und Reflexionen mit faszinierenden Farbfotos und aktuellen Praxisinformationen.

Otto von Stritzky/Marja de Pree
Paddel-Handbuch
Wandern auf Salz- und Süßwasser
Umfassendes, praxisnahes Handbuch mit allen erforderlichen Kenntnissen für Einsteiger und fortgeschrittene Bootswanderer, ergänzt durch aktuelle Tips, Anregungen, spannende Erlebnisberichte und anschauliche Skizzen.

Jürgen Gerlach
Kanufahren in den Alpen
40 ausgewählte Wildwasserflüsse in Deutschland, Österreich, Schweiz, Italien, Frankreich, Slowenien
Ausgewählte Touren für fortgeschrittene Wildwasserfahrer auf den schönsten Gewässern in den Alpen: Präzise Routenbeschreibungen, Flußverlaufsskizzen und Informationen zu Schwierigkeitsgrad und Sicherheit.

Heinrich Nejedly
Kanuwandern in Nord-/Westdeutschland
40 Kanuwanderungen nördlich von Main und Mosel mit ausführlicher Beschreibung auf neuestem Stand, vielen Fotos und Flußverlaufsskizzen.

Heinrich Nejedly
Kanuwandern in Süddeutschland
Tourenvorschläge für 4 Tagesfahrten, 18 mehrtägige Fahrten und 8 Ferienfahrten auf 30 Wanderflüssen in Bayern und Baden-Württemberg.

Karlheinz Martin
Kanuwandern in Mecklenburg-Vorpommern
Tages-, Wochenend- und Ferienfahrten auf Seen und Flüssen zwischen Oder und Elbe. Ausführliche Tourenbeschreibung mit Kartenskizzen und aktuellen Fotos; Tips zu Anreise, Zelt- und Unterkunftsmöglichkeiten, Sehenswertem.